中国转型时期
城市贫困问题研究

A Study on the Urban Poverty
in Transitional China

高云虹/著

人民出版社

序

摆在我们面前的这本题为《中国转型时期城市贫困问题研究》的学术专著，是高云虹博士在其学位论文的基础之上修改而成的，是一部较系统地探讨我国城市贫困问题的专著。作者基于对已有文献的梳理，运用定性分析与定量分析、历史分析与逻辑演绎、实证分析与规范分析等方法，对我国现阶段城市贫困的规模和地区分布、城市贫困人口的构成与特征、转型时期城市贫困产生及加剧的原因，以及如何减轻城市贫困等问题进行了系统分析。无疑，该研究无论是对贫困的理论研究还是我国城市的减贫实践都将有所助益。

综观全书，我认为具有以下特点：

第一，选题现实，意义深远。目前，国际上关于贫困的研究主要集中在市场经济国家，而对于转型经济体中的贫困问题关注得并不多；另一方面，国内已有的贫困研究也多是以农村作为考察区域，对城市贫困的关注仍然较少。所以，作者选择转型时期的发展中大国——中国，及其转型背景下的城市贫困（而非农村贫困）问题作为研究对象，来探寻经济社会转型与经济结构调整、分配格局变动、保障制度改革及其与城市贫困之间的关系，无疑具有重要意义。而且，由于我国的城市贫困是在体制转型、结构调整、改革深化的大背景下出现并加剧的，所以，对于该现象的重视，也将与我国经济体制的转轨、产业结构的优化和调整、国有企业改革的进一步深化、进城农民工能否顺利融入城市等问题紧密相关。此外，重视并加大对城市贫困的研究力度，还将切实有助于落实科学发展观，促进我国建设小康社会目标的顺利实现。

第二，分析深入，有所创新。相较于已有研究，作者更为客观而全面地研究了我国转型时期的城市贫困问题，并在以下几个方面有所深入和拓展：(1)将城市贫困线与最低生活保障线进行了对比，以期为城市居民最低生活保障线的制定及该项制度的实施寻找理论依据。(2)在城市贫困人口的特征分析中提出了贫困人口的资产匮乏，与之相对应，强调了“积极推进贫困者资产建设”对于城市反贫困的重要意义。(3)在城市贫困形成机理的解析方面，作者主要基于宏观层面，从发生学的视角对我国城市贫困的生成过程进行了动态分析，并尝试解释为何我国的城市贫困会在转型时期突发并加剧；为何此时的城市贫困不同于先前；城市贫困人口构成如何变化以及一系列相关问题。尤其是深入剖析了产业结构变动对城市贫困的作用机理，并指出，转型过程中的产业结构调整加之其他相关政策的作用，致使城市农民工的贫困问题成为我国不同于别国的特有难题。(4) 以兰州市作为具体案例，基于专业的抽样调查方案，对其城市贫困问题做了实地调查，并深入分析了调查数据背后所隐含的现实问题。

第三，资料翔实，论证充分。本书参考了大量的中外文献，资料翔实。而且，整个分析过程中能够引证规范、出处清晰、评述得当。同时，由于作者近年来一直跟随其导师从事城市贫困方面的研究，并发表了多篇与此相关的学术论文，部分文章被人大复印资料转载，这也为本书的写作和出版奠定了良好的基础。

当然，贫困及其治理是一个世界性难题，而且并非单纯的经济问题或社会问题。所以，本书仍然难免有一些尚未涉及或不够深入的内容。比如：在我国城市贫困的测度方面，主要侧重于贫困的广度而忽略了其深度和强度，同时，由于统计资料的缺乏而无法对城市农民工的贫困率和贫困规模给出较为精确的估计；又如，较多地分析了城市贫困职工和贫困农民工这两大主体，对城市的老人贫困、妇女贫困等方面未能涉及，而且，在对于城市贫困农民工的分析中，不论是其贫困现状还是形成原因，都显得相对单薄；还如，在城市贫困的治理方面，仍然有较多静态的和定性的分析，缺乏动态的和量化的反贫困评估。无疑，这些内容都可以成为今后研究的可选之题。希望作者百尺竿头更进一步，以本书的出版为契机，继续从事这一问题的深入研究。同时，也希望有更多的中青年学者能够投身于我国城市贫困的研究当中，对这一现实而重大的问题给予更多关注。

谭崇台
2007年6月4日
于珞珈山

目　录

绪　论

一、选题背景

人类社会的发展过程,某种意义上亦是不断减轻和消除贫困的过程。在全球范围内消除贫困是当代世界发展议程的中心课题之一。就我国而言,贫困问题长期以来都被看做是一种农村现象,而且自改革开放以来,农村的贫困治理工作也取得了举世瞩目的成就。然而值得注意的是,在农村减贫工作面临新困境的同时,自 20 世纪 90 年代以来,伴随着城市经济的快速发展和城市居民人均收入的快速提高,我国转型背景下的城市贫困问题开始表现得日益严峻。国家民政部公布的数据显示,截至 2007 年年底,我国共有 2270.89 万城市居民得到最低生活保障救助①,约为 2000 年的 5.53 倍;被称做进城务工人员的外来人口和他们的家庭成员接近 1.5 亿②,但这部分流动人口中大量处于边缘地位的贫困者尚未包含在救助和估计范围之列。

近年来,针对日益凸显的城市贫困问题,国家相关部门和各省都相继颁布了相应的条例和办法,以保障城市贫困人口的基本生活;近几年的热点问题中,也都包括了对城市贫困及其他弱势群体的救助、再就业和社会保障等方面。与此同时,城市贫困现象也迅速引起了经济学、管理学、社会学、人口学、政治学和生态学等多学科的关注,成为跨学科研究的主题。

① 相关数据来源于中华人民共和国民政部网站:http://admin.mca.gov.cn/mztj/dibao0712.htm。

② 国家统计局 2006 年 3 月 16 日公布的 2005 年年底所开展的全国 1% 人口抽样调查结果,全国人口中的流动人口为 14735 万人,其中,跨省的流动人口为 4779 万人。

无疑，我国从计划经济转向市场经济、从二元结构转向一元结构的双重转轨已成为分析经济社会很多现实问题（当然也包括转型时期的城市冲击型贫困）的宏观背景。这种转轨中的发展，理所当然蕴涵着消除不平等和贫困的初衷，但显然，它又反过来成为新的不平等和贫困现象产生的原因之一。在我国的转型过程中，资源配置效率的提高和激励机制的转变带来了经济的快速增长，同时，也增加了城乡之间、地区之间、部门之间、行业之间的收入不平等程度。随着产业结构的调整和国有企业的改革，城市贫困人口的结构发生明显变化，下岗失业职工与城市农民工贫困问题的艰巨性及其重要意义已远远超过原先的城市“三无”（即无劳动能力、无法定供养人、无其他收入来源）贫困人口。

那么，为什么会出现经济高速增长中的城市贫困？换言之，我国转型背景下的城市贫困现象因何而产生？这一阶段的城市贫困问题表现出哪些新的特征？为何有如此特征？城市贫困如何度量？目前的规模到底有多大？贫困程度如何？而且，作为我国现有城市贫困人口的两大主体，下岗失业职工中的贫困者和贫困农民工在区位上也已表现出明显的聚居趋势，这对我国的城市贫困现状及今后经济发展将产生哪些影响？已有的扶贫政策和制度安排能否继续发挥作用？这些都是我们试图回答的问题，也只有正确认识这些问题，才可能提出切实可行的建议来帮助城市贫困人群摆脱贫困。

二、选题意义

我国的城市贫困现象是在体制转型、结构调整、改革深化的大背景下出现并加剧的。作为人们普遍关注的经济和社会问题，城市贫困不仅导致了一部分个体及其家庭的生活困难，而且已经成为阻碍改革进一步深化并影响社会稳定的巨大隐患。而且，在今后相当长的一段时期之内，城市职工的下岗失业及其贫困问题、城市农民工的边缘化境地及其贫困问题将继续成为关系到改革成败以及社会发展和进步的现实难题。当然，其他一些特殊群体，比如老人、妇女等等，他们的潜在贫困问题也值得深入关注。而对于城市贫困现象的重视,无疑将与经济体制的转轨、产业结构的优化和调整、国有企业的深化改革、进城农民工能否顺利融入城市等问题的解决直接关联。

此外,党的十六大提出了要全面建设"小康社会",十六届六中全会公报也指出,社会和谐是我们党不懈奋斗的目标。现阶段,在构建社会主义和谐社会的若干重要内容中,促进就业和完善社会保障是保持社会和谐的两个重要支柱。当然,无论是"全面建设小康社会"的发展目标还是"构建社会主义和谐社会"的重大战略决策,都要求在今后的发展中必须统筹各方面的利益关系,进一步理顺收入分配关系,完善社会保障体系,且需特别关心困难群众的生产和生活,切实保障所有成员分享改革发展的成果,在保证增长效率的同时维护和实现社会公平。所以,在未来一个较长的时期之内,随着我国城市化和工业化进程的加速,经济社会转型过程的加快,以及社会各阶层之间及其内部关系的进一步整合,重视并加大对城市贫困的研究力度,将切实有助于落实科学发展观,并直接关系到能否形成全体人民各尽其能、各得其所而又和谐相处的局面,关系到能否实现惠及十几亿人口的小康社会的建设目标。本研究的现实意义是不言而喻的。

就理论方面而言,该选题对于贫困理论以及转型理论都将有所助益。目前,国际上关于贫困的研究主要是集中在市场经济国家,对于转型中的发展中国家贫困问题的关注不多;另外,国内原有关于贫困的研究多是以农村作为考察区域,对于城市贫困的关注不多。所以,选择转型时期的发展中大国——中国,及其转型背景下的城市贫困问题(而非农村贫困)作为研究对象,来探寻经济社会转型与经济结构调整、分配格局变动、保障制度改革及其与城市贫困之间的关系,经济社会转型对于社会分层的可能影响及城市贫困发生的阶层性特征,经济社会转型中的贫困及相关问题对现行扶助政策所带来的挑战等等,这些问题与我国目前的国有企业改革、产业结构调整、农业剩余劳动力转移等问题一起,不仅丰富了贫困的相关理论和实证研究,而且对关于转型经济的理论研究也具有补充和完善的作用。

三、本书的方法与结构

贫困问题并非只是单纯的经济问题或社会问题，所以不论其研究内容还是研究方法，都离不开多学科的边缘交叉，需要全方位进行。本书的研究始终立足于我国双重转轨这一背景，循着描述（what）、解释（why）、预测（how）和规范（should）的四步顺序①，在文献阅读与实地调查的基础上，坚持理论与实践相结合、定性分析和定量分析相结合、历史分析与逻辑演绎相结合、实证分析与规范分析相结合的分析思路和方法，通过较为严密的理论——实证——对策逻辑框架，不仅运用社会学的一些实地调查方法，也结合经济学的分析工具来分析相关数据，以期对我国当前的城市贫困问题做一系统研究，进而有益于切实缓解城市的贫困状况。

本书共包括七章内容，基本安排如下：

第一章是本书的理论基础。本章从贫困概念的演进入手，对国内外城市贫困的相关研究进行了梳理，以期较为清晰地把握国内现有研究与国际研究之间在内容和方法等方面的差距。

第二章是对城市贫困测度方法的概述。鉴于界定和测度贫困是贫困理论研究及减贫实践的基础和重要步骤，加之有关贫困测度的研究也已经历了一个从绝对贫困到相对贫困、从单维指标到多维指标的演变过程，因此，本章主要从贫困线测度和总量贫困测度两方面对界定和测度贫困的方法及指标做了概括性的介绍。

第三章和第四章是对我国城市贫困问题的实证分析。这两章引入我国经济社会转型的现实，对这一背景下的城市贫困现状进行了描述。其中，既包括城市贫困测度的现状，也包括城市贫困规模、地区分布、结构和特征，以及城市贫困人口的聚居现状等内容。现状的实证分析中，不仅有定性的描述，比如对城市贫困人口的两大主体，即下岗失业职工和农民工

① 描述、解释、预测和规范“四步递进”的步骤是我国著名社会问题研究专家南京大学的童星教授所倡导。

贫困群体现状及其影响的描述；也有定量的分析，亦即基于统计数据和课题组实际入户调查数据的统计分析，以求更为客观地反映我国转型时期城市贫困人口的规模、发生概率、地区分布、结构以及特征等内容。

第五章是对我国转型时期城市贫困形成机理的解析。与国内已有大多数研究城市贫困成因的文献不同，本章主要基于宏观层面，从发生学的视角对我国城市贫困的生成过程做了动态分析，并尝试解释为何我国的城市贫困会在转型时期突发并加剧；何以此时的城市贫困不同于先前；城市贫困人口构成如何变化以及一系列相关问题。多种影响因素中，既包括转型过程中的结构调整、增长和失业、收入不平等这样一些经济原因，也包括排斥、剥夺和贫困文化等社会人文因素，还包括了法律、政策等制度方面的考察，以期更深刻地理解我国转型背景下的城市贫困产生及加剧的根源和机制，并为今后的城市贫困治理打下基础。

第六章以兰州市作为具体案例，借助对该市的实地入户调查资料及相关统计数据，深入剖析了其贫困人口表现在收入、消费、住房、教育和医疗，以及社会和心理等各方面的困境，同时对该市和广州市的城市贫困问题做了对比分析。在此基础上，进一步分析了其城市贫困形成的宏、微观原因及相应减贫对策。

第七章是本书分析的最后落脚。本章基于近年来的世界发展报告，依据其中所倡导的减贫思想构建了我国缓解城市贫困问题的脉络框架。无疑，贫困并非单纯的收入低下，我国对于城市贫困的治理也不能简单地“头痛医头、脚痛医脚”，而应将减贫战略纳入国家总体的经济政策体系，并从“扩大机会”、“促进赋权”、“加强保障”等角度全方位出发多管齐下。在扩大机会方面，一方面要选择有利于贫困群体的增长模式，大力发展劳动密集型产业，提供更多就业机会；另一方面，通过改善投资环境，积极发挥非公有制经济在经济发展中的作用。在促进赋权方面，应深化各类防范贫困的政策，并通过加强制度建设和改善政府治理而达到以法治保护贫困者的利益；同时，应积极推进贫困者的资产建设。在保障方面，则需进一步完善现有制度，以城市居民最低生活保障制度为基础，同时考虑农民工这一特殊群体，并结合其他各类相关政策，从而形成综合性的社会保障和救助体系。

第一章　相关概念阐释及已有研究述评

第一节　相关概念阐释

把握贫困概念及其内涵是全面理解贫困和城市贫困问题的基础,如何定义贫困不仅影响到使用怎样的方法来测度贫困,更重要的是决定着相应的减贫政策。自对贫困有确切的定义开始至今已有一百多年的历史,其间,贫困概念从关注单一的收入因素到关注剥夺、排斥和脆弱性,经历了不断的演化过程。

一、贫困概念的演进①

国内外不同领域的学者一直都在为贫困研究做着努力。但要给贫困下一个准确、科学的定义又实在是件非常困难的事情。美国经济学家萨缪尔森就曾说过,贫困是一个非常难以捉摸的概念;英国学者奥本海默(C. Oppenheim,1993)也认为,"贫困本是一个模糊概念,它不具备确定性,并随着时间和空间以及人们思想观念的变化而变化"。在经济学领域,是英国学者朗特里(M. Rowntree,1901)最早给出了较为确定的贫困定义,他在著作《贫困:城镇生活研究》中认为,"如果一个家庭的总收入不足以支付仅仅维持家庭成员生存所需的最低量生活必需品开支,这个家庭就基本上陷入了贫困之中"。自这一开创性的研究以来,贫困及其与之有关的概念便从不同角度以不同形式扩展开来,不同学科的研究者都在积极探索更适合目前经济社会发展的、更具可操作性的贫困概念。比如,

① 本小节的主要内容作者已发表于《改革》2006 年第 6 期。

它既可以从收入低下、权利缺乏或能力剥夺的角度来定义;也可以从绝对和相对的视角来理解;还可以从长期和短期的比较来把握,而且,这一概念又常常与不平等、社会排斥和脆弱性紧密相连。我们之所以重视贫困的多维度特性,是因为它不仅决定了使用怎样的方法测度贫困,更为重要的是,不同的定义对应着不同的减贫政策工具和项目组件。所以,理解贫困概念的演进及其内涵扩展对于全球范围的减贫进程具有实践性的指导意义。

(一)收入贫困、权利贫困和能力贫困

1. 收入贫困

虽然朗特里在其贫困定义中关注到的仅仅是收入这一因素,但却具有里程碑的意义。而且他还提出了划分贫困家庭的收入标准,即贫困线。该研究之后,还有一些经济学家、社会学家也是从收入的角度来解释或定义贫困的。比如,"贫穷是生活必需品的缺乏";"贫穷是指相对较少(收入)的一种状态";"贫穷是指收入较少而无力供养自身及家庭的一种低落的生活程度";"贫困是指经济收入低于当时、当地生活必需品购买力的一种失调状况";"贫困是因无适当收入或不善使用(开支),无法维持基本生活以及改善健康条件和精神面貌去做有用工作的一种社会状况"等等。[①] 萨缪尔森(P. Samuelson)和雷诺兹(L. Reynolds)也是从这一角度来定义贫困概念,前者称其为一种"人们没有足够收入"的状况;后者的所谓贫困问题,是指"在美国有许多家庭,没有足够的收入可以使之有起码的生活水平","贫困最通行的定义是实际年收入的绝对水平"。[②]

虽然,收入作为衡量人们生活水平的重要指标之一,它具有易于统计、测量和监测的优点,收入贫困也已成为各国减贫实践中经常使用的一个重要概念,而且与此定义相关的减贫战略的重心亦即如何通过经济增长来提高人均收入的水平,但值得深入思考的另一问题是,贫困人群从收入增长中得到的好处究竟有多少?与其他社会成员相比而言,是一样多

① 转引自屈锡华、左齐:《贫困与反贫困——定义、度量与目标》,《社会学研究》1997年第3期,第104~115页。

② 〔美〕劳埃德·雷诺兹(Lloyd G. Reynolds):《微观经济学——分析和政策》,马宾译,商务印书馆1982年版,第431页。

还是更少,或者,根本什么也得不到?现实世界的发展格局则讽刺地说明,当今的富国与穷国之间、一国之内的富裕阶层与贫困阶层之间,甚至一个地区的富人与穷人之间的矛盾,并未因为整个世界、国家或区域的经济增长而被消除,一些发展中国家“有增长而无发展”的局面依然存在,贫困难题始终令人费解。

2. 资源贫困或权利贫困

鉴于此,又有学者从资源匮乏或机会缺乏的角度来定义贫困。而且从这一角度定义的贫困概念又往往体现出剥夺与排斥的含义,可从更深层将其理解为“权利贫困”。对于以德国思想家马克斯·韦伯(Max Weber)为代表的那些西方社会学者,他们在关于社会不平等和社会分层的理论中认为,社会不平等的实质即社会资源或包括财富、收入、权力、声望、教育机会等等在内的有价值物在社会成员中的不均等分配,而处于社会下层的贫困群体正是上述社会资源的匮乏者。英国社会学家汤森(P. Townsend,1979)指出,“所有居民中那些缺乏获得各种食物、参加社会活动和最起码的生活和社交条件资源的个人、家庭和群体就是所谓贫困的”。世界银行《1980年世界发展报告》在此基础上更进一步认为,“当某些人、某些家庭或某些群体没有足够的资源去获取他们在那个社会公认的,一般都能享受到的饮食、生活条件、舒适和参加某些活动的机会,就是处于贫困状态”。欧共体委员会在其1989年的《向贫困开战的共同体特别行动计划的中期报告》中认为,“贫困应该被理解为个人、家庭和人的群体所拥有的资源(物质的、文化的和社会的)如此有限,以致他们被排除在他们所在成员国可以接受的最低限度的生活方式之外”。总之,正如奥本海默所言(C. Oppenheim,1993),“贫困是指物质上、社会上和情感上的匮乏,它意味着在食物、保暖和衣着方面的开支要少于平均水平”,“贫困夺去了人们建立未来大厦——‘你的生存机会’的工具,夺去了人们享有生命不受疾病侵害、有体面的教育、有安全的住宅和长时间的退休生涯的机会”。

我国学者也多倾向于从这一角度出发来定义贫困。例如:国家统计局“中国城镇居民贫困问题研究”课题组和“中国农村贫困标准”课题组(1989)相关报告中,“贫困一般是指物质生活困难,即一个人或一个家庭的生活水平达不到一种社会可接受的最低标准。他们缺乏某些必要的生活资料和服务,生活处于困难境地";台湾学者江亮演(1990),"通常所称的贫困是指生活资源缺乏或者无法适应所属的社会环境而言,也就是无法或有困难维持其生理的或精神的生活需要";童星和林闽钢(1993),"贫困是经济、社会、文化落后的总称,是由低收入造成的缺乏生活必需的基本物质和服务以及没有发展机会和手段这样一种生活状况"①;赵冬缓和兰徐民(1994),"贫困是指在一定环境(包括政治、经济、社会、文化、自然等)条件下,人们在长时期内无法获得足够的劳动收入来维持一种生理上要求的、社会文化可接受的和社会公认的基本生活水准的状态"②;康晓光(1995),"贫困是人的一种生存状态,在这种生存状态中,人由于不能合法地获得基本的物质生活条件及参与基本社会活动的机会,以至于不能维持一种个人生理和社会文化可以接受的生活水准"。

3. 能力贫困

能力贫困的主要贡献者是经济学家阿马蒂亚·森(Amartya Sen)。他认为(1981、1984),在分析社会公正时,个人的利益(即个人有实质性的自由去选择她或他认为有价值的生活的能力)是非常重要的。从这个角度讲,贫困必需被视为是对基本能力的剥夺而不仅仅是收入低下,这是判别贫困的标准。能力贫困的视角丝毫不意味着对收入缺乏显然是贫困的最重要的原因这一观点的否定,因为收入缺乏可能是对一个人能力剥夺的首要原因。支持以能力界定贫困的理由如下③:(1)贫困可能是以能力被剥夺为特点的,因为能力从本质上讲是重要的,而低收入只有手段上的意义;(2)低收入不是对能力剥夺的唯一影响;(3)收入对能力的影响因社区、家庭和个人而有所不同。所以,"贫困并不只是比社会上其他人

---

① 童星、林闵钢:《我国农村贫困标准线研究》,《中国社会科学》1993 年第 3 期,第 86~98 页。

② 赵冬缓、兰徐民:《我国测贫指标体系及其量化研究》,《中国农村经济》1994 年第 3 期,第 45~49、59 页。

③ Ravi Kanbur and Lyn Squire:《关于贫困的思想演变:对于相互作用的探讨》,参见杰拉尔德·迈耶、约瑟夫·斯蒂格利茨主编:《发展经济学前沿》,中国财政经济出版社 2003 年版,第 131~161 页。

穷多少这回事，而是没有争取物质富裕最基本的机会——因为缺乏一定的最低限度的‘能力’”。① 森特别强调，收入的相对差距可能意味着能力的绝对剥夺。森（Sen，1999）在他的《以自由看待发展》一书中更进一步阐释，能力意味着人们享有的使他们可以过他们有理由珍视的那种生活的很大自由。自由即实质自由，它包括免受困苦——诸如饥饿、营养不良、可避免的疾病、过早死亡之类——的基本能力，以及能够识字算数、享受政治参与等等的自由。财富、收入、技术进步等等固然是人们追求的目标，但它们最终只属于工具性的范畴，是为人的发展和福利服务的；而以人为中心的最高价值标准就是自由，这才是发展的主题和最高目标。正因为如此，所以他认为，“有很好的理由把贫困看做是对基本能力的剥夺，而不仅仅是收入低下”。

无疑，“能力贫困”比“收入贫困”具有更宽泛的内涵和更高层次的视角。而随着森所强调的能力和作用逐渐成为贫困问题分析中的主要范式，能力贫困概念对于世界范围内的减贫政策也具有重要意义。因为按照森的观点，以收入指标衡量的贫困是工具性的贫困，对贫困的实质性衡量必须使用关于能力的指标。所以，消除收入贫困固然重要，但这不应成为减贫的终极动机，关键是要提高人的基本能力，比如享受教育、医疗保健、社会参与以及政治权利等等，而这种能力的提高一般也会扩展人的生产能力和提高收入的能力。世界银行《1990 年世界发展报告》中也将贫困定义为“缺少达到最低生活水准的能力”，当然，此处对“最低生活水准”的衡量已不仅仅包括家庭的收入和支出因素，还要包括医疗卫生、预期寿命等等社会福利的内容。至此，对于贫困的界定已经从单一地关注收入低下，经历了关注资源匮乏的阶段，发展到重视能力的缺乏和被剥夺，而减贫战略的重点也相应从原先的单纯强调国民收入增长扩展到包括延长寿命、提高读写能力、增强健康等内容。

（二）绝对贫困和相对贫困

随着认识和研究的逐步深入，越来越多的学者开始注意到，完全建立

① Amartya Sen: “A Sociological Approach to the Measurement of Poverty: A Reply to Professor Peter Townsend”, *Oxford Economic Papers*, December 1985, pp. 669 – 670.

在个体(包括个人和家庭)某一时点物质福利状态上的贫困概念忽略了贫困的主要特点。因而,贫困定义也相应发生着多层面的扩展,绝对贫困和相对贫困、长期贫困和短期贫困、剥夺、排斥和脆弱性等等概念因此出现。它们不仅有助于从不同角度深刻勾画贫困的多纬度特性,同时,也深刻影响着贫困测度的方法以及不同减贫措施的实施。

就绝对贫困和相对贫困而言,绝对贫困仅仅关注于人们是否具有满足自身最低生活水平的收入或能力,而相对贫困则认为贫困具有很强的相对性,确定贫困线时应充分考虑社会整体的生活水平。自 19 世纪末英国的布什和朗特里的研究开始,最初的贫困研究者大都倾向于从绝对标准的角度来研究贫困问题,相应计算出的贫困线即为绝对贫困线。20 世纪 40 年代以后,对绝对贫困标准的抨击越来越多,相对贫困的研究逐渐展开。1958 年,美国经济学家加尔布雷斯提出相对贫困的概念,即"即使一部分人的收入可以满足生存需要,但是明显低于当地其他人的收入时,他们也是贫困的,因为他们得不到当地大部分人认可的体面生活所需要的起码条件","相对贫困的定义是建立在将穷人的生活水平与其他较为不贫困的社会成员生活水平相比较的基础之上的,这通常要包括对作为研究对象的社会的总体平均水平的测度"。与绝对贫困和相对贫困的概念相关联,研究者和政府部门也相应提出了用不同方法计算的绝对贫困线、相对贫困线,以及混合贫困线等等,以用于诊断和减缓不同层次及范围的贫困状况。

在对于贫困评估的定性研究中,常用的参与式贫困评估法(Participatory Poverty Assessments,缩写为 PPAs)比传统的定量方法更能反映贫困不是一个绝对的概念这一点。这种方法旨在了解各种社会群体的人如何评价其贫困状况和现行的减贫战略、各种生存战略是如何运作的、人们偏爱政府的哪种减贫战略,以及他们准备支持哪种战略等。① 在参与式贫困评估中发现,如在某一地区,根据客观的货币衡量标准,一些

---

① Ravi Kanbur and Lyn Squire:《关于贫困的思想演变:对于相互作用的探讨》,参见杰拉尔德·迈耶、约瑟夫·斯蒂格利茨主编:《发展经济学前沿》,中国财政经济出版社 2003 年版,第 131 ~ 161 页。

家庭明显处于贫困线之下，但当 PPA 分析员采访时，他们却自认为并不感到贫寒，反之亦然。一个可能的解释归结于那些家庭附近邻里的收入和财富的不平等程度，即如果一个家庭附近其他个体的收入标准与其相似或更低（在贫困线之下），则该家庭可能并不觉得贫困；反之，若一个家庭居住在一个收入分配更不公平的环境，而且被更高生活水准的个体所包围，那么该家庭则可能觉得贫寒，即使其消费水平位于贫困线之上。① 由此可见，贫困经常地相对于贫困者所处的环境及其邻里的生活水平和对他们的态度，而非一个绝对概念。不过，随着贫困内涵的不断扩展，即使是绝对贫困概念，除了被看做是没有能力达到基本的营养、健康、教育、环境标准之外，也更为广泛，还包括“不能对那些影响穷人生活的决策发表意见”。

在国内，学者们根据研究的需要也将贫困分为绝对贫困和相对贫困。如童星和林闵钢（1993）“根据贫困的程度，可分为绝对贫困和相对贫困。绝对贫困泛指基本生活没有保证，温饱没有解决，简单再生产不能维持或难以维持。如果温饱基本解决，简单再生产能够维持，但低于社会公认的基本生活水平，缺乏扩大再生产的能力或能力很弱，则属于相对贫困。绝对贫困又可分为生存贫困和生活贫困，生存贫困即特贫，是指最低生理需求得不到满足、生存有困难，它是生活状况中最低下的一等”。② 曹洪民（1997）之所谓“绝对贫困”，是指物质供给不能维持生存，或因生活状况处于生存临界点以下而被称为生存贫困，从生理上讲，人体维持基本生存的需要差异不大，在不同社会、不同年代其内涵应该是相对一致的，因此绝对贫困是一个相对稳定的概念；和绝对贫困相比，相对贫困是指生存临界点以上的生活状况，是绝对贫困基本解决之后出现的一种贫困，它同时还是一个动态的概念，内涵随着社会、经济、文化背景的变化而变化。③

---

① Erik Thorbecke：《贫困分析中的概念问题和测量问题》，《世界经济文汇》2005 年第 3 期，第 54 ~ 64 页。

② 童星、林闵钢：《我国农村贫困标准线研究》，《中国社会科学》1993 年第 3 期，第 86 ~ 98 页。

③ 曹洪民：《反贫困的战略选择——以甘肃贫困地区为例》，《经济研究参考》1997 年第 1 期，第 33 ~ 49 页。

张问敏和李实(1992)也指出,绝对贫困概念和相对贫困概念的差异决定了确定贫困线的绝对标准法和相对标准法之间的差异。在绝对标准法中又存在着狭义和广义之分,狭义的绝对贫困主要强调个人的基本生活需要,通常以最低营养水平和其他方面的最低生理需要作为确定贫困线的标准;广义的绝对贫困则既考虑个人的基本生理需要,也考虑个人的社会活动方面的基本需要,将个人生存和从事正常社会活动所必需的最低消费额作为划分贫困人口的标准。而划分贫困人口的相对标准法则是完全建立在相对贫困概念基础上的。①

(三)长期贫困和短期贫困

越来越多的证据表明,在发展中国家的许多地方短期贫困比长期贫困(chronic poverty)更加广泛。② 传统的贫困理论也由此相对地更为重视关于短期贫困(或称之为暂时贫困)的研究。然而毫无疑问,长期贫困却为贫困研究提供了一个新的视野,它将那些无法通过正常扶贫手段摆脱贫困的人群作为研究对象,主要关注于贫困的动态分析(即对贫困过程的分析)以及人们随着时间摆脱(而且经常返回)贫困轨道的状况。③ 所谓长期贫困,是指某一个体经历了5年或5年以上的能力剥夺(此处的“个体”可以指个人,也可以指一个家庭或家族)。也有研究认为,90%的长期贫困者都经历了4年的贫困时期。McCulloch和Calandrino(2003)在对四川省的长期贫困研究中区分了三种长期贫困:(1)平均消费长期处于贫困线以下;(2)一段时间内经常处于贫困水平或以很大概率处于贫困状态;(3)很大程度持续处于贫困水平。④ 在Jalan和Ravallion(1998)的研究中,总贫困水平 P_i 是一段时间内每个时间点的贫困水平测

① 张问敏、李实:《中国城镇贫困问题的经验研究》,《经济研究》1992年第10期,第54~61页。

② Erik Thorbecke:《贫困分析中的概念问题和测量问题》,《世界经济文汇》2005年第3期,第54~64页。

③ 何晓琦:《贫困传导与长期贫困的形成》,《改革》2006年第2期,第108~114页。

④ McCulloch, N. and Callandrino, M.: “Vulnerability and Chronic Poverty in Rural Sichuan”, *World Development*, Vol. 31, No. 3, 2003, pp. 611－628.

量值 P_{it} 的期望值，即 $P_i = E[P_{it}]$，长期贫困因此被定义为 $C_i = P(E[y_{it}])$，短期贫困水平 T_i 等于总贫困水平(P_i)减去长期贫困水平(C_i)。但是，该定义中对贫困的分解不能充分代表一段时期围绕贫困线的消费的变动。① 而且必须指出的是，长期贫困除了关注贫困人群的收入指标外，还应更多地关注贫困的多维指标。因为收入和消费的短期波动很大，从长期来把握十分困难，仅从收入和消费角度对于贫困的研究还不足以说明其为什么会长期而顽固地存在。此外，人力资本发育缓慢是长期贫困的一个重要特征，贫困在代际间的跨越则既可看做是长期贫困的另一个特征，也可看做是其形成的原因。当然，长期贫困的发生还具有地域的以及职业的特征，长期贫困者相对而言更为脆弱，更可能受到外部冲击的伤害。与传统的贫困研究一样，长期贫困也可以区分为绝对贫困和相对贫困，但大多数研究者针对的主要是长期的绝对贫困。无疑，消除长期相对贫困比消除长期绝对贫困要困难得多。②

区别短期贫困和长期贫困概念具有非常重要的现实意义，因为这将影响到缓解不同贫困现象的政策手段。适当的保险计划（如粮食保险）和其他的消费平滑措施对于减少暂时贫困很有效，但可能对于减轻长期贫困的作用并不明显。缓解长期贫困可能需要对于人类资本和健康资本的重大投资，以及对于资产的再分配——特别是土地。③ 除此之外，道义上的支持，即在社会的意识形态中形成一种帮助贫困个体的力量也非常重要，向贫困者提供各种形式的经济资源以及制度上的保障和激励都有助于提高其自身缓解贫困的能力。

（四）剥夺、排斥、脆弱性和人类贫困

贫困概念的变化对于减贫战略及其各种政策起着决定性的作用。帮助贫困人群的政策应当研究如何既能提高增长率，又促进平等，或者，至

① Erik Thorbecke：《贫困分析中的概念问题和测量问题》，《世界经济文汇》2005 年第 3 期，第 54～64 页。

② 何晓琦：《贫困传导与长期贫困的形成》，《改革》2006 年第 2 期，第 108～114 页。

③ Erik Thorbecke：《贫困分析中的概念问题和测量问题》，《世界经济文汇》2005 年第 3 期，第 54～64 页。

少采取适当的政策来减缓导致不平等的增长。因此自收入贫困、权利贫困和能力贫困之后，剥夺、排斥、脆弱性以及缺少发言权等方面成为理解和定义贫困概念的主要内容。

1. 剥夺和贫困

一定时期内，社会的资源总是有限的，各利益群体在分配过程中对有限资源的争夺必将导致不平等和贫困。伦斯基（Lenski，1966）认为，贫困者之所以陷入贫困，主要是因为他们所拥有的资源很少。在经济领域，他们缺乏资本和技术等生产要素，因而难以获得较多的经济收入；在政治领域，他们缺乏政治活动的参与能力和机会，因而不可能对决策、投票等产生实际的影响；在社会生活中，他们无力影响教育、传媒和社区组织，因而普遍受到社会的歧视和排斥。总之，权力结构的不平等和不合理迫使部分社会成员“失能”而陷入贫困或长期贫困，其结果又往往进一步强化了社会对他们的偏见和排斥，加剧了社会矛盾。汤森（Townsend，1979）从资源匮乏和机会缺乏角度所定义的贫困，即“所有居民中那些缺乏获得各种食物、参加社会活动和最起码的生活和社交条件资源的个人、家庭和群体就是所谓贫困的”，该定义实质上也与“剥夺”的思想紧密联系在一起。按照他的解释，相对剥夺是“社会上一般认为或风俗习惯认为应该享有的食物、基本设施、服务与活动的缺乏与不足”，“人们常常因为剥夺而不能享有作为一个社会成员应该享有的生活条件。假若如此，或甚至因而丧失成为社会一员的身份，那么他们就是贫困的”。汤森（1993）还认为，剥夺可以分为物质剥夺（与食品、衣服和住房等有关）和社会剥夺（与家庭、娱乐和教育有关）。他所关注的焦点是相互作用的社会关系，而不仅仅限于物质领域。由此看来，贫困还具有社会性。英国的克莱尔（Clare，2000）也指出：“人们往往从经济、社会、政治等不同方面同时遭到剥夺。没有收入通常是因为没有资产或没有进入劳动力市场的渠道，健康状况不良和缺乏教育既是经济状况低下的原因，也是经济状况低下的结果。”“贫困所指，并不仅仅限于物质的和伤及人体的剥夺，它也损害人们的自尊、尊严和自我认同，堵塞他们参与决策过程、进入各种有关机构的途径，使得若干群体之易受伤害的程度沿螺旋线上升”。①

2. 排斥和贫困

自20世纪90年代中期以来，社会排斥（Social Exclusion）作为一个广泛涉及经济社会问题的概念，在讨论和研究贫困与剥夺问题时被经常使用。1995年在哥本哈根召开的题为“社会发展及进一步行动”的世界峰会上，社会排斥被视为消除贫困的障碍。艾尔泽（Else，2000）从其中的“本次峰会对消除贫困做出世界性的承诺”这句话出发讨论了减少贫困的政治含义。② 就贫困及社会排斥而言，克莱尔（Clare，2000）还指出，穷人们“往往由于民族、等级地位、地理位置、性别以及无能力等原因而遭到排斥。特别严重的是在影响到他们命运的决策之处，根本听不到他们的声音”，“各种社会排斥过程无不导致社会环境动荡，终至危及全体社会成员的福利”。③ 阿马蒂亚·森在其能力贫困概念之后，也更进一步探讨了贫困、能力剥夺与社会排斥之间的关系。④ 毫无疑问，作为能力剥夺的贫困观（贫困指的是不具备享有体面生活的能力）是一个多维的观点，从一个人不应该被排斥于某些社会关系之外这层意义上来说，社会排斥本身就是能力贫困的一部分；反过来，社会排斥本身不但是能力剥夺的一部分，而且也是造成各种能力不足的原因之一。因为，被隔离于某些社会关系之外可能会导致其他的剥夺，并进一步限制人们的生活机会。比如，对一个人在就业或获取信贷等机会的排斥会导致其在经济上的穷困，而经济上的穷困反过来又会导致其他形式的剥夺。森还指出，社会排斥思想的真正意义在于强调了其关系特征所引起的能力剥夺以及贫困。换言之，社会排斥具有重要的建构性或工具性影响，前者主要是指，有时候遭

① 〔英〕克莱尔·肖特：《消除贫困与社会整合：英国的立场》，陈思译，《国际社会科学杂志》中文版2000年第4期，第49～55页。

② 〔挪〕艾尔泽·厄延：《减少贫困的政治》，张大川译，《国际社会科学杂志》中文版2000年第4期，第43～48页。

③ 〔英〕克莱尔·肖特：《消除贫困与社会整合：英国的立场》，陈思译，《国际社会科学杂志》中文版2000年第4期，第49～55页。

④ 〔印〕阿马蒂亚·森：《论社会排斥》，王燕燕译，《经济社会体制比较》2005年第3期，第127页。

受排斥本身就是一种剥夺,而且这种排斥会对受排斥人产生很大的直接影响,比如无法与别人交往或参与社会活动会直接导致一个人的穷困潦倒;后者则是指,有些排斥虽然不会直接给受排斥人造成损失,却将间接产生其他一些严重后果,通过其他途径导致受排斥人的生活贫困。总之,社会排斥可能通过各种方式导致剥夺与贫困,认识这一点对于世界范围内的减贫战略至关重要。

3. 脆弱性和贫困

也是自20世纪90年代以来,随着在测定贫困中参与式贫困评估方法(PPAs)的利用,贫困的两个非常重要的方面逐渐显现出来。① 一是对收入风险和波动的担心,它常常表现为一种脆弱感。穷人们认为贫困不仅仅是一种一无所有的状态,而且是一个人仅有的一点点东西也很容易失去的状态。二是缺乏政治权利。这种发言权和政治权利的缺乏常常被描述为无权无势的感觉,也是贫困最根本的特征。钱伯斯(Chambers,1995)指出,脆弱性"有两个方面,即暴露于冲击、压力和风险之中的外在方面和孤立无助的内在方面,这两方面都意味着缺少应付破坏性损失的手段"。事实也是如此,穷人之所以更容易受到伤害,是因为他们缺乏充分保护自己不受风险打击的手段。所以,虽然收入或与收入有关的方面确实是贫困的突出特点,但穷人们表现出的对孤立无助、没有权力、脆弱性的担心却更值得我们关注。通常情况下,面对各种各样的风险,穷人们总是努力通过收入多样化来最大限度地减少他们面对灾害时的脆弱性,但萨尔蒙认为(Salmen,1995),"在经济上被边缘化的群体往往在社会方面也容易被边缘化,所以他们在资源和权力两方面都处于不利地位"。

毫无疑问,医疗和教育是减贫战略的一个重要组成部分,是帮助贫困者增加收入必不可少的基本方面。但基于脆弱性和无发言权方面的贫困概念也需要其他一些政府行动,以帮助这部分人减少风险,提供抵御风险

---

① Ravi Kanbur and Lyn Squire:《关于贫困的思想演变:对于相互作用的探讨》,参见杰拉尔德·迈耶、约瑟夫·斯蒂格利茨主编:《发展经济学前沿》,中国财政经济出版社2003年版,第131~161页。

的保障，从而扩大他们可以得到的机会，并更好地利用各种减贫措施带来的好处。要抵消危机对穷人的影响，政府必须提高安全网来缓冲冲击，保护穷人改善自身状况的机会。已有证据表明，把公共工程、集体借贷（如果需要，可给予补贴）和简单的存储计划结合起来，至少给穷人应付风险提供了一定的支持。① 同时，因为实践中很多自上而下的解决方案常常失败，所以要求穷人在广泛的情况下积极参与，通过让他们在一些与其相关的问题上拥有更多的发言权而切实提高项目和计划实施的效力。

4. 人类贫困和人类发展

联合国开发计划署从人类发展的角度来界定贫困，《1997 年人类发展报告》中对“人类贫困”的解释是，贫困不仅仅是缺乏收入的问题，它是一种对人类发展的权利、长寿、知识、尊严和体面生活标准等多方面的剥夺，并采用了几种测度方法，如人类发展指数、人类贫困指数等。人类贫困之所以比前面不同角度的界定具有更宽泛的内涵，是因为它是从人的全面发展、生活质量和基本权利等方面来考察、分析和测量贫困，属于广义的贫困概念。人类贫困指数侧重于人类贫困的三个方面，即寿命、读写能力和生活水平。其中寿命用 40 岁以前死亡的人的百分比来测定；读写能力用有读写能力的成人所占百分比来测定；生活水平则用获得医疗服务的居民的百分比、获得安全饮用水的居民的百分比和 5 岁以下营养不良的幼儿的百分比来测定。基于此，世界银行在《2000/2001 年世界发展报告》中针对贫困群体广义福利被剥夺的状况，提出了新世纪参与性综合减贫战略框架：第一，扩大经济机会。即通过市场和非市场行动的结合，使穷人积聚资产并且提高其资产的回报，以扩大穷人的经济机会，增加其收入。第二，促进参与赋权。即让国家制度对穷人更负责、对其需要做出及时反应，加强穷人在政治进程、地方决策和社区管理中的参与，取消来自性别、民族、种族和社会地位差距的社会障碍。第三，加强安全保障。即建立社会保障机制，减少因疾病危害、经济灾难、自然灾害等和暴

① Erik Thorbecke：《贫困分析中的概念问题和测量问题》，《世界经济文汇》2005 年第 3 期，第 54～64 页。

力对穷人造成的伤害,帮助穷人化解风险。

当然,关于贫困还有很多其他的定义。比如,舒尔茨(Schultz)在其《经济增长与农业》和《论人力资本投资》中所涉及的,“贫困是作为某一特定社会中特定家庭的特征的一个复杂的社会经济状态。无可怀疑,任何有意义的贫困概念的一部分是由社会决定的,因为它大部分取决于我们的阶级和家庭结构”①,以及“现在仍然存在的绝大部分贫困是大量的经济不平衡之结果”②。舒尔茨也同时强调经济学必须重视对贫困问题的专门研究。他认为,“虽然经济学家们已经对经济稳定和经济增长做了大量分析研究,但在经济学中却仍然缺乏带有理论色彩的贫困问题的专门研究”③。他还首次运用其人力资本概念及理论分析框架剖析了不发达国家贫穷落后的根本原因,不是在于物质资本的缺少而在于人力资本的匮乏以及这些国家长期以来对人力资本投资的忽视;并进一步提出,这些国家应把发展教育、增加健康投资等在内的人力资本发展战略放在首位,这是其摆脱贫穷状态的重要选择。

此外,艾尔泽(Else,2000)则将贫困看做是“经济、政治、社会和符号的等级格局的一部分,穷人就处于这一格局的底部,贫困状态在人口中持续的时间越长,这种格局就越稳定”④。尽管定义贫困的角度不同,但没有谁能够改变贫困问题仍将长期存在这一事实。因此,人们与贫困之间的斗争也将继续下去,无论发达国家或是发展中国家,概莫能外。而从贫困概念一百多年以来的演变过程来看,贫困已经由最初单纯地强调对市场上可以买到的物品的支配能力(收入)这一因素,逐渐拓宽到了目前关注于包括良好的基础教育、在社会中的作用、医疗保健、寿命等等在内的

---

① 〔美〕西奥多·W.舒尔茨:《经济增长与农业》,郭熙保、周开年译,北京经济学院出版社1991年版,第65页。

② 〔美〕西奥多·W.舒尔茨:《论人力资本投资》,吴珠华等译,北京经济学院出版社1990年版,第65页。

③ 〔美〕西奥多·W.舒尔茨:《论人力资本投资》,吴珠华等译,北京经济学院出版社1990年版,第54页。

④ 〔挪〕艾尔泽·厄延:《减少贫困的政治》,张大川译,《国际社会科学杂志》中文版2000年第4期,第43~48页。

福利内容,以及更广泛的对于脆弱性和风险、没有权利和缺少发言权的关心与担心。其概念的这种变化不仅显示了贫困的多维度特性,而且,认识的变化也相应大大扩展了缓解贫困可采用的政策工具的范围。所以,虽然贫困定义的扩展并没有从实质上改变把谁看做是穷人的问题,但不可否认的是,这一过程非常有助于我们更深刻地理解贫困,并推动着更完善且更易于操作的减贫战略框架的构筑。

二、城市贫困和新城市贫困

若仅仅顾名思义,“城市贫困”即是指城市地域范围内的贫困。① 朗特里最初对于贫困的定义就是以城市及城市的贫困家庭作为研究对象的。国外学者对于发达国家的贫困研究,也多指城市贫困。当然,因为对于贫困内涵的界定随其概念的变化也在不断发生演变,所以,发生在城市的贫困也不能单纯地从收入角度去理解,它也可以分为绝对和相对的视角,或者短期和长期的视角,而且与剥夺、排斥、脆弱性以及缺少发言权等内容密切关联,涉及到底层阶级、社会排斥、社会剥夺、社会极化等问题。换言之,无论是贫困还是城市贫困,都并非纯粹的经济学问题,它同时也是社会学、人口学、管理学,甚至哲学、政治学、生态学等多学科关注的主题。

20世纪末期的研究中,又有学者提出“新城市贫困”(new urban poverty)的概念。比如经济学家明焦内就是由于底层阶级概念所存在的一些缺陷而更倾向于使用“新城市贫困”一词。他所界定的新城市贫困人口主要包括:社会孤立的老年人、不具备教育背景的年轻人、长期失业的成年人以及被隔绝在社会网络之外的移民等等。同时,明焦内(Mingione,1993)还以意大利为例,用后福特主义(post-fordism)的三个转变来解释“新城市贫民”的产生和形成,即:工作条件的日益多样化以及低报酬的、短期的就业和非正规就业的膨胀;家庭结构差异、生命周期变

① 已有研究基本上未对“城市贫困”和“城镇贫困”这两个名词加以区分,本书也将其视做同一概念;而且,还将不加区分地使用“城市”和“城镇”两个名词,虽然两者的内涵并不完全一致。

化及人口模式的变化；人们需求和消费行为的日益多样化。① 明焦内还指出，新城市贫困概念无可非议地隐含着这样的状况，亦即许多大城市将变得美国化，并可被明显地划分出几个相互割裂的区域，如富人区、长期贫困和边缘化的贫民窟，以及混乱的暴力活动多发区等等。

但是直至目前，研究者们对于新城市贫困仍然没有一个明确的定义，仅仅将其归结为这样一个解释，即由于经济重构（主要指经济、就业制度向后福特主义的转变）以及社会变迁（主要指福利制度的重构）所造成的以失业、在业低收入、无保障、种族分异、移民贫困等为主的新的城市贫困问题。其表现即为一个处于社会底层的新的贫困阶层的产生。而且，目前对于新城市贫困内涵的界定也相当模糊（Silver, 1993; Mingione, 1993; Gans, 1993; Morris, 1993; Neef, 1993）。②

国内也有学者在对我国新时期城市贫困问题的研究中提出了“新城市贫困”的概念③，它指的是进入 20 世纪 90 年代以后，随着经济社会改革的深入推进，劳动就业制度、住房制度、企业制度、社会保障制度等一系列适应市场经济的改革，使计划经济体制下形成的旧的城市利益格局被打破，新的城市社会关系尚未完全构造时，城市发展和社会空间结构受到前所未有的冲击，由此所产生的不同于计划经济时期的城市贫困问题，新城市贫困人口的主体由转型期大量的下岗、失业人员、外来流动人员、企业离退休人员组成。

第二节　已有研究述评

一、国外相关研究

作为世界性的难题之一，贫困以及城市贫困的研究也一直受到国际

① Mingione, E.: “New Urban Poverty and the Crisis in the Citizenship/Welfare System: the Italian Experience”, *Antipode*, Vol. 25, 1993, pp. 206 - 222.

② 转引自刘玉亭等：《国外城市贫困问题研究》，《现代城市研究》2003 年第 1 期，第 78 ~ 86 页。

③ 苏勤、林炳耀：《我国新城市贫困问题研究进展》，《中国软科学》2003 年第 7 期，第 19 ~ 25 页。

经济学界的关注，英国、印度、美国和世界银行的学者对该领域都已做了大量贡献，除了对贫困概念及其内涵的界定之外，还主要包括城市贫困成因、城市贫困测度、城市贫困特征、减贫对策、NGO 组织及其作用、反贫困效果的测量，以及贫困分析的综合宏观经济模型等多方面内容。

(一)城市贫困成因

自 20 世纪 60 年代以来，西方关于贫困的研究纷争就已十分激烈，可将其大致归纳为贫困的结构解释与文化解释间的"对垒"①。本书将在第五章"中国转型时期城市贫困形成机理"中，结合我国新时期转型背景下城市贫困的产生和加剧，从制度根源、结构调整、转型背景、政策结果，以及剥夺、排斥和贫困文化等侧面简单涉及西方相关研究中对于城市贫困成因的分析。

(二)城市贫困界定

对于城市贫困的界定大致包含两方面内容，一方面是对城市贫困人口的界定，这需借助贫困线(poverty level/line)来完成。当然，还可通过贫困指数来考察贫困的广度、深度和强度，亦即贫困人口的相对数量(即贫困发生率)、贫困人口相对于贫困线而言平均的收入短缺状况(即贫困人口的平均剥夺)，以及贫困人口之间的收入分布状况(即贫困人口的相对剥夺)。本书第二章将简述关于贫困线和贫困指数的已有研究，并以之作为我国城市贫困测度的理论基础。另外，则是对于城市贫困阶层的界定。已有研究多以发达国家为例，对城市贫困阶层的界定也已不仅仅局限于经济学的内容，还涉及社会分层理论、社会排斥、社会极化、底层阶级等一系列社会学的理论和方法。

国外研究主要依据社会分层理论对社会阶层进行划分，并通常将位于社会最底层的一部分人群界定为城市贫困阶层。所谓"社会分层"(social stratification)，是根据人们获得社会需求物品的方式来决定其在

① 周怡:《贫困研究:结构解释与文化解释的对垒》,《社会学研究》2002 年第 3 期，第 49 ~ 63 页。

社会位置中的群体等级或类属的一种持久模式。[①] 任何社会都存在一定的社会分层体系。至于社会分层的三重标准，即经济标准（财富）、社会标准（威望）和政治标准（权力），则是由德国著名社会学家马克斯·韦伯（Max Weber，1946）最早提出，是其社会分层理论的核心。[②] 美国社会学家沃纳（W. Lloyd Warner，1949）等人在此基础上将美国社会划分为六个阶层，其中的下层阶级（lower class）又分为"上下层"和"下下层"，即由那些远离财富、威望和权力的人组成，比如，从事体力劳动的机器操作工人和装配工人等"蓝领阶层"、没有固定收入的人、领取救济金的人、失业者以及那些只能从事非熟练工作的人。英国社会学家则将贫困阶层界定为位于非熟练工人阶级之下，甚至游离于阶层结构之外的那部分人群，他们缺少社会参与以及其他必要的生活机遇，在劳动市场中处于不利的边缘境地。

笼统地说，"城市贫困阶层"就是指城市中那个被排斥于传统社会分层结构以外的特殊的贫困阶层。但是，已有研究由于国家背景、研究时期等各方面的不同，因而对这一阶层的界定也往往有所差别，且其内涵并非十分清晰和确定。同时，也主要是与"底层阶级"（underclass）、"社会排斥"（social exclusion）、"社会极化"（social polarization）等问题的分析联系在一起的。"底层阶级"概念最初由默达尔（Myrdal，1962）提出，并把这个正在现代后工业社会里出现的大规模失业群体定义为"一个失权的阶级，由失业者、潜在失业者和隐形失业者组成。在很大程度上，他们同国家的其他群体分离得越来越远，不能分享生活、进取心和成就"[③]。甘斯（Gans，1993）通过考察底层阶级在美国的演变后发现，缪尔达尔最初所指的底层阶级只是一个结构性概念，用于描述那些作为经济发展牺牲品

① 转引自刘玉亭等：《国外城市贫困问题研究》，《现代城市研究》2003 年第 1 期，第 78 ~ 86 页。

② M. Weber: "Some Principles of Stratification", *American Sociological Review*, Vol. 10, No. 2, 1946, pp. 242 – 249.

③ 转引自钱志鸿、黄大志：《城市贫困、社会排斥和社会极化——当代西方城市贫困研究综述》，《国外社会科学》2004 年第 1 期，第 54 ~ 60 页。

的群体，但此后，这一概念却被赋予特定的种族歧视和压迫的内涵，主要指处于社会底层的黑人贫困者。① 而最终的结果是，底层阶级被视为一个关于行为取向的术语。西尔弗（Silver，1993）指出，在美国占主导地位的社会行为学派认为，底层阶级不仅包括失业者和穷人，还特别包括诸如空间集中、犯罪、滥用药物以及单亲家庭等一系列行为特征。② 但伍德沃德（Woodward，1995）却举例说明，行为角度的“底层阶级”概念并没有考虑到结构、形式、原因和过程等方面的复杂性，因而是个“混乱”的概念，组成底层阶级的人彼此之间可能根本毫无关系。③ 比如，虽然具有犯罪记录的长期失业人员和以女性为户主的单亲家庭同时带有底层阶级的标签，但影响他们生活的原因、过程及个人条件等方面则可能完全不同，前者的失业是经济调整和重组的结果，而后者却是不断变化的社会性别关系所引起的。社会学家威尔逊（Wilson，1978；1987）在总结了美国学者的讨论之后，将“底层阶级”概括为这样一组人群，即：缺乏劳动技能或者经历了长期失业的人，或是非劳动力；也包括那些从事街头犯罪和其他脱轨行为的人，以及那些经历了长期贫困而依赖社会福利保障的家庭。④

（三）城市贫困特征

虽然城市贫困阶层的构成比较复杂，但无论是从个体方面还是群体层次都必然表现出一定的共性特征。就整体而言，一般是儿童、残疾人、老年人、在业低收入者和临时性失业者，以及少部分有劳动能力的个人容易陷入贫困。首先，在年龄结构方面，有研究者对米兰等一些意大利城市

① Gans, H. J: "From' Underclass' to' Undercaste' : Some Observations about the Future of the Postindustrial Economy and its Major Victims", *International Journal of Urban and Regional Research,* Vol. 17, No. 3, 1993, pp. 327 – 335.

② Silver, H. : "National Conceptions of the New Urban Poverty: Social Structural Change in Britain, France and the United States", *International Journal of Urban and Regional Research,* Vol. 17, No. 3, 1993, pp. 336 – 354.

③ Woodward, R. : "Approaches towards the Study of Social Polarization in the UK", *Human Geography,* Vol. 19, No. 1, 1995, pp. 75 – 89.

④ 转引自刘玉亭等：《国外城市贫困问题研究》，《现代城市研究》2003 年第 1 期，第 78 ~ 86 页。

的调查发现，年轻人正逐渐成为城市贫困阶层的主要组成部分，救济对象中约有45%是18～44岁的中青年人，其中以25～34岁所占比例为最高。他们大多来自低收入家庭，受教育程度低，就业面狭窄。在美国的研究也是如此，相对于20世纪60年代，其无家可归者也愈来愈趋向于年轻化。

其次，从就业特征来看，失业者和在业低收入者是城市贫困阶层的主要方面，这无疑是与后福特时代的经济制度及就业制度密切关联。就发达国家而言，随着制造业对大量工作机会的削减和劳动力市场的不稳定，使得没有受过教育和职业素质培养的大部分人很难避免或逃脱贫困的陷阱①；在西方国家的劳动力市场中，由于专业文凭低而被永久阻挡或边缘化在劳动力市场之外的人数不断增长，他们不再正式寻找正规工作，恶劣的报酬工作、临时工等非正规经济活动因此而增加。当其收入不足以养家糊口时，这个家庭则将陷入严重的困难境地。

再次，从性别构成来看，以女性为户主的单亲家庭也极容易陷入贫困。在大多数西方国家，女性户主单亲家庭的大幅度增长已导致了贫困的女性化②，而且西方社会家庭和人口方面的一些变化，比如人口的老龄化、亲属关系的弱化、合法婚姻的脆弱化，以及对外来移民歧视的不断加剧等等，都对西方国家的城市贫困产生了不可忽视的影响。

最后，城市贫困在地域空间上也表现出明显的特征，城市基本上按照社会阶层分化而形成相应的地域结构，较富裕者通常居住在环境清静的郊区，而贫困者因为无法支付昂贵的房价和交通费用故而只能留在市中心的贫民窟。20世纪20、30年代，就有社会学家（如罗伯特·帕克）和城市地理学家（如厄内斯特·伯吉斯、霍伊特等）开始关注城市贫困的地域分异特征。罗伯特·帕克探讨了美国城市中的社会问题，诸如犯罪、贫民窟、移民集聚区等等，注意到社会经济发展、文化、宗教、种族差异性等方面与多种社会群体的地理分布之间存在着作用关系。伯吉斯则通过对芝

① Mingione, E.: "New Urban Poverty and the Crisis in the Citizenship/Welfare System: the Italian Experience", *Antipode*, Vol. 25, 1993, pp. 206－222.

② 转引自钱志鸿、黄大志：《城市贫困、社会排斥和社会极化——当代西方城市贫困研究综述》，《国外社会科学》2004年第1期，第54～60页。

加哥市的调查，提出了同心圆模式（concentric zone model）这一最早的城市地域结构理论，首次将城市按照贫富区域划分开来。他指出，在1880～1920年间，美国工业化的势头也吸引了大批贫困的欧洲移民，但因为他们大多只能选择在价格低廉而且紧邻工厂区的地带落脚，从而推动了早期的移民以及城市中产阶级和其他富裕阶层向城市外围迁移。之后，霍伊特（H. Hoyt，1939）和哈里斯、乌尔曼（Harris and Ullman，1945）等地理学家又对其理论进行了补充和修正，分别提出城市地域结构理论中著名的扇形模式（Sectoral Model）和多核心模式（Multiple Nuclei Model）。

当然，城市贫困阶层的聚居也不可避免地引发了一系列社会问题，贫困成为阻碍穷人和社会保持正常联系的鸿沟。而且，持久的贫困使他们形成了自己有别于主流文化的一种生活方式，并代表着他们相同的贫困的语言、贫困的心理和贫困的世界观。20世纪50年代末60年代初，以刘易斯（Oscar Lewis，1959；1966）的《五个家庭：贫困文化的墨西哥案例》和《贫困文化》、班费尔德（Edward C. Banfield，1958）的《一个落后社会的伦理基础》①，以及哈瑞顿（Michael Harrington，1962）的《另类美国》为代表，研究者们通过对墨西哥、意大利和美国社会中贫困问题的剖析，从文化解释的视角勾勒出了城市底层阶级的社会特征。在刘易斯看来，贫困亚文化的存在，是穷人们"在阶层化、高度个人化的社会里，对其边缘地位的适应或反应"，一方面，是他们在社会强加的价值规范下无法获得成功时而采取的种种应对挫折和失望的不得已选择；另一方面，也有相当一部分穷人则完全心甘情愿地生活在自己的文化圈里。他还指出，"贫困文化一旦形成，就必然倾向于永恒。棚户区的孩子到六七岁时通常已经吸收了贫困亚文化的基本态度和价值观念，因此在心理上已不准备接受

① 严格地说，班费尔德的著作《The Moral Basis of a Backward Society》（New York: The Free Press, 1958）与我们的城市贫困研究关系不大，因为他是以意大利南部的一个落后乡村 Montegranesi 为例来分析贫困文化在乡村社会的集中体现。虽然如此，但仍然有必要强调其在"贫困文化"研究中的重要意义。

那些可能改变他们生活的各种变迁条件或改善机会”①。而哈瑞顿描述中作为社会非主流的“另类美国人”，则是一个稳定的、不思变迁也不可能变迁的群体，他们一旦“投入卑微父母的怀抱，进入一个落后的国家或社区，选择一个错误的工作场所、一个被歧视的种族，或者误入一个伦理环境，就只能耳濡目染……，他们中的大多数从此再也没有机会走出美国的这个另类群体”②。由此可见，长期难以根治的城市贫困及由此所引发的社会问题必将使城市贫困进一步强化和固化，不仅增加了治理工作的难度，更可能形成社会痼疾。

（四）反贫困对策

就反贫困对策而言，由于致贫原因的多样化以及各国在政治经济体制、经济社会发展水平、城市贫困现状、已有政策措施等各方面的不同，因而可能采取不同的解决对策。比如，美国自20世纪30年代的“罗斯福新政”以来，其治理贫困的对策大致经历了从解决物质不足到解决能力不足，再到解决权利不足和动力不足四个阶段。③ 但是，不论哪个国家，不论采取怎样的对策措施，都必然涉及经济增长（包括增长的速度和增长的质量）及社会福利等方面。为了能使可供分享的“蛋糕”做得更大、分得更公平，各国都在采取相应的措施以促进经济增长，扩大就业机会，并保证穷人们也能够分享到经济增长的好处。无疑，政府这类鼓励和支持部分产业发展、积极制造就业机会的政策，加之促进收入均衡分配的政策，一定程度上缓解了城市贫困问题的激化。相关研究不胜枚举。

在减贫的具体实践中，政府及其各类扶贫机构既可以把资源直接分配给贫困户，也可以通过在城市中开展大规模的公共设施建设、环境改造工程，向贫困者提供工作机会，使其获得收入来保障基本的生活需求，从

① Lewis, Oscar.: “The Culture of Poverty”, *Scientific American*, Vol. 215, No. 4, 1966, pp. 19–25.

② Harrington, M.: *The Other America: Poverty in The United States*, New York: The Macmillan Company, 1962, p. 23.

③ 洪朝辉：《论中国城市社会权利的贫困》，《江苏社会科学》2003年第2版，第116～125页。

而缓解城市贫困。这必然又涉及两个问题,即对贫困对象的瞄准以及对减贫资源的分配。就前者而言,因为总是存在信息的不对称,所以对贫困户的认定是一件困难的事情。一般地,研究者们都倾向于采用部分瞄准(partial targeting)的办法,以避免完全瞄准(perfect targeting)情况下的高昂成本以及不瞄准(no targeting)时所造成的对于反贫困资源的巨大漏出。

此外,世界银行经济学家马丁·瑞沃林(Martin Ravallion,1991)指出,在讨论反贫困战略中公共工程对贫困者的覆盖问题时,要综合考虑反贫困资源、管理成本、初始工资分布以及政策制定这对贫困的态度等多种因素。① 他认为,其中的关键问题在于工资水平的制定,亦即在实施公共工程时,到底是应该制定确保所有贫困者都能有工作机会的低工资,还是应该制定确保部分贫困者能得到足够收入的高工资。低工资使公共工程对贫困者具有自瞄准作用(self-targeting),因为那些具有较高工资水平或收入水平的人将不会参与进来,但贫困者由此所得的收入却难以达到或超过贫困线,高工资虽然可能使参与公共工程的贫困者生活状态大大改善,但是却只能使很少的贫困者获得工作机会。马丁还进一步讨论了浮动工资下的广覆盖(wide coverage with a flexible wage rate)和社会决定最低工资下的有限覆盖(limited coverage at a socially determined minimum wage)两种政策选择。如果反贫困资源不足以使所有贫困者的收入都提高到能够使他们摆脱贫困的工资水平,决策者必须在两种覆盖方式之间进行选择,以使总体贫困最小化。

关于福利政策的研究方面,埃斯平-安德森(Esping-Andersen,1990)提出了体现资本主义福利政策的三个领域,即家庭与自愿机构的援助、政府的直接干预和市场经济的作用。在南欧的一些国家,家庭纽带与社会自愿团体在社会福利中发挥着很大的作用,政府鼓励私有企业发展和私有化的就业方式;在北欧的一些"高福利"国家,则采取的是完全的"福利

① Martin Ravallion.: "On the Coverage of Public Employment Schemes for Poverty Alleviation", *Journal of Development Economics*, Vol. 34, 1991, pp. 57 - 79.

主义”模式，政府直接提供多样化的福利保障形式，以避免社会成员由于各种原因陷入贫困；而在英美等崇尚“自由主义”的国家，个人贫困则被视为市场经济下劳动力竞争的结果，政府提供的社会福利水平较低，往往当家庭和市场机制无法满足其生活需要时，社会福利项目才给予直接帮助。

但是，也正是欧美国家多年来的“高福利”政策相应地给其政府带来了巨大的财政压力，并造成其低收入者对福利的依赖。因此，各国自20世纪70年代后期以来纷纷改革其福利制度，提出一些创新的社会福利项目，比如“契约参与式”(contractual involvement)的福利计划等等①。美国20世纪80年代里根政府时期的“新联邦主义”(The New Federalism)也针对其“福利依赖型”的贫困而进行了相应的福利制度改革，如设立“工作福利制”(workfare)计划，要求穷人们在领取福利的时候参与培训或教育计划，以促进其经济上独立，同时尽可能减少或取消现有的福利项目，并要求州和地方政府承担更多的救济穷人的负担。② 而且，将就业培训、福利服务和就业投资项目等一些与救济和福利有关的项目尽可能私有化。③ 又如，里根政府1988年通过的《家庭援助法案》(The Family Support Act)中有一项“工作机会与基本技能”(job opportunities and basic skills)计划④，其目的亦在于为穷人们提供教育、职业培训和就业安置，以使他们从原先单纯被动地接受福利转变为积极利用社会服务。

---

① “契约参与式”(contractual involvement)的福利计划即要求参与者在享受福利待遇的同时，必须履行该计划所规定的责任义务的一种社会福利项目(Donzelot,1991)。参见刘玉亭等：《国外城市贫困问题研究》，《现代城市研究》2003年第1期，第78～86页。

② 洪朝辉：《论中国城市社会权利的贫困》，《江苏社会科学》2003年第2期，第116～125页。

③ James Jennings: *Understanding the Nature of Poverty in Urban America*, Westport, CT: Praeger, 1994, p. 36.

④ 在该项法案中，还要求家中有一个3岁以上小孩的年轻父母必须实行强制性的职业培训和基本教育，不然其小孩就无法领到政府救济。但事实上很少有人参与这一培训和工作项目，因为，年轻的单身母亲必须在家照顾小孩，或者是缺乏交通工具、身体不佳、陷入家庭危机，以及在早年求学期间有对教育的负面恐惧等(参见Thomas Corbett: “Child Poverty and Welfare Reform: Progress or Paralyses?”, *Focus*, Vol. 15, No. 1, Spring 1993)。

（五）反贫困效果测量及其他

近些年来，世界银行及许多国家的经济学家们在对政策评价工具的研究方面付出了很大努力。相关研究又可大致分为两种类型。一种是专门针对反贫困政策效果的测量，即如何对相应减贫政策的效果做出评估，考察各种因素在减轻贫困中的贡献大小。1990 年，经济学家 Datt 和马丁·瑞沃林（Martin Ravallion）指出，可将总体贫困的变化分解为给定分配状态下平均消费水平的变化（即增长效应）、围绕平均水平的消费分配变化（即分配效应）和一项残差。① 其中的残差仅仅被认为是增长和分配因素无法完全解释的残余部分，它主要源自于不能精确地测量平均收入、不能精确地拟合洛伦茨曲线，或是无法细分的经济增长和收入分配的相互影响。我国学者魏众等人又进一步解释了该贫困变动分析框架中残差的重要意义，称这一通常被忽略掉的残差是指人口结构变动所导致的贫困率的变动。② 在一般情况下，由于增长和分配的因素往往已经能够很好地说明两者对贫困问题的影响，而残差的值通常也较小，所以人们无需关注人口因素的影响；但是，当增长和分配因素的效应相互抵消时，人口构成因素就成为贫困变化的主要解释因素。

另一些研究则以世界银行经济学家 Pierre-Richard Agénor 等人为代表，主要针对的是发展中国家，研究者们通过构筑建立在代表性家户组（Representative Household Groups，RHGs）基础之上的可计算一般均衡模型（Computable General Equilibrium Model，CGE）来考察各种政策（当然不仅仅是反贫困政策）或冲击（包括外部的或由政策所引致的）对增长、收入不平等以及贫困（包括城市贫困）的不同影响。这些模型旨在连接宏观的经济模型和微观的家户数据两个层面，其中，贫困分析的综合宏观经济模型（Integrated Macroeconomic Model for Poverty Analysis，IMMPA）就是相关方法中的主要模型之一，其他常用的方法还包括简单的微观会计法、

① Gaurav Datt and Martin Ravallion: "Growth and Redistribution Components of Changes in Poverty Measures", *Journal of Development Economics*, Vol. 38, 1992, pp. 275－295.

② 魏众、B. 古斯塔夫森：《中国转型时期的贫困变动分析》，《经济研究》1998 年第 11 期，第 64～68 页。

该方法在计算就业结构变化时的扩展，以及 β－分布法，等等。

二、国内相关研究

城市贫困作为我国新时期社会经济生活中的重大现实问题，也已引起多学科多角度的关注和探讨，其中又以社会学和经济学方面的研究文献居多。从内容来看也不外乎城市贫困的测度、成因、现状、特征，以及对策等方面，在研究方法上，也同样经历着一个从静态分析向动态分析、从传统的注重定性分析向注重定量分析的转变过程。表 1－1 按照绝对贫困和相对贫困、规范分析和实证分析、静态分析和动态分析的视角，将国内近年来一些主要的城市贫困研究成果做一简单归类，疏漏在所难免，但仍然能够大致反映出关于我国转型时期城市贫困研究的主要脉络。

表 1－1　国内关于城市贫困研究的主要文献

作者及年份	绝对	相对	规范	实证	静态	动态
张问敏、李实(1992)		*		*	*	
陈宗胜(1993)	*			*		*
李实、古斯塔夫森(1996)		*		*	*	*
诸建芳(1997)		*	*			
魏众、B. 古斯塔夫森(1998)	*					*
唐钧(1999)	*	*		*	*	
张问敏、魏众(1999)	*			*		*
阿齐兹·拉曼·卡恩(1999)	*			*	*	*
陈宗胜(2000)	*			*		*
周沛(2000)	*			*	*	
李实、John Knight(2002)				*		
李实(2004)	*			*	*	
尹海洁、关士续(2004)				*	*	
洪兴建、李金昌(2005)	*			*	*	
冯星光、张晓静(2006)	*			*		*
陈立中、张建华(2006)	*			*		*
都阳、Albert Park(2007)	*			*		*

资料来源：作者根据主要核心刊物的有关成果整理。

三、简评

考察国外相关文献对于城市贫困的研究，主要表现为以下几个特点：第一，对于贫困的定义，已从单纯地关注收入因素转向重视权利和能力的被剥夺、社会排斥以及脆弱性等方面。第二，与概念界定相对应，对于贫困的测量也已从单一的货币指标（如贫困线、穷人的消费与支出等）转向多维度指标。第三，在分析方法上，已从传统的定性描述逐渐转向定量分析以及定量和定性相结合；从静态分析转向比较静态和动态的分析。第四，所涉及的研究领域，已从原先的经济学、社会学扩展到管理学、人口学、哲学、政治学以及生态学等多学科。第五，研究内容方面，也已扩展到了包括家户、社会资本存量、性别差异、儿童的弱势地位等等。第六，对于家户数据的分析已不仅仅关注其微观层次，更着重从宏观模型和微观家户的连接来考察政策或其他外部冲击对于收入不平等以及贫困（包括城市贫困）的不同影响渠道。

从表1-1可以看出，我国关于城市贫困的研究在方法上也开始注重动态的以及量化的分析，但由于我国双重转型的特殊背景以及相关研究本身起步较晚，所以无论是研究方法还是研究内容等方面都仍需进一步转变和深化。也只有这样，才可能切实在我国城市扶贫政策的制定、反贫困效果的评估，以及贫困变化的监测等方面提供理论支持和技术保障。

第二章　城市贫困测度方法概述

界定和测度贫困是贫困理论研究及减贫实践的基础和重要步骤,城市贫困也是如此。有关贫困测度的研究从19世纪就已开始,伴随着对"贫困"这一概念本身理解的深化,相关研究也经历了一个从绝对贫困到相对贫困、从单维指标到多维指标的演变过程。本章将从贫困线测度和总量贫困测度两方面,对界定和测度贫困的方法及指标做一概述。

第一节　贫困线测度方法

虽然贫困线大多是用满足一个人基本需求的最低消费水平或收入水平来表示①,但是,其测度方法从最早由朗特里(Rowntree,1899)提出的基本需求成本法开始,到目前已有很多种,如生活形态法、收入比例法、必需品法、恩格尔系数法、马丁法、计量分析模型方法,以及混合贫困线方法等等。在我国,随着20世纪80年代以来国家减贫政策的实施,有关贫困线的研究也受到关注。其中较为知名的有童星和林闵钢的"三线论"、唐钧的"综合法"以及国家统计局农调总队"农村贫困问题研究"课题组对马丁法的实践,此外,还有王有捐、李实等学者的研究。

① A Common Method Used to Measure Poverty is Based on Incomes or Consumption Levels. A Person is Considered Poor if his or her Consumption or Income Level Falls below some Minimum Level Necessary to Meet Basic Needs. This Minimum Level is Usually Called the "Poverty Line". What is Necessary to Satisfy Basic Needs Varies across Time and Societies. Therefore, Poverty Lines Vary in Time and Place, and Each Country Uses Lines Which are Appropriate to its Level of Development, Societal Norms and Values.

贫困线的高低与不同时期、不同区域的发展水平，以及对基本需求内涵的界定、社会规范和价值观、政府的财政能力等因素紧密相关。构建适合本国或本地实际情况的贫困线，不仅能够明显区分贫困者与非贫困者，并以之为依据计算出贫困率（即贫困人口占总人口的比率），以用于不同地区、不同群体之间的比较，来监测和监控政府政策实施的效果，而且能够综合考察处于该标准之下的贫困群体在地域、种族、职业、性别等各方面的共性特征，从而通过各种途径改变贫困人口的现状，提高政府减贫政策的绩效。以下对几种常用的贫困线测度方法做一简述。

一、基本需求法

"基本需求法"即"必需品法"，最早是由朗特里（Rowntree）1899 年在纽约的一个贫困研究会议上提出的，基本相当于莫泰基的"市场菜篮法"和阿尔柯克的"标准预算法"，该方法是根据居民家庭生活调查资料，列出那些在当地生活所必需的商品目录，然后计算其消费量，再按照市场价格计算出金额，以此确定出的货币量就是贫困线。虽然该方法直观明了、通俗易懂，而且能够保证受援者最起码的生活需要，同时也可以用于各类比较，但是该方法亦存在显而易见的缺点，比如：无法反映过程贫困与相对贫困；哪些物品是生活必需品并不容易确定；菜篮子的分量容易偏低进而贫困线标准偏低，以及限制了受助者的生活方式；等等。

二、恩格尔系数法

作为美国官方的贫困线测度方法，恩格尔系数法是以恩格尔定律为基础的。正式将恩格尔定律应用于贫困线测算的是美国学者奥珊斯基（Mollie Orshansky）。一般地说，运用恩格尔系数确定贫困线的方法有两种：一是将恩格尔系数的某个值直接定为贫困线来判断一个国家、地区或家庭是否处于贫困之中。目前国际上通常以恩格尔系数为 60% 或 50% 作为标准，其中 70% 为绝对贫困，60% 或 50% 为相对贫困。二是依据恩格尔系数，间接地用收入金额来表示贫困线。具体来说，首先利用营养学研究成果，按人体所需营养标准并结合当地消费习惯和饮食方式计算出最低饮食费用，再除以恩格尔系数的贫困值（如60%），即贫困线＝最低饮食费用/恩格尔系数。

该方法的实质则与莫泰基的“食费对比法”和阿尔柯克的“收入替代法”相似，其优点在于简单易行、便于操作，以及可与社会平均生活水平挂钩。而其缺点在于：固定的标准不可取，所反映的贫困过于绝对；所得的标准通常偏低进而测出的贫困线往往偏低；将恩格尔系数的50%或60%作为贫困标准用于一般的研究或作为国家比较是可以的，但将其用作一个国家或地区与社会救济相关的贫困线则过于粗略，因为，各国或地区之间实际的消费结构、物价水平都存在很大差异，各地区的恩格尔系数也因此会有很大差异。

三、马丁法（Martin Method）

马丁法是由经济学家马丁·瑞沃林（Martin Ravallion）先生提出的一种测算贫困线的方法。① 他在研究生活标准时发现，大部分研究只重视具体的地域、性别、年龄、家庭规模等所带来的不同，而普遍忽略了一个非常重要的方面，即在考虑贫困问题之前如何定义最低的生活标准。马丁法所测得的贫困线由居民维持基本需要的食品支出和非食品支出两部分组成。所谓食品支出指的是居民达到一定营养需要时所必需的基本支出；基本非食品支出则指对于那些刚刚能够支付食品支出的贫困人口，他们自愿放弃基本的食品需求而用来购买非食品的其他支出。该方法的重要作用在于较好地解决了计算贫困人口的非食品支出这一难题。由此测

① 马丁法的贫困线可分为低贫线和高贫线。其“低贫线”概念最早可见于 Poverty Comparisons: A Guide to Concepts and Methods (Living Standards Meawsurement Study, 缩写为 LSM, *Working Paper* No. 88), 参见: http: //www-wds. worldbank. org/servlet/WDSContentServer/WDSP/IB/2000/04/28/000178830_98101902174198/Rendered/PDF/multi_page. pdf, 改文后于 1994 年出版, 参见: Martin Ravallion: *Poverty Comparisons*, Harwood, Chur, 1994. 马丁法的双贫线概念最早可见其研究报告 *Bounds for a Poverty Line*, mimeo, Policy Research Department, World Bank, Washington, D. C. , 1995; 后来在其工作论文 *Poverty Lines in Theory and Practice*, World Bank, Living Standards Measurement Study Working Paper No. 133, First Printing July 1998 中再度提到。

得的贫困线又分为低贫线和高贫线。世界银行据此得到的国际贫困线标准分别为低贫线每人每天消费 1 美元和高贫线每人每天消费 2 美元(按照 1985 年购买力平价美元计算)。①

在马丁法中,其低贫线等于基本的食品支出加上刚好有能力达到食品贫困线的住户所必需的非食品支出。计算时,可首先利用住户的调查资料,以及满足基本营养需要所必需的最低食品消费量,计算出居民维持基本需要的食品支出水平。再在此基础上,利用回归模型计算出那些人均消费支出(或人均可支配收入)刚好达到食品贫困线的居民所必需的非食品支出,两者相加便得到低贫线。显然,这是维持居民正常生活的最低标准,如果人均可支配收入低于这一标准且无社会救助,那么,这部分人将连最起码的生存条件都无法保障,这样的家庭则称为超贫困户或特困户。其高贫线是指食品支出实际上达到食品贫困线时住户的总支出水平(这部分住户不是通过削减其非食品支出才达到食品贫困线的)。高贫线也可用大致相同的方法求得,其回归模型根据居民的人均食品支出与人均消费支出(或人均可支配收入)之间的关系拟合,但在模型拟合中必须注意:第一,模型应以食品支出为解释变量,以人均消费支出(或人均可支配收入)为被解释变量,从而依据食品贫困线估计出高贫线;第二,所拟合的模型并非简单的直线回归模型,而需符合恩格尔定律;第三,模型中的参数应以各收入组的人口数为权数进行加权回归估计。② 在测定低贫困线时,是依据那些人均消费支出仅能达到食品贫困线的超贫困户的情况来确定非食品贫困线的,那些人均消费支出低于贫困线又高于食品贫困线的贫困户,其非食品支出显然大于超贫困户的非食品支出。换言之,包含在低贫困线中的非食品贫困线是偏低的,因此,确定一条比低贫困线稍高的贫困线更符合实际情况。

马丁法的优点在于采用纯数学方法来模拟居民的消费变化规律,所

① 若按照 1993 年购买力平价美元计算,则高、低贫困线分别为每人每天消费 2.15 美元和 1.08 美元。

② 刘建平:《贫困线测定方法研究》,《山西财经大学学报》2003 年第 4 期,第 60 ~ 62 页。

测贫困线在某种程度上能够避免主观随意性，而且较科学地解决了基本的非食品支出的计算问题，以及较科学地测算了贫困消费者的非食品消费比例。但是，纯数学的计算方法所需统计资料较多，计算过程相对复杂，操作难度较大；此外，高、低贫线的制定依然不够标准化，而且仅依据高贫线和低贫线所指定的食品支出的差额来分设两条贫困线本身意义并不大，对这种差额的合理性也存在很多争议。

四、数学模型法

数学模型法中比较有影响的是经济计量分析模型和营养摄入量分析模型。①

经济计量分析模型主要是根据柯布-道格拉斯函数所提出的"线性支出系统"（LES），建立人均生活费收入与食品、衣着、高档耐用消费品、其他各种用品、燃料、服务费、福利费这七大类支出之间关系的数学模型，该模型直接给出了维持基本需求的支出和超过基本需求的支出两大部分，从而以此来确定最低生活费用标准，即贫困线。这类模型中比较常用的是路迟（Luch）在 LES 基础上推出的扩展的线性支出系统（ELES）。但该方法中纯数学的计算也是计算过程相对复杂、操作难度大，所需统计资料较多，而且所采用的数学模型属于经济预测模型的延伸应用，具体应用到测算城镇居民贫困线时难以达到预期的效果。

收入与营养摄入量分析模型则基于这样的认识：人们的工作能力和状况与营养的摄入数量及结构密切相关，而工作能力和状况又与收入有联系，因而收入与营养的摄入数量及结构也有联系。若能恰当地确定营养必需量，就可以确定必需的最低收入，也就可以确定相应的贫困线。该模型着力于描述收入与营养摄入数量及结构之间的联系。

五、主观最小收入定义法

简单地说，主观贫困线（Subjective Poverty Lines）就是试图去度量不

① 童星、林闵钢：《我国农村贫困标准线研究》，《中国社会科学》1994 年第 3 期，第 86 ~ 98 页。

同的人们对最低收入水平的看法，从而找出一个被普遍认同的社会标准，再在此基础上构建贫困线。“主观最小收入定义法”是通过社会调查，询问各家庭认为其收入“足够”或“不足”的数量，对这两种数量做几何平均，即可得到被认为“正好”的主观最小收入水平，如果他们的实际收入低于该水平则被认为是贫困的。① 该方法相当于莫泰基的“生活形态法”和阿尔柯克的“剥夺指标法”，贫困线的制定可以通过不同收入水平的被调查者的评价以及这些评价与社会福利的关系来完成，虽然该方法简便易行，但面临人们过高估计自己必需收入值的危险，而且这一高估的误差范围非常难以确定。

在主观贫困线的实际测度中，一般是试图去度量不同个体对最低收入水平的看法，并用抽样调查的方法，要求受访者回答“最低收入问题”(Minimum Income Question, MIQ)，如“你认为当前维持你个人生活的年最低收入(费用)水平是多少?”。在满足方程(2.1)的条件下，当受访者的实际可支配收入(Y)等于他(她)关于 MIQ 的回答值(Y_{min})时，即可获得主观贫困线的测度值。式中，β_0、β_1 为待估计系数，μ 为随机误差项。

$$\ln(Y_{min}) = \beta_0 + \beta_1 \ln(Y) + \mu \tag{2.1}$$

事实上，受访者关于“最低收入水平”的回答除主要与其实际可支配收入水平有关外，还和受访者的其他特征(如家庭规模、居住地区、年龄、就业状况、健康状况以及教育水平等)有关。(1)家庭规模。同消费的规模经济有关，特别是家庭耐用消费品的消费。从理论上分析，家庭规模会显著影响人们对“最低收入水平”的看法。(2)就业状况。一个收入水平较高的在职者可能认为自己应消费更多，相反，一个失业者可能会认为自己只须餬口就可以。当然，还应该注意到不同行业、不同工种消耗的体能也存在差异。(3)地区差异。生活在不同地区的受访者，由于地区消费价格、气候差异等方面的不同，都会影响其对 MIQ 的回答。(4)年龄和健

① 转引自童星、林闽钢：《我国农村贫困标准线研究》，《中国社会科学》1994 年第 3 期，第 86 ~ 98 页。

康状况。不同年龄受访者的消费需求差异较大,如小孩对食品的需求相对成人少得多,而身体状况较差的受访者在医疗支出方面会更多。(5)参考人群不同引起的攀比心理。如果受访者周围的人生活水平普遍比自己高,那么,他(她)可能会提高自己对 MIQ 的回答值。因此,方程(2.1)应调整为:

$$\ln(Y_{min}) = \beta_0 + \beta_1 \ln(Y) + \beta_2 X_i + \mu \qquad (2.2)$$

式中, X_i 为能显著影响 $\ln(Y_{min})$ 的其他家庭或个体特征变量。将调查数据代入方程(2.2),进行回归分析,得到系数估计值 $\hat{\beta}_0$, $\hat{\beta}_1$ 和 $\hat{\beta}_2$,令 $\ln(Y_{min}) = \ln(Y)$,即可得到主观贫困线 SPL 的测度值:

$$\ln(SPL) = \ln(Y_{min}^{*}) = \frac{\hat{\beta}_0 + \hat{\beta}_2 X_i}{1 - \hat{\beta}_1} \qquad (2.3)$$

$$SPL = \exp\left[\frac{\hat{\beta}_0 + \hat{\beta}_2 X_i}{1 - \hat{\beta}_1}\right] \qquad (2.4)$$

六、其他方法

当然,还有其他多种测算贫困线的方法。比如,为了便于贫困的国际比较,1990 年的世界银行发展报告选择一天 1 美元作为贫困线,用购买力平价(Purchasing Power Parities)兑换成当地的货币价值来测度并比较各国贫困状况。在实践中,一天 1 美元的贫困线操作简单,也被应用于进行粗略的国际贫困比较。但是,此方法仍然存在着很大的缺陷。包括:第一,没有考虑到不同国家国内生活成本的差异;第二,没有区分短期贫困和长期贫困;第三,没有考虑支出在家庭内部的分配,在处理家庭规模和结构方面也不成熟;第四,只评价通过市场购买的商品和服务。另外,由于购买力平价是根据一国总的商品和服务计算出来的,而不是为国际贫困比较设计的,因而用购买力平价作为折算因子并不合理,用于贫困线的计算自然缺乏合理性。由此可见,一天 1 美元贫困线是一个非常随意和笼统的贫困线,虽可用做国际贫困的粗略比较,但不能达到有效监控贫困的目的。

又如,相对贫困线测算中的收入比例法,即是以一国或地区居民的平均收入或中位收入(the Mean or Median Value of National Income)乘以一个百分比作为相对贫困线。相对贫困是建立在绝对贫困已基本解决后所面临的收入不平等和低收入群体的发展问题,是一个高层次的贫困概念。相对的方法避开了绝对贫困线中基本需求的概念,而将重点放在平等的收入分配上。更重要的是,相对贫困线方法能够反映出贫困本身具有相对性的性质特征,且在实际计算中简便易行。目前,相对贫困线方法主要在发达国家使用,如欧盟将其平均收入水平的 50% 作为贫困线。再如,对混合贫困线的测算等等,此处不再赘述。

第二节　总量贫困测度方法

在过去的一百年里,有关总量贫困测度的研究主要经历了三大发展阶段:第一,20 世纪初到 20 世纪 70 年代,是常用贫困指数产生与应用阶段;第二,20 世纪 70 年代末到 80 年代中期,是各种贫困指数和测度方法蓬勃发展的阶段;第三,20 世纪 80 年代后至今,主要是各种贫困指数在实践中的应用阶段。本部分将简要介绍贫困率和贫困距这两个最常用的贫困指数,以及其他几个基于公理方法的总量贫困测算指数。

一、两个常用的贫困指数

为了分析的简便起见,不妨做以下基本假定:第一,贫困线是外生给定的;第二,个人(或家户)是同质的;第三,收入是福利水平的测度变量;第四,将个人(或家户)的偏好视为理性和稳定的,不考虑诸如香烟、毒品之类的特殊消费品所带来的复杂问题。

同时,假设研究目标由 n 个个人(或家户)构成,令 $Y = [y_1, y_2, \ldots, y_i, y_j, \ldots, y_n]$ 为构成个人(或家户)的收入按非递减的顺序排列的向量,这里,y_i 表示第 i 个个人(或家户)的收入。令贫困线为 $z > 0$,当 $y_i \leq z$ 时,则 i 被视为贫困个人(或家户)。令贫困人口的数量为 q。如果 $y_i \leq z$, 令 $y_i^* = y_i$; 否则令 $y_i^* = z$,即 $y_i^* = \min(y_i, z)$,由此得到一个修改的

收入向量(censored income distribution vector) $Y^* = [y_1^*, y_2^*, \ldots, y_n^*]$。同理,如果 $y_i^\# = \max(y_i, z)$,则可得到另一个修改的收入向量 $Y^\# = [y_1^\#, y_2^\#, \ldots, y_n^\#]$。在总人口收入向量 Y 中删除非贫困人口的收入向量部分,便得到贫困人口的收入向量 $Y_p = [y_1, y_2, \ldots, y_q]$。总人口的平均收入 $\bar{y} = \frac{1}{n}\sum_{i=1}^{n} y_i$,贫困人口的平均收入 $m = \frac{1}{q}\sum_{i=1}^{q} y_i$,修改的收入向量 Y^* 的平均值为 $\mu = \frac{1}{n}\sum_{i=1}^{n} y_i^*$。贫困人口收入分布 Y_p 的基尼系数(Gini coefficient) $G_P = \frac{1}{2q^2 m}\sum_{i=1}^{q}\sum_{j=1}^{q}\left|y_i - y_j\right|$。

(一)贫困率 H(Head-count Ratio)

贫困率即贫困发生率,也称为贫困人口指数(Head-count Index),用于描述人口中生活水平低于贫困线的人口比例,反映贫困现象的社会存在面。若用 H 表示贫困率,n 表示人口总量,q 表示贫困人口数,则:

$$H = \frac{q}{n}$$

贫困率是历史上最早出现的贫困指数。由于其方便计算,目前依然被世界上大多数国家和联合国机构所使用。

Watts(1968)和 Sen(1976)等人对贫困率指数提出了批评。主要问题包括:(1)贫困率是一个很粗的指数,包含的信息量少,在理论上存在缺陷。(2)贫困率对穷人的收入分布完全不敏感,违背了单调性和转移性公理,无法反映贫困的深度和强度。(3)贫困率指数在反贫困政策上具有误导性。如对资源有限条件下的反贫困政策而言,政府为实现其政治目标,最简单的办法便是补贴贫困人口中相对收入较高者,即离贫困线最近的穷人,使其越过贫困线,而不是去帮助那些处于贫困最底层的人,也就是最需要帮助的人。这对发展中国家的危害性很大。(4)贫困率不适合于以家户为对象的调查数据。此外,当贫困人口中出现可防止死亡或未成年死亡(premature mortality)时,贫困率下降,这似乎表明贫困问题改善了，但人们对贫困认识的直觉则是，贫困者中出现可防止死亡或未成年死亡意味着贫困在恶化。①

然而，在实践中，贫困率指数却在广泛应用。这是因为：第一，贫困率具有简单、直观、易于被普通大众所理解以及操作性强等优点；第二，同其他指数相比，贫困率的计算只需一般的有关贫困状态的信息（如一般质量的收入数据），在给定相同测量误差的情况下，贫困率指数在统计上更可靠。另外，Foster 和 Shorrocks 证明了，如果贫困线可以变动，那么贫困率将是一个最有力的贫困测度工具。② Hagenaars 也认为，如果贫困线是“饥饿线”（hunger line），贫困率也将是一个十分优良的测度指数。③

（二）贫困人口平均贫困差距率 I（Income-gap Ratio）

为了克服贫困率指数的一些不足，1971 年，美国社会安全局提出了贫困差距（poverty gaps）的概念并用于实践。为了使该指数具有历史和地区间的可比性，1976 年，森对其进行了标准化处理，得到贫困人口平均贫困差距率指数 I，它度量了相对于贫困线而言，贫困人口平均的相对收入短缺，即：

$$I = \sum_{i=1}^{q} \frac{z - y_i}{qz}$$

式中，$z - y_i (i = 1,2,\cdots,q)$ 为贫困人口 i 相对于贫困线的收入短缺。

---

① 因为如贫困人口中即使出现一个可防止死亡或未成年死亡，则，$\frac{q}{n} > \frac{q-1}{n-1} (n > q \geqslant 1)$ 。这种情况其实同移民影响贫困测度的情形类似。为克服这一缺陷，Khan（2004）对贫困率指数进行了适当的修改，得到 H' 指数：$H' = \frac{q - q_d}{n - q_d} + \frac{q_d}{n}$，这里，$q_d$ 为贫困人口中可防止死亡或未成年死亡的人数。事实上，这是很多贫困指数（如我们将要讨论的 F 指数）共同存在的问题。参见：Kanbur, R. and Mukherjee, D.: *Premature Mortality and Poverty Measurement*, Cornell University, New York, 2003. http://people.cornell.edu/pages/sk145/papers.htm.

② Foster, J. and Shorrocks, A.: “Poverty Ordings”, *Econometrica*, Vol. 56, 1988, pp. 173–177.

③ Hagenaars, A.: “A Class of Poverty Indices”, *International Economic Review*, Vol. 28, 1987, pp. 583–607.

I 指数中的 $z - y_i$ 反映了贫困概念中绝对剥夺(absolute deprivation)的概念,但 Sen(1976)认为:I 指数给贫困差距 $z - y_i$ 赋予相同的权重(均为 1),忽视了相对剥夺(relative deprivation),同样存在理论上的缺陷。相对于贫困率而言,I 指数具有以下特点:(1)满足单调性公理,但违背了转移性公理,即无法反映贫困人口内部的收入转移;(2)对贫困人口的数量 q 不敏感,即该指数无法传递有关贫困人口数量变动的信息;(3)同贫困率一样,没有考虑到贫困人口内部的收入不平等。①

总的来看,H 和 I 指数都是在某种先验的基础上提出来的,H 对 I 不敏感,同样 I 对 H 也不敏感,两者构成一定的互补关系。在实践中,H 和 I 指数因为简单直观而被人们广泛使用,因而通常称之为官方贫困指数,但其在理论上有待于进一步完善。

二、基于公理方法的总量贫困测算指数

(一)总量贫困测算的相关公理②

由于对贫困的认识涉及价值判断和社会观念等因素，因而，贫困测度必须满足能反映有关的一些规范性要求。这些被称为公理的规范性要求便于描述贫困指数的性质，并成为判断某一贫困指数优劣的标准。森是贫困测度公理方法的首创者，在此之前，一般使用的贫困指数都是在某种先验的基础上提出来的③，但森认为，贫困指数必须与在理论上经得起考验的标准相符。于是，在森的倡导下，确立了以下一系列基本公理:

相关性公理(focus axiom):贫困指数应与非贫困人口的数量有关,而同非贫困人口的收入分布无关。

---

① Sen, A.: "Poverty: An Ordinal Approach to Measurement", *Econometrica*, Vol. 44, 1976, pp. 219 - 231.

② 所谓贫困公理,即指能被社会大众所公认且无须证明的对贫困测量认识的规范性要求。参见张建华、陈立中:《总量贫困测度研究述评》,《经济学》(季刊) 2006 年第 3 期,第 675 ~ 694 页。

③ 徐宽、Lars Osberg:《关于森的贫困度量方法及该领域最近的研究进展》,《经济学》(季刊)2001 年第 1 期,第 151 ~ 170 页。

弱单调性公理(weak monotonicity axiom):其余情况不变,任意一个穷人的收入减少都应使贫困指数提高。

强单调性公理(strong monotonicity axiom):其余情况不变,任意一个穷人的收入增加,并可能越过贫困线,都应使贫困指数降低。强单调性公理意味着弱单调性公理,反之则不成立。

弱转移性公理(weak transfer axiom):收入由一个较穷的穷人向另一较富的穷人转移,转移之后,后者仍未脱贫,则贫困指数应提高。

强转移性公理(strong transfer axiom):收入由一个较穷的穷人向另一较富的穷人转移,转移之后,后者可能越过贫困线,则贫困指数应提高。同样,强转移性公理隐含着弱转移性公理,其区别在于前者允许贫困人群发生变化。

弱转移敏感性公理(weak transfer sensitivity axiom):贫困指数对更低收入水平的贫困人口之间的收入转移更敏感。如贫困人口中的 i,j,k,l ,y_i 向 y_j ,y_k 向 y_l 各转移收入 $\delta(>0)$,且 $y_j - y_i = y_l - y_k > \delta$,转移之后没有人越过贫困线,则贫困指数对前一种收入转移更敏感。

连续性公理(continuity axiom):贫困指数应是收入的连续函数,即贫困指数 $p(Y;z)$ 关于 y_i 的一阶导数处处存在。该公理是为了保证贫困人口收入水平的微小变化,不会引起贫困指数发生非期望的跳跃式变动。这样,贫困指数不会对实际测度中的观察误差过度敏感。

复制不变性公理(replication invariance axiom):如果计算贫困指数所基于的收入分布是最初收入分布的 k 次复制,则贫困指数应保持不变。

对称性公理(symmetry axiom):收入分布的排列次序变化不影响贫困指数的值。

人口子群一致性公理(subgroup consistency axiom):如果收入分布 $Y_2 = (y'_2, y''_2) \in D$ 是从 $Y_1 = (y'_1, y''_1) \in D$ 获得的,且 $n(y'_1) = n(y''_1)$,$n(y'_2) = n(y''_2)$,$p(y'_2, z) < p(y'_1, z)$,$p(y''_2, z) = p(y''_1, z)$,则 $p(Y_2; z) < p(Y_1, z)$ 。

可分解性公理(decomposability axiom):总人口中不同类别人群的

贫困度量加权和，恰好等于全部人口的贫困程度，即 $p(Y;z)=\frac{1}{n(y)}\sum_{i=1}^{n}p(y_i,z)$。该公理和人口子群一致性公理的提出是出于对实践应用的考虑，特别是对政策制定者而言。根据这两个公理，可以按不同特征，如人口学或地域特征，将总人口分成不同的组，分别计算其贫困程度。这样便于更详细地考察总人口内部的贫困状态，并制定出有针对性的差异化反贫困政策。

贫困线上升性公理（increasing poverty line axiom）：其余情况不变，贫困线上升会提高贫困指数。

在上述十二个公理中，相关性公理、弱转移敏感性公理、连续性公理、复制不变性公理、对称性公理、人口子群一致性公理和贫困线上升性公理构成了贫困公理中的核心公理（the core axioms）。这些公理相互独立，并且由它们可以推导出其他相关公理，是一个科学的贫困指数应具备的性质。①

（二）几个基于公理方法的贫困指数

1976 年，森通过引入相对剥夺的概念，运用公理方法，构建了一个全新的贫困指数，即 S 指数。在森这项开创性工作的激励下，后来的研究者又发展出其他一些基于公理方法的贫困指数。

1. *S* 指数（Sen Index）

森在满足相关性、单调性和弱转移性公理的要求下，通过赋予贫困人口收入差距 $z-y_i$ 以贫困人口收入排序的序号 $(q+1-i)$ 为权重的方法构建出如下 *S* 指数②：

$$S=\frac{2}{(q+1)nz}\sum_{i=1}^{q}(z-y_i)(q+1-i)$$

$$=H\left[1-(1-I)\left(1-G_P\left(\frac{q}{q+1}\right)\right)\right]$$

① Zheng, B.: "Aggregate Poverty Measures", *Journal of Economic Surveys*, Vol. 11, 1997, pp. 123 – 162.

② Sen, A.: "Poverty: An Ordinal Approach to Measurement", *Econometrica*, Vol. 44, 1976, pp. 219 – 231.

这里,权重函数 $v_i = q + 1 - i$, G_p 为贫困人口收入分布的基尼系数。当 q 较大时, $\frac{q}{q+1}$ 趋近于1,于是, S 指数可简化为:

$$S' = H[I + (1 - I)G_p]$$

徐宽和 Osberg 利用 S' 指数所隐含的基尼社会福利函数,对 S' 指数进一步进行了简化①:

$$S'' = HI(1 + \hat{G}_p),$$

式中, $\hat{G}_p$ 为贫困人口贫困差距率分布的基尼系数。S'' 指数这种直接的可分相乘性的数学结构使其更易于在实际测度中应用。

S 指数具有以下特征:(1)通过使用收入排序权重系统(the income rank order weighting system),将相对丢失的概念成功地反映在贫困指数之中,这是森关于贫困测度的最大贡献;(2)能表达成传统的 H、I 指数和基尼系数 G_p 的函数,从而有利于对扶贫政策诸多影响因素做出分析;(3)具有类似于基尼系数的图形化解释,增强了其解释力。

但 S 指数还存在一些问题:(1) S 指数没有考虑到贫困线以上人口的收入分布,因而对相对丢失概念反映并不充分(Takayama,1979;Clark,1981)。(2)Thon(1979)发现,当收入由收入水平较低的贫困者 i 向收入水平相对较高的贫困者 j 转移,且使 j 越过贫困线时, S 指数不升反降,违背了强转移性公理。(3) S 指数给予处于收入排序不同位置的等量收入转移以相同的权重,背离了弱转移敏感性公理(Kakwani,1980)。(4) S 指数以贫困人口收入水平相互比较排序的序号为权重,这种相互比较的联系性导致它无法满足人口子群一致性和可分解性公理。这是所有以排序为权重的贫困指数共有的特征。(5) S 指数是收入水平的非连续函数,违背了连续性公理(Shorracks,1995)。(6) S 指数缺乏直觉感。因而, S 指数更多出现在学术研究之中,很少在实践中应用。②

① 徐宽、Lars Osberg:《关于森的贫困度量方法及该领域最近的研究进展》,《经济学》(季刊)2001年第1期,第151~170页。

② 张建华、陈立中:《总量贫困测度研究述评》,《经济学》(季刊)2006年第3期,第675~694页。

虽然存在以上不足,但是毋庸置疑,是森的开创性工作为贫困测度引入了一套严谨、科学的方法,并由此开创了贫困测度的新时代。

2. T 指数(Thon Index)①

在森的激励下,1979 年,Thon 对 S 指数中的权重函数 v_i 进行了调整。Thon 以贫困人口在总人口中的收入排序的序号 $n+1-i$ 作为权重,得到:

$$T = \frac{2}{(n+1)nz}\sum_{i=1}^{q}(z-y_i)(n+1-i)$$

Thon 对权重函数的这一简单调整,的确克服了 S 指数的某些缺陷,如满足强转移性和连续性公理,但它却失去了对贫困人口数量 q 的敏感性。在实际应用中,当 n 和 q 足够大时,T 指数可简化为:

$$T' = HS + 2(1-H)I$$

3. K 指数(Kakwani Index)②

为克服 S 指数不满足转移敏感性公理的缺陷,1980 年,Kakwani 在森的分析框架下,将权重函数调整为 $v_i = (q+1-i)^k (k \geqslant 0)$,推导出一组一般化的贫困指数:

$$K = \frac{q}{nz\phi_q(k)}\sum_{i=1}^{q}(z-y_i)(q+1-i)^k$$

这里,$\phi_q(k) = \sum_{i=1}^{q} i^k$,参数 k 为社会不平等厌恶系数(the inequality aversion parameter),k 越大,表明社会对贫困人口收入不平等的厌恶程度越强。(1)如果 $k=0$,则 $K = \frac{q}{n}\frac{z-m}{z} = HI$;(2)如果 $k=1$,则 $K = \frac{2}{(q+1)nz}\sum_{i=1}^{q}(z-y_i)(q+1-i)$,即 S 指数;(3)如果 $k>1$,则 K 指数满足转移敏感性公理,k 越大,表明赋予收入水平越低的穷人的权重

① Thon, D.: "On Measuring Poverty", *Review of Income and Wealth*, Vol. 25, 1979, pp. 429 – 440.

② Kakwani, N.: "On A Class of Poverty Measures", *Econometrica*, Vol. 48, 1980, pp. 437 – 446.

越大,即社会对收入水平越低的穷人更关心。

4. T_a 指数(Takayama Index)①

Takayama 认为,S 指数对相对丢失揭示不够充分,并且还有随意性的缺点。Takayama 在沿用森的收入排序公理方法的基础上,引入修改的收入分布 Y^*,并利用 S 指数同基尼系数之间的联系,得到:

$$T_a = 1 + \frac{1}{n} - \frac{2}{\mu n^2}\sum_{i=1}^{n}(n+1-i)y_i^*$$

这里,μ 为修改的收入分布 Y^* 的平均收入水平,$y_i^* = \min(y_i, z)$。上式中指数 T_a 恰好等于修改的收入分布 Y^* 的基尼系数 G^*,即 $T_a = G^*$。为了便于反贫困政策分析,反映出贫困因素的变化趋势,Takayama 对 T_a 指数进行了一些必要变换,得到:

$$T'_a = H\big((1-\phi)I + \phi G_P\big)$$

这里,$\phi = \frac{Hm}{\mu}$ 为穷人的累积收入比(the cumulative income ratio of the poor)。

T_a 指数具有以下特点:(1)相对于 S 指数而言,T_a 指数更关注相对丢失;(2)T_a 指数是基尼系数向贫困测度的一种更自然转换;(3)T_a 指数也具有简洁的几何解释;(4)Takayama 的最大贡献在于将修改的收入分布 Y^* 这一分析工具引入到贫困测度之中,为后来的研究拓宽了视野。

但是,正如 Takayama 自己所认识到的,T_a 指数的一个致命弱点在于它违背了单调性公理。若出现如下情况时,这种弱点便暴露无遗。当穷人 i 的收入水平高于修改的收入分布 Y^* 的均值 μ 时($\mu < y_i < z$),如果 i 的收入减少 $\delta(>0)$,但 $y_i - \delta$ 依然大于 μ,此时修改的收入分布 Y^* 的不平等程度下降了,也即 $G^*(=T_a)$ 减小了,这与 T_a 应该上升的结果相矛盾。

① Takayama, N.: "Poverty, Income Inequality and Their Measures: Professor Sen's Axiomatic Approach Reconsidered", *Econometrica*, Vol. 47, 1979, pp. 747 - 759.

5. *SST* 指数(Sen-Shorrocks-Thon Index)①

为了克服 *S* 指数缺乏连续性,且违背转移性和可分解性公理的不足,Shorrocks 也对 *S* 指数中的权重函数进行了调整,即令 $v_i = 2n - 2i + 1$,并运用修改的收入分布 Y^* 这一工具,得到:

$$SST = \frac{1}{n^2 z}\sum_{i=1}^{q}(z - y_i^*)(2n - 2i + 1)$$

该指数最吸引人的地方在于它具有类似于基尼系数的简单几何解释。但许多学者认为,它可以看成是 *T* 指数和 T_a 指数的一个近似。不过 *T* 指数不满足复制不变性公理,而 T_a 指数违背了单调性公理,这是 *SST* 指数优于两者的地方。

SST 指数虽然在理论上具有良好的性质,但是其直觉感依然较差。有学者利用 *SST* 指数所隐含的基尼社会福利函数和可分相乘性的数学结构,对 *SST* 指数进行了简化,使其易于计算、理解,并具有更简洁的几何解释。②

$$SST' = HI(1 + \hat{G})$$

这里,$\hat{G}$ 为总人口贫困差距率分布的基尼系数。对上式两边取对数,并进行一阶差分,便得到 SST' 指数的线性形式:

$$\Delta \ln SST' = \Delta \ln H + \Delta \ln I + \Delta \ln(1 + \hat{G})$$

上式可解释为:SST' 变动的百分比 = *H* 变动的百分比 + *I* 变动的百分比 + $(1 + \hat{G})$ 变动的百分比。SST' 指数的线性形式将总量贫困程度变化分解为人们所熟知的贫困率、贫困差距率和用于不平等测度的基尼系数变化之和,便于政策制定者,特别是普通民众直观地理解贫困的变动趋势。正因为如此,SST' 指数已经在一些发达国家(如美国、英国、加拿

① 该指数是由 Shorrocks(1995)在 Sen 指数的基础上推导而来的,并且和 Thon(1979,1983)提出的 T 指数等价,因而通常称之为 SST 指数(参见 Osberg, L. and Xu, K.: "Poverty Intensity——How Well Do Canadian Provinces Compare?", *Canadian Public Policy*, Vol. 25, No. 2, 1999, pp. 1－17.)。

② 徐宽、Lars Osberg:《关于森的贫困度量方法及该领域最近的研究进展》,《经济学》(季刊)2001 年第 1 期,第 151～170 页。

大）和发展中国家（如中国、伊朗）应用。

6. F 指数（Foster Index）①

Foster、Greer 和 Thorbecke 注意到森及其部分衍生指数（如 T、T_a 和 K 指数）不具备可分解性，违背了人口子群一致性公理。为克服这些不足，他们彻底放弃了森及其他指数使用收入排序的序号作为权重的方法，改而用 $(\frac{z-y_i}{z})^{\alpha-1}$ 作为权重来构建指数。

$$F = \frac{1}{nz}\sum_{i=1}^{q}(z-y_i)(\frac{z-y_i}{z})^{\alpha-1} = \frac{1}{n}\sum_{i=1}^{q}(\frac{z-y_i}{z})^{\alpha}$$

这里，α 为社会贫困厌恶系数（the poverty aversion parameter）（$\alpha \geqslant 0$）。（1）当 $\alpha = 0$ 时，$F = \frac{q}{n} = H$；（2）当 $\alpha = 1$ 时，$F = \frac{q}{n}\sum_{i=1}^{q}\frac{z-y_i}{qz} = HI$；（3）当 $\alpha = 2$ 时，$F = \frac{1}{n}\sum_{i=1}^{q}\left(\frac{z-y_i}{z}\right)^2$，即平方贫困距指数 F_2（the squared poverty gap index）；（4）当 $\alpha > 0$ 时，F 满足单调性公理；（5）当 $\alpha > 1$ 时，F 满足转移性公理；（6）当 $\alpha > 2$ 时，F 满足转移敏感性公理，并且 α 越大，贫困指数对收入更低的穷人关注程度更强。

F 指数的最大优点在于它具有可分解性，这是其他许多指数所不具备的。可分解性的政策含义在于，它使得反贫困政策或措施能达到有的放矢的效果。但是，同贫困率指数一样，如果贫困人口中出现可防止死亡或未成年死亡，F 指数不升反降，同样有悖于人们对贫困认识的直觉。②另外，由于 F 指数缺乏直觉性，也未能说明实际测度中 α 的最优取值，因

① Foster, J., Greer, J. and Thorbecke, E.: "A Class of Decomposable Poverty Measures", *Econometrica*, Vol. 52, 1984, pp. 761 – 766.

② 为克服这一缺陷，Kanbur（2003）推导了一个改进的 F 指数：$F' = \frac{1}{N}\sum_{i} I\left(\frac{T}{t_i}\right)\left(\frac{z-y_i}{z}\right)^{\alpha}$，这里，T 为标准寿命，$t_i$ 为个体 i 的实际寿命，$I\frac{T}{t_i}$ 为最大取整函数，$N = \sum_{i} I\left(\frac{T}{t_i}\right)$。$F'$ 指数实际上是考虑了收入和寿命两个维度的一种多维度贫困测度。

而限制了它的应用。

7. W 指数(Watts Index)

W 指数是 Watts 于 1968 年构建的一个能反映收入分布敏感性且可以分解的贫困指数：

$$W = \frac{1}{n}\sum_{i=1}^{q}(\ln z - \ln y_i)$$

W 指数在问世后的很长一段时间内并没有受到应有的重视，究其原因在于 W 指数缺乏公理性特征。1993 年，Zheng 重新研究了 W 指数，将贫困看做社会福利的绝对丢失，于是 W 指数就能够满足所有的贫困公理。① Zheng 的这一工作，激起了人们重新认识和研究 W 指数的热情。② W 指数的优点在于，计算简单、直观，具有良好的理论性质。

可见，上述 S 、T 、K 、T_a 、SST 、F 和 W 指数都是在事先满足某些贫困公理的基础上推导而来的，因此，相应的测度贫困的方法可称为贫困测度的公理方法(the axomatic approach)。另外，后面的几个指数(不含 W 指数)则都是在 S 指数的框架下推导而来的，因此也可以将其统称为 Sen 及其衍生指数。还可发现，S 、T 、K 、T_a 和 SST 指数使用的是以收入排序作为权重的公理方法，而 F 指数使用的是非排序的公理方法。但是，这一系列贫困指数，大都只是从收入水平这一个维度来刻画和度量贫困的。

三、其他方法和指数

继森的开创性工作之后，有些研究者从另外的角度对森的研究方法进行了拓展。他们将贫困视为社会福利的丢失，并运用社会福利函数

---

① Zheng, B.: "An Axiomatic Characterization of the Watts Poverty Index", *Economic Letters*, Vol. 42, 1993, pp. 81－86.

② 如 Morduch(1998) 对 W 指数进行相关的数学变换，得到贫困人口平均脱贫时间 T_g (the average exit time)：$T_g = \frac{1}{n}\sum_{i=1}^{q}\frac{\ln z - \ln y_i}{g} = \frac{W}{g}$，这里，$g(>0)$ 为假定的贫困人口收入增长率。平均脱贫时间 T_g 为通过经济增长来消除贫困提供了一个简单的比较和评判尺度。

(the social welfare function)来测度贫困,进而有了贫困测度的福利方法(the welfare approach)。但是,与贫困测度中的公理方法一样,贫困测度的福利方法及其相关指数也仍然是从收入水平这一单维的角度来测算贫困的。

为了反映贫困所包括的多维度特性,如健康、教育、预期寿命、性别和种族平等等多方面的内容,更好地认识贫困的本质,又有学者和相关机构提出了几种多维度贫困测度(the multi-dimensional poverty measurement)指数。其中最常见的是人类贫困指数 *HPI* 。

人类贫困指数(the Human Poverty Index)是由联合国发展计划署(*UNDP*)在 1997 年发表的《人类发展报告》中首次提出的。它由寿命(longevity)、读写能力(literacy)和生活水平(living standard)三个指标构成。

$$HPI(l_1, l_2, l_3) = (w_1 l_1^\beta + w_2 l_2^\beta + w_3 l_3^\beta)^{\frac{1}{\beta}}$$

式中, l_1 为寿命指标,用 40 岁以前死亡人口占总人口的百分比来测定; l_2 为读写能力指标,用拥有读写能力的成人在总人口中所占比例来计算; l_3 为生活水平指标,用可获得医疗服务和安全饮用水的居民占总人口的百分比以及 5 岁以下营养不良幼儿在所有幼儿中的比例来测算; w_1 、w_2 和 w_3 分别为赋予 l_1 、l_2 和 l_3 的权重系数,且 $w_1 + w_2 + w_3 = 1$;β 为一个调节系数($\beta \geqslant 1$)。当 $\beta = 1$ 时, l_1 、l_2 和 l_3 之间是完全替代关系;当 β →∞ 时, $HPI(l_1, l_2, l_3) = \max(l_1, l_2, l_3)$。

人类贫困指数的优点在于,它使得人们从多维的视角去关注贫困,并制定和执行更具针对性的组合式反贫困政策。但是,构成 *HPI* 指数的三个指标如何汇总是个大难题,因为汇总除遗漏一些与政策相关的信息外,还要求随意选择权重,也没有说明在实际计算时 β 值该如何选择。

第三章　中国现阶段城市贫困规模及地区分布

本章基于我国城市贫困线测度现状，运用马丁法测算了我国2004年的城市贫困线，并对不同年份、不同地区的城市贫困线做了对比，同时对比分析了城市贫困线与最低保障线、收入/支出的关系，以及我国现阶段的城市贫困人口规模及其地区分布特征等问题。

第一节　中国城市贫困线测度①

一、我国城市贫困线测度现状

对于城镇贫困规模的估计主要涉及贫困线的测算，但这并不是一个简单的问题。它不仅与使用何种测量方法直接相关，也与估计中经验数据的准确性密切联系。由于计算方法或所使用数据的不同，相应估算结果也往往表现出很大差异。而且，我国疆域辽阔，地区差别明显，转型时期各地经济发展的速度和阶段亦不相同，其城镇贫困的规模、结构、分布也可能大相径庭。

在研究领域，不同的研究者也往往可能根据各自的研究目的而使用不同的贫困概念、不同的判断指标，以及不同的数据，进而得到不同的贫困线和贫困人口规模。同时，如何在这些贫困规模判断中进行取舍有时候也显得十分困难，因为其他研究者可能缺少得出这些结果的背景资料。

①　衷心感谢国家统计局城市社会经济调查司城市资料处王有捐处长在作者本小节有关数据方面的热心帮助！

就我国城市贫困线测算的现有研究来看，唐钧的“综合法”是在市场菜篮法、恩格尔系数法、生活形态法和国际贫困标准4种方法的基础上，将其加以糅合，先用生活形态法来确定不同地区贫困家庭的生活形态，并以此找出符合这些生活形态的“贫困一群”；此外，分析一般市民和贫困户的收入和消费，运用市场菜篮法确定出生活必需品的菜单，再用市场物价较为客观地求得最低生活保障线（包括生存线、温饱线和发展线）；最后，将计算得出的贫困线与社会平均（中位）收入挂钩，求出其比例，并计算出恩格尔系数以作为今后调整贫困线的依据。① 李实在其相关研究中，也是用食品贫困线和非食品贫困线之和来求得一般绝对贫困线的。确定食品贫困线的传统做法，是选出一组能满足成年人最低营养需求的食品，然后计算出其货币价值，从而得到食品贫困线。给定食品贫困线，并假定一个非食品支出对食品贫困线的比率，即可直接得出总贫困线。即：$PL = PL_f + PL_{nf} = PL(1 + R_{nf})$。其中，PL是总体贫困线，$PL_f$是食品贫困线，$PL_{nf}$是非食品贫困线，$R_{nf}$是非食品支出占食品支出的比率。若考察我国城市家庭十等份分组中收入最低的10%家庭的消费支出结构，则R_{nf}接近于90%。他们使用这一比例得到的城市绝对贫困线（1998年）高于国家统计局运用马丁法所得到的结果。② 此外，还有研究者使用扩展线性支出系统法（Extended Linear Exenditure System，即ELES模型）来测算我国的城镇贫困线③，这些都是有益的尝试。

目前，若干在全国被采用的贫困线大致是每人每年1700元至2400元④，这些贫困线主要仅用于诊断，即用以估计城镇贫困人口的数量，不

① 唐钧：《中国城市居民贫困线研究》，上海社会科学出版社1998年版，第80～81页。

② 李实：《20世纪90年代末中国城市贫困的恶化及其原因》，参见李实、佐藤宏主编《经济转型的代价——中国城市失业、贫困、收入差距的经验分析》，中国财政经济出版社2004年版，第46～68页。

③ 参见祝梅娟：《贫困线测算方法的最优选择》，《经济问题探索》2003年第6期，第39～44页；姚金琢、杨道杰：《中国城镇居民贫困线测算方法之研究》，《财贸研究》1994年第1期，第44～48页。

④ 亚行专家组：《中国城市贫困问题研究》，http://www.social-policy.info/1008.htm。

同的贫困线取值对应着不同的贫困人口数量。同时，为便于向城镇贫困家庭提供社会救助，各城市依据国务院《关于建立城市居民最低生活保障制度(Minimum Living Standard Scheme, MLSS)的通知》，也设定了各自的贫困线。这一方面是因为各地区在物价、消费结构以及人均收入等方面存在很大差别；另一方面，各城市由贫困线所确定的最低生活保障救助经费需要由其政府来提供。

但是，由于国务院至今尚无可以用来指导各级地方政府设定贫困线的细则，所以，虽然在原则上，各城市大都运用的是基本需求法，并依据20项作为基本生活必需品的物品和服务的费用来设定贫困线①，但在具体操作过程中，各地区由于自身实际情况的不同，难免在测度方法、口径等实质内容上存在较大差异。比如，贫困的城市可能采用较为狭窄的贫困定义，而富裕的城市采用的贫困定义则较为宽泛；有些城市为了设定贫困线而专门组织相关人员，并将必需的物品和服务的数量及价格汇编成清单以用于估算，但有些城市则可能仅仅依靠推测来设定贫困线。而且，各城市贫困标准的高低也随着城市行政级别的不同而有很大变化。一般地，城市的行政级别越高，其贫困标准也越高。不同的贫困标准，驳杂的数据来源，从而使各地区用于救助的贫困线在横向之间的可比性较差，体系性欠缺，也进而直接导致了各地所确定的贫困人口在全国范围内不具有可比性。当然，各地区在设定自身贫困线时，除了考虑到城市财政状况这一因素之外，还考虑贫困线与其他社会福利保障的关系，并按照“最低工资 > 失业保险金 > 下岗生活费 > 贫困线”的顺序来设定贫困线。

二、我国2004年城市贫困线

无疑，准确地估算和判断我国城镇贫困人口的规模、分布、结构特征、贫困程度等等，对于制定切实有效的反贫困政策至关重要，也直接关系到

① 此20项物品和服务列于国务院1994年颁发的《关于加强生活必需品和服务价格的调查与管理的通知》。参见亚行专家组：《中国城市贫困问题研究》，http://www.social-policy.info/1008.htm。

减贫政策的实施效果，具有重要的现实意义。作为全国最权威的数据发布机构，国家统计局过去一直采用调整基期贫困线法来测算城市贫困人口规模，近年来，则开始参考使用国际上主流的贫困线测算方法，即马丁法来测算城市贫困。调整基期贫困线法是以 3 ~5 年作为一个周期，把周期内的第一年作为基期，用基本需求法和恩格尔系数法综合测算一个贫困线，周期内以后各年通过价格指数进行调整，从而得到相应的贫困线。①

概括说，人们目前比较认同的贫困状况可分为绝对贫困和相对贫困两大类型。绝对贫困是指缺少维持生存所需要的基本物质资源，它常与一篮子物品和服务联系在一起，在一定时期和一定地区具有确定性；相对贫困一般是指相对于大多数人而言，生活水平处于最底层的人群。它常指收入低于总体平均收入 1/2 或 1/3 的人群，有时也指最低 5% 或 10% 的收入人群。统计数据所反映的贫困主要是绝对贫困，由此所得的贫困线即为绝对贫困线。

（一）界定城市贫困人口的几个步骤

如果一个家庭的生活水平低于贫困线，则该家庭就是贫困家庭，其中的人口就被计为贫困人口。所以，界定城市贫困人口的第一步即为贫困线的计算。其次，确定每个家庭的生活能力。这又有两种识别方式，一是家庭人均收入低于贫困线，二是家庭人均消费支出低于贫困线。一般而言，依据人均消费支出所得到的贫困规模大于依据人均收入所得到的贫困规模。另外，将居民家庭的人均可支配收入（或人均消费支出）与贫困线逐一进行比较，低于贫困线者则为贫困家庭，其人口就是贫困人口。

到底应当采用人均可支配收入还是人均消费支出来与贫困线进行对比？两者所得到的贫困规模并不一致。目前，学术界对该问题的争议仍然很大，但尚未有一个倾向性的建议。一般地说，收入代表了一个家庭在一个时期内可以使用的真实资源，它是该家庭生活能力的根本标志。但

① 王有捐：《对目前我国城市贫困状况的判断分析》，《市场与人口分析》2001 年第 6 期，第 14 ~18 页。

因为收入具有短期波动性，所以用收入指标来判断贫困就容易对收入周期较长的家庭产生很高的误判概率。而且，收入与生活水平并不完全对等，每个家庭将收入转化为消费的比例很不一致。比如，一个收入不菲的家庭，可能由于某些原因而使其消费支出很低，甚至远远达不到贫困线标准。这类家庭的生活状况能否算为贫困还需要斟酌。① 另外，消费支出代表了一个家庭实际使用的资源，它是家庭长期资源积累和消费习惯的体现，它与家庭现期资源的多少并没有完全的一致性。比如，一个消费开支很大的家庭，很可能是用贷款在支撑着。因而，统计局的测算同时考虑并采用了收入/支出两个指标来识别贫困人口，以考察由此而来的不同贫困规模。

（二）对“城镇人口”概念的说明

在我国，对于“城镇居民”的划分有两种不同的标准。一是按照地域标准划分，即居住在城市（镇）的人口统称为“城镇人口”；二是按照户籍登记标准划分，把非农业人口称为“城镇人口”。两种标准所得到的城市（镇）人口在数量上有较大差别。以 2004 年为例，按前一标准统计的结果是 5.43 亿人，后一标准则为 3.77 亿人，前者比后者多 44%。因此，根据不同标准的城镇人口估算得出的城市（镇）总体贫困状况也必然存在很大差别。

目前，我国城市居民最低生活保障制度的覆盖对象是城市非农业人口（即按照户籍登记标准来划分），为了保持与扶贫政策口径的一致性，本章对我国 2004 年城市贫困线及城市贫困总体规模的测算与估计以城

① 李实和 John Knight 在其相关研究中提出了我国城市中的三种贫困类型，一是“持久性贫困”，即人们的收入和消费都低于贫困线标准；二是“暂时性贫困”，即收入低于贫困线而消费高于贫困线的状况（这些人之所以消费高于收入，在于其持久收入高于现期收入，他们有储蓄，或可根据其预期收入和资产状况借款消费）；三是所谓“选择性贫困”（voluntary poverty），即虽有高于贫困线的收入，但由于过去或未来有着特殊的支出需要而不得不将其现有消费压低到贫困线之下的状况（参见李实、John Knight：《中国城市中的三种贫困类型》，《经济研究》2002 年第 10 期，第 47～58 页）。虽然李实等人的研究表明，我国城市贫困人口中的大部分是这种“选择性贫困”，但在相关机构的贫困测度以及各省市实际的救助工作中，这类人群尚不属于考察的范畴。

市非农业人口作为对象，本章所指"城镇居民"其实质即为"非农业人口"。

（三）运用马丁法的测算过程

我国近几年来对于城市贫困线的测算，基本思路即是以收入/支出指标为基础，运用马丁法，分地区测算贫困线，然后将其加权得到全国贫困线。

前已述及，马丁法的贫困线由食品贫困线和非食品贫困线两部分组成。在食品贫困线的计算中，根据中国预防医学科学院专家推荐，把维持正常人生存所需热量标准定为2100大卡，然后以省为单位，选取20%的最低消费支出群体，将其消费项目、消费数量和消费价格资料作为依据，同时剔除支出中不利于身体健康的消费项目，结合食物与营养转换表（中国预防医学科学院专家推荐）计算获得每单位大卡所需要的费用，最后按2100大卡标准调整测算食品贫困线。这样做的优点，由于使用了相同的热量需求标准，因而不同地区的食品贫困线具有一定的可比性；而且，以当地居民消费习惯和消费结构为基础测算食品贫困线更具有可行性，降低了以往靠专家经验给出的一篮子货物而产生的主观臆断性；以20%的最低生活人群作为参照系，得到的费用开支既能保证营养而又价格便宜。

计算出食品贫困线之后，再利用回归模型方法找出这样一些贫困家庭——他们用于食品方面的消费刚好等于食品贫困线，进而计算其非食品支出（这些人群用于非食品的消费支出与其必需的食品支出同等重要），即得到非食品贫困线。

计算非食品贫困线时采用如下模型：

$$S_i = \alpha + \beta \log(X_i / Z) + \gamma \log(N_i) + \varepsilon_i$$

式中，i 代表家庭；

S_i 代表在第 i 家庭中，食品在支出中所占的份额；

X_i 是家庭 i 的人均支出；

Z 是该家庭所在省份的食品贫困线；

N_i 代表家庭 i 的人口数；

α、β、γ 为参数。

ε_i 代表随机误差项。

得到回归估计方程：$S = \alpha + \beta\log(X/Z) + \gamma\log(n)$

然后，找出这样一些家庭——其食品支出恰好等于食品贫困线，即假定：$S \times X = Z$ 或 $S = Z/X$，计算其非食品支出，即为非食品贫困线。

食品贫困线加非食品贫困线就得到一般贫困线。

（四）我国 2004 年的城镇贫困线

国家统计局对于城镇贫困线的计算采用的是全国大样本资料。2004 年的数据来源于全国 54000 户城镇住户调查资料，主要包括住户的人口学特征、就业、收入、支出以及财产状况等多方面内容。这些调查样本分布在全国 300 多个城市和 150 多个县城。每个调查市县均采取分层、多阶段、随机等距方法来抽选调查户，亦即在调查城市先抽选调查街道，再抽选调查居委会，最后抽选调查户。调查对象为城市市区和县城关镇的常住户，其中包含了极少量生活相对比较稳定的外来户。调查采用日记账方式，由调查户填报家庭每日收入及消费的详细情况，月末由调查员入户搜集整理，再审核录入计算机，并上报国家统计局汇总。城镇住户调查项目共有 1000 多个，其中食品项目 300 多个，这些项目足够用来计算家庭购买食品所包含的营养量。经测算，我国 2004 年城镇居民的食品贫困线为 1614 元，一般贫困线为 2985 元（见表 3－1）。由于食品贫困线是按照人体每日所需的 2100 大卡热量标准来测算的，所以，对于食物消费结构相近的地区，其食品贫困线的差异基本上就反映了两个地区间的食物购买力平价比率。

表 3－1　2004 年我国各省市的城镇贫困线　　（单位：元）

地区	食品贫困线	一般贫困线	地区	食品贫困线	一般贫困线
全国	1614	2985	河南	1487	2752
北京	2479	4224	湖北	1726	2804
天津	2110	3394	湖南	1739	2634

地区	食品贫困线	一般贫困线	地区	食品贫困线	一般贫困线
河北	1645	2919	广东	2377	3550
山西	1421	2394	广西	2171	3171
内蒙古	1492	3157	海南	2366	3015
辽宁	1587	2555	重庆	2129	3014
吉林	1596	2590	四川	1583	2381
黑龙江	1361	2328	贵州	1643	2803
上海	2930	4397	云南	1865	2965
江苏	1963	2869	陕西	1414	2303
浙江	2386	4085	甘肃	1522	2694
安徽	1728	2480	青海	1573	2880
福建	2281	3500	宁夏	1543	2733
江西	1645	2419	新疆	1600	3105
山东	1984	3556			

资料来源：王有捐：《对城市居民最低生活保障政策执行情况的评价》，《统计研究》2006 年第 10 期，第 49～54 页。

2004 年，贫困线最高的地区是上海，达 4397 元，贫困线最低的地区是陕西，为 2303 元，两者相差近 1 倍。而且，不同省区之间的贫困线差距也十分明显。这也说明，如果全国采用同一个贫困线，无疑将高估中西部地区的贫困规模，同时低估东部地区的贫困规模。

三、不同年份的城市贫困线比较

目前，国内不同机构（如中国科学院预测预报机构、国家统计局、民政部等）或研究者使用多种方法，如基本需求法、恩格尔系数法、1/2（或 1/3）的平均收入法、马丁法等等来测算城市贫困线。一般地，测算工作的基本程序是首先确定一个基期年，选择一种或几种方法测算该年的贫困线，然后利用价格指数调整方法推断紧邻年份的贫困线。表 3－2 对比了国家统计局运用基本需求法和马丁法测算所得到的城市贫困线。

表 3－2　我国不同年份的城市贫困线比较　（单位：元/人年）

年份	用基本需求法，以 1990 年为基期		用马丁法，以 1998 年为基期	用马丁法，以 2004 年为基期
	生活费收入	可支配收入	人均收入	人均收入
1990	696			
1991	752			
1992	837			
1993	993			
1994	1300			
1995	1547		2107	
1996	1671	1850		
1997		1890		
1998		1880	2310	
1999		1860	2382	
2000		1875	2340	
2001			2355	
2002			2354	2864
2003			2407	2890
2004				2985

注：相关数据来源于国家统计局网站：http://www.stats.gov.cn/。

由表 3－2 中可以看出：

第一，测算方法不同则贫困线不同。我国 1998 年至 2000 年的贫困线同时使用基本需求法和马丁法进行测算，结果，两个年份运用马丁法测得的贫困线都比运用基本需求法所得结果高出 20% 多。究其原因，主要在于基本需求法是根据专家推荐的一篮子货物和服务的数量来计算费用的，这篮子货物是最经济的组合，它没有考虑各地区居民因消费结构不同而产生的额外支出费用。比如，一篮子货物中给出了贫困人口每天需要消费的大米数量，但西北地区可能不种稻谷，获得这些稀缺物品可能需要更多的费用。马丁法则是以各地居民的消费习惯和消费结构为基础的，考虑到了不同地区的消费差异。

第二,测算所使用的基期不同则测得的贫困线不同。比如:若以2004年马丁法测算的贫困线作为基期,再按照价格指数进行调整,则得到2002年的贫困线为2864元;但若以1998年马丁法测算的贫困线作为基期,再按照价格指数进行调整,则得到2002年的贫困线为2354元,两者相差500多元。究其原因,主要在于1998年与2004年相比而言,居民的消费结构发生了很大变化。比如,1998年我国城市居民的恩格尔系数为44.5%,而2004年则为37.7%。消费结构的变化必然导致贫困线测算结果的不同。

第三,使用的指标不同则得到的贫困线也不同。比如1996年,分别使用生活费收入和可支配收入两个指标,运用基本需求法测算得到的贫困线之间相差将近200元。在马丁法的测算中也是如此,使用可支配收入指标和消费支出指标则得到不同的贫困线、贫困率,以及贫困人口规模(一般依据后者所得到的贫困线和贫困率较高,贫困规模较大)。

四、不同地区的城市贫困线比较

表3-3对比分析了我国各省市2004年和1998年的贫困线。从纵向的比较来看,随着经济的不断发展,贫困线也表现出明显的提高趋势。① 从横向的比较来看,不论是2004年还是1998年,粗略地观察,各地贫困线的高低与其经济发展水平呈正相关,经济发达地区的贫困线相应较高,占全国的百分比也较高,如北京、天津、上海、浙江、广东等地;欠发达地区的贫困线则相应较低。表3-4在对2004年各省市人均GDP、城市贫困线和最低生活保障线的对比分析中,这点也得到了进一步反映。不过,东北地区是个例外,虽然三省的人均GDP并不低,但其贫困线却普遍偏低。一种可能的解释是:作为老工业基地,近些年来的产业结构调整和国企改革等方面对于当地居民生活的影响和冲击比之其他地方更为强烈。

① 需要注意的是,在使用时间序列的贫困数据对比分析中,一定要保持贫困线口径的前后一致性,否则将可能得出一些错误的结论。

表 3－3　我国各省市 2004 年和 1998 年贫困线对比

地区	食品贫困线（元/人年）		占全国的百分比（%）		总贫困线（元/人年）		占全国的百分比（%）		食品贫困线/总贫困线（%）	
	2004 年	1998 年	2004 年	1998 年	2004 年	1998 年	2004 年	1998 年	2004 年	1998 年
全国	1614	1392	100	100	2985	2310	100	100	54.1	60.3
北京	2479	1983	153.6	142.5	4224	3118	141.5	135.0	58.7	63.6
天津	2110	1728	130.7	124.1	3394	2993	113.7	129.6	62.2	57.7
河北	1645	1336	101.9	96.0	2919	2509	97.8	108.6	56.4	53.2
山西	1421	960	88.0	69.0	2394	1616	80.2	70.0	59.4	59.4
内蒙古	1492	1008	92.4	72.4	3157	1824	105.8	79.0	47.3	55.3
辽宁	1587	1259	98.3	90.4	2555	2203	85.6	95.4	62.1	57.1
吉林	1596	1051	98.9	75.5	2590	1831	86.8	79.3	61.6	57.4
黑龙江	1361	1071	84.3	76.9	2328	1878	78.0	81.3	58.5	57.0
上海	2930	2361	181.5	169.6	4397	3636	147.3	157.3	66.6	64.9
江苏	1963	1448	121.6	104.0	2869	2228	96.1	96.5	68.4	65.0
浙江	2386	1824	147.8	131.0	4085	2989	136.9	129.4	58.4	61.0
安徽	1728	1319	107.1	94.8	2480	2138	83.1	92.6	69.7	61.7
福建	2281	1554	141.3	111.6	3500	2416	117.3	104.6	65.2	64.3
江西	1645	1164	101.9	83.6	2419	1809	81.0	78.3	68.0	64.3
山东	1984	1308	122.9	94.0	3556	2566	119.1	111.1	55.8	51.0
河南	1487	1076	92.1	77.3	2752	1904	92.2	82.4	54.0	56.5
湖北	1726	1354	106.9	97.3	2804	2283	93.9	98.8	61.6	59.3
湖南	1739	1277	107.7	91.7	2634	2146	88.2	92.9	66.0	59.5
广东	2377	2083	147.3	149.6	3550	3061	118.9	132.5	67.0	68.0
广西	2171	1572	134.5	112.9	3171	2507	106.2	108.5	68.5	62.7
海南	2366	1693	146.6	121.6	3015	2465	101.0	106.7	78.5	68.7
重庆	2129	1355	131.9	97.3	3014	2214	101.0	95.8	70.6	61.2
四川	1583	1259	98.1	90.4	2381	2004	79.8	86.8	66.5	62.8
贵州	1643	1341	101.8	96.3	2803	2137	93.9	92.5	58.6	62.8
云南	1865	1484	115.6	106.6	2965	2359	99.3	102.1	62.9	62.9
陕西	1414	1080	87.6	77.6	2303	2004	77.2	87.2	61.4	53.6
甘肃	1522	1127	94.3	81.0	2694	1819	90.3	78.7	56.5	62.0
青海	1573	941	97.5	67.6	2880	1484	96.5	64.2	54.6	63.4
宁夏	1543	1085	95.6	77.9	2733	2093	91.6	90.6	56.5	51.8
新疆	1600	1117	99.1	80.2	3105	1772	104.0	76.7	51.5	63.0

注：1998 年相关数据来源于：《中国经济时报》2002 年 10 月 26 日；2004 年数据来源于：王有捐：《对城市居民最低生活保障政策执行情况的评价》，《统计研究》2006 年第 10 期，第 49～54 页。

表 3-4 我国各省市人均 GDP、城市贫困线与最低保障线的比较(2004 年)

地区	人均 GDP(元)	城市贫困线(元/人年)	低保线(元/人年)	地区	人均 GDP(元)	城市贫困线(元/人年)	低保线(元/人年)
北京	37058	4224	3480	河南	9470	2752	1500
天津	31550	3394	2892	湖北	10500	2804	1644
河北	12918	2919	1884	湖南	9117	2634	1656
山西	9150	2394	1488	广东	19707	3550	2472
内蒙古	11305	3157	1524	广西	7196	3171	1632
辽宁	16297	2555	2100	海南	9450	3015	1740
吉林	10932	2590	1560	重庆	9608	3014	1776
黑龙江	13897	2328	1800	四川	8113	2381	1620
上海	55307	4397	3480	贵州	4215	2803	1308
江苏	20705	2869	2256	云南	6733	2965	1824
浙江	23942	4085	2556	陕西	7757	2303	1620
安徽	7768	2480	1860	甘肃	5970	2694	1536
福建	17218	3500	2064	青海	8606	2880	1824
江西	8189	2419	1344	宁夏	7880	2733	1836
山东	16925	3556	1944	新疆	11199	3105	1560

注:1. 此处的低保线为各省市 2003 年的数据,来源于《中国民政统计年鉴(2004)》;2. 人均 GDP 资料来源于《中国统计年鉴(2005)》;3. 城市贫困线数据来源于:王有捐:《对城市居民最低生活保障政策执行情况的评价》,《统计研究》2006 年第 10 期,第 49 ~54 页。

五、城市贫困线与最低保障线的比较

从理论上讲,贫困线的确定不仅是判断城市人口是否处于贫困状态的指标,而且也应是实际救助工作的依据。但是,因为受到诸多现实情况尤其是各城市政府财政状况的制约,理论测算所得的贫困线有时并不能被政府完全用于实际的救助工作中去。目前,我国各城市基本上都是采用最低生活保障线标准来识别城市贫困人口并给予其救助。① 所以,有

① 简单地说,最低生活保障线就是政府依据维持居民基本生活水平的消费需求而建立的一个最低生活保障标准。

必要将各地区测算所得的贫困线与其最低保障线进行比较，以考察两者之间的差异，并进一步认识贫困的理论规模与实际救助状况之间的差距。

从表3－5可以看出，全国平均的最低保障水平低于贫困线大约为32%；东、中、西部地区亦然，东部地区低29%，中西部地区这种差距更为明显，分别为36%和35%。① 这也反映了地方财政状况对最低保障线的制定存在明显的制约作用。但就一般情况而言，城市的最低生活保障线与理论贫困线之间具有较高的相关性，这说明，低保政策的设计方向与理论预期之间基本保持相符。此外，经济发展水平越高的城市，其最低生活保障标准也越高，进而最低保障线与贫困线之间的差距也越小；相反，经济发展水平越低的城市，其最低生活保障标准也越低，进而最低保障线越多地向下偏离理论贫困线。表3－4借用各省市的人均GDP、城市贫困线及其城市居民最低生活保障线数据，更进一步反映了这点。还有其他学者如Hussain(2003)的研究也佐证了该结论，这同样说明，最低生活保障标准对理论贫困线的偏离是资源制约的结果。

表3－5　我国2004年城市贫困线与最低保障线的比较

地区	贫困线(元/人年)	最低生活保障线(元/人年)	低保线/贫困线(%)
全国	2985	2016	68
东部	3411	2407	71
中部	2610	1670	64
西部	2664	1735	65

资料来源：王有捐：《对城市居民最低生活保障政策执行情况的评价》，《统计研究》2006年第10期，第49～54页。

六、城市贫困线与收入/支出的比较

2004年，我国城镇居民的人均可支配收入为9422元，人均消费支出

① 王有捐：《对城市居民最低生活保障政策执行情况的评价》，《统计研究》2006年第10期，第49～54页。

为7182元,贫困线约占人均可支配收入的1/3,占人均消费支出的41%。在相对贫困问题的研究中,若把平均收入的1/3作为贫困线,则此时的相对贫困线与绝对贫困线基本一致(见图3-1)。图3-1还显示出,城镇居民最低生活保障线明显低于一般贫困线,而略高于食品贫困线。

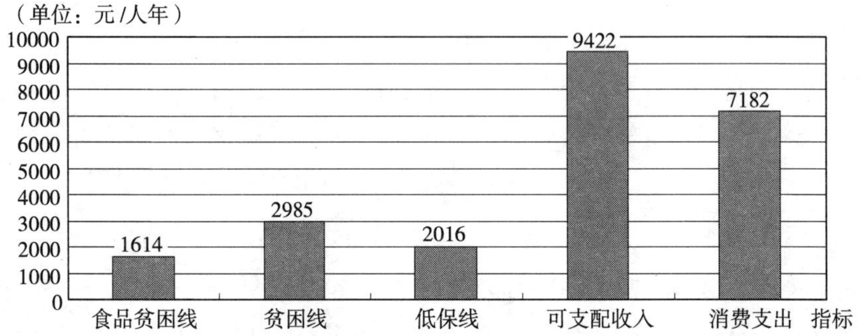

图3-1　我国2004年城市贫困线与低保线及收入/支出的比较

资料来源:国家统计局:《中国统计年鉴》,中国统计出版社2005年版。

表3-6、图3-2和图3-3进一步显示了1998年和2004年我国各省市城镇居民的可支配收入、消费性支出与其贫困线之间的对比,以粗略反映各地的相对贫困线状况。简单地说,我国2004年的城镇居民绝对贫困线与1/3的平均收入相对贫困线基本一致,1998年的城镇居民绝对贫困线则大致相当于0.4倍的平均收入相对贫困线,各省市的情况基本类似。若按消费支出指标来衡量,则该值相应较高。但不论是按照收入指标或是支出指标,相比较而言,经济发达地区的绝对贫困线占其收入/支出的比例都较小。

表3-6　我国各省市2004年和1998年的城市贫困线及其收入/支出对比

（单位:元/人年）

指数 / 年份 / 地区	总贫困线①		可支配收入②		消费性支出③		①/②		①/③	
	2004年	1998年	2004年	1998年	2004年	1998年	2004年	1998年	2004年	1998年
全国	2985	2310	9422	5425	7182	4332	0.317	0.426	0.416	0.533
北京	4224	3118	15638	8472	12200	6971	0.27	0.346	0.368	0.447

地区＼指数＼年份	总贫困线①		可支配收入②		消费性支出③		①/②		①/③	
	2004 年	1998 年	2004 年	1998 年	2004 年	1998 年	2004 年	1998 年	2004 年	1998 年
天津	3394	2993	11467	7111	8802	5471	0.296	0.386	0.421	0.547
河北	2919	2509	7951	5085	5819	3834	0.367	0.502	0.493	0.654
山西	2394	1616	7902	4099	5654	3268	0.303	0.423	0.394	0.494
内蒙古	3157	1824	8123	4353	6219	3106	0.389	0.508	0.419	0.587
辽宁	2555	2203	8008	4617	6543	3891	0.319	0.39	0.477	0.566
吉林	2590	1831	7841	4207	6069	3450	0.33	0.427	0.435	0.531
黑龙江	2328	1878	7471	4269	5568	3303	0.312	0.418	0.44	0.569
上海	4397	3636	16683	8773	12631	6866	0.264	0.348	0.414	0.530
江苏	2869	2228	10482	6018	7332	4889	0.274	0.391	0.37	0.456
浙江	4085	2989	14546	7837	10636	6218	0.281	0.384	0.381	0.481
安徽	2480	2138	7511	4770	5711	3777	0.33	0.434	0.448	0.566
福建	3500	2416	11175	6486	8161	5181	0.313	0.429	0.372	0.466
江西	2419	1809	7560	4251	5338	3267	0.32	0.453	0.426	0.554
山东	3556	2566	9438	5380	6674	4144	0.377	0.533	0.477	0.619
河南	2752	1904	7705	4219	5294	3416	0.357	0.52	0.451	0.557
湖北	2804	2283	8023	4826	6399	4074	0.349	0.438	0.473	0.560
湖南	2634	2146	8617	5434	6885	4371	0.306	0.383	0.395	0.491
广东	3550	3061	13628	8839	10695	7054	0.26	0.332	0.346	0.434
广西	3171	2507	8690	5412	6446	4381	0.365	0.492	0.463	0.572
海南	3015	2465	7736	4853	5802	3832	0.39	0.52	0.508	0.643
重庆	3014	2214	9221	5467	7973	4977	0.327	0.378	0.405	0.445
四川	2381	2004	7710	5127	6371	4383	0.309	0.374	0.391	0.457
贵州	2803	2137	7322	4565	5494	3799	0.383	0.51	0.468	0.563
云南	2965	2359	8871	6043	6837	5033	0.334	0.434	0.39	0.469
陕西	2303	2004	7492	4220	6233	3539	0.307	0.369	0.475	0.566
甘肃	2694	1819	7377	4009	5937	3099	0.365	0.454	0.454	0.587
青海	2880	1484	7320	4240	5759	3580	0.393	0.5	0.35	0.415
宁夏	2733	2093	7218	4112	5821	3380	0.379	0.47	0.509	0.619
新疆	3105	1772	7503	5000	5773	3714	0.414	0.538	0.354	0.477

注：根据表 3－3 和《中国统计年鉴》(1999、2005) 中的相关数据整理计算。

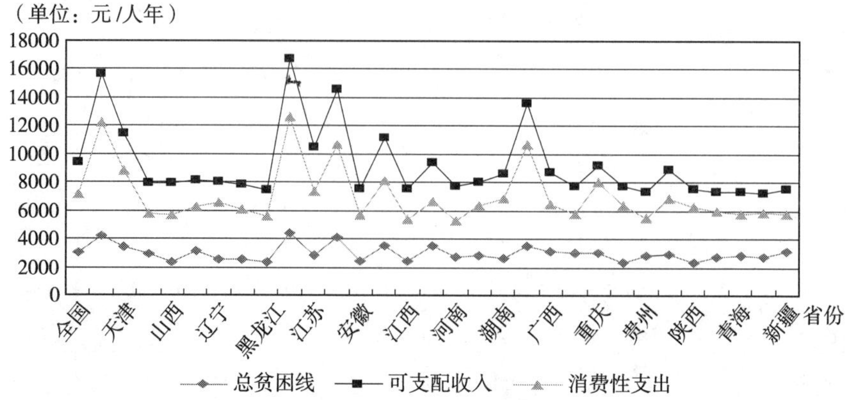

图3－2　2004年我国部分省的城市贫困线及其收入/支出对比

注:1. 根据表3－6中的相关数据绘制;2. 横轴各省市的顺序也依据该表。

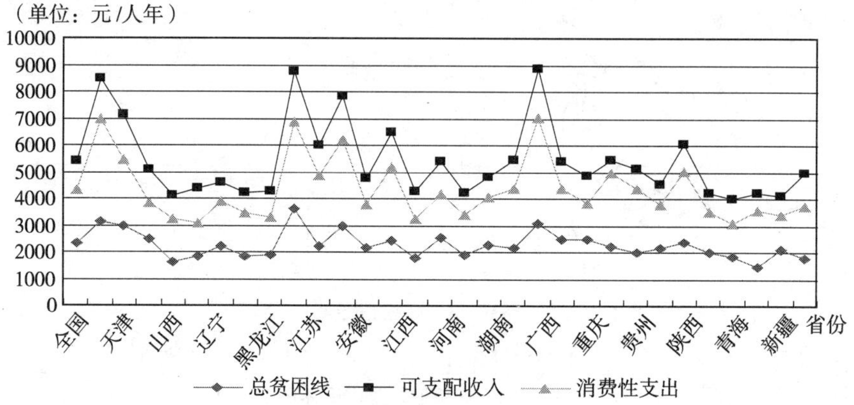

图3－3　1998年我国部分省的城市贫困线及其收入/支出对比

注:1. 根据表3－6中的相关数据绘制;2. 横轴各省市的顺序也依据该表。

第二节　中国现阶段城市贫困规模

一、城市贫困规模总体状况

若按照家庭人均收入指标识别贫困人口，则我国2004年的城镇居民贫困发生率为4.37%，贫困总人口为1613万人；若按照家庭人均支出指标来识别，贫困发生率则上升为9.79%，贫困总人口为3664万人，是用收入指标识别的2倍多。[①] 造成这种差异的主要原因在于，日益增强的市场竞争压力使居民普遍对未来的收入预期偏低，而不完善的社会保障制度又使居民的预期消费提高。因而，即使是在利息很低的情况下，居民的储蓄热情依然居高不下。本章后边的讨论也主要涉及按照收入指标识别的贫困人口状况，因为最低保障制度是按照家庭收入进行贫困识别的。

采用马丁法测算所得的我国1995年、1998年、1999年的城市贫困规模分别为1909万人、1477万人和1338万人。其中，赤贫人口分别为804万人、547万人和492万人。1999年的城市贫困人口比1995年减少近567万人，下降30%；其中赤贫人口的减少幅度更为显著，下降39%。这主要得益于1997年开始在全国所有城市建立城市居民最低生活保障线制度，从而使得贫困人口的生活状况得到明显改善。2000年，根据调整基期贫困线法，运用城市住户调查资料测算的我国城市贫困总人口为1050万人，贫困率3.44%，贫困人口比1995年减少192万人，下降15%。[②]

二、不同贫困线下的贫困规模

不论测算工作如何严谨，总是可能存在一些偏差。主要表现为：一是贫困线的设计忽略了各个家庭或个人之间在基本需求上的差异，这种差异主要来源于医疗、教育等方面的需求不同；二是贫困线测算中忽略了所采用数据的测量误差，比如样本偏差和填报误差等等。因而，有必要对贫困线的敏感性进行分析。表3－7按照我国2004年城镇贫困线的

① 1998年的数据也显示了相同的结果，亦即如果采用人均支出指标来测算，则全国的贫困人口比采用人均收入指标高出2.5倍，从1470万人增加到3710万人；贫困率也相应从4.73%升至11.87%（参见亚行专家组：《中国城市贫困问题研究》，http://www.social-policy.info/1008.htm）。而且，因为全国的总贫困线是对分省贫困线的加权平均（权重相当于各省人口占总人口的比重），所以，是依据人均收入指标或是人均支出指标来测算分省的贫困线时，所导致的贫困人口统计数量的增减幅度在各省之间也是相差非常大的。

② 王有捐：《对目前我国城市贫困状况的判断分析》，《市场与人口分析》2001年第6期，第14～18页。

65%、75%、85%、115%、125%、135%、150%比例进行调整，以观察不同贫困线下的贫困规模变动情况。换言之，贫困规模对于贫困线的变动非常敏感，贫困线的较小移动将可能引起贫困规模的较大变化。

表3－7　不同贫困线下的贫困规模(2004年)

贫困线调整	贫困率(%)	贫困人口(万人)
0.65倍贫困线	0.83	311
0.75倍贫困线	1.42	531
0.85倍贫困线	2.36	883
贫困线(2985元)	4.37	1613
1.15倍贫困线	6.91	2586
1.25倍贫困线	8.88	3324
1.35倍贫困线	11.15	4173
1.50倍贫困线	14.80	5539

注：根据2004年的全国城市贫困线调整。

从表3－7中可以看出：

第一，若将贫困线由2985元提升25%(达到3731元)时，贫困人口将从1613万人增加到3324万人，增长100%。这说明贫困线上方附近集中了大量的高风险人群，他们的返贫可能极大①。

第二，如果用支出指标识别贫困人口（贫困发生率9.79%；贫困总人口3664万人），则相当于把按收入指标所得到的贫困线提高25%

① 贫困线附近总是集中着大量的贫困边缘家庭和高风险人口，这些家庭和人口看似已经脱离了贫困状态，但其生活依然艰苦，而且情况很不稳定，若其收入稍有减少或遇到一次必需的大开支，则将可能陷入或重返贫困。再以1998年为例，低贫线与高贫线之间相当于将贫困线提升了23%，但其贫困人口却增加将近3倍；同样，若将高贫线再提升15%，则全国的贫困人口又增加近1倍(参见王有捐：《对目前我国城市贫困状况的判断分析》，《市场与人口分析》2001年第6期，第14～18页)。这一现象对于我们反贫困政策制定的含义在于，我们不能仅仅关注贫困线以下的人口和家庭，也应该重视贫困线上方的这部分高风险人群，通过提供保险(如大病医疗保险等)而非直接救助的方式增强其抵御风险的能力。这也从另一侧面更进一步反映了构筑社会安全网的重要性。

多一些。①

第三，粗略估算，国际人均每天1美元的标准大致相当于2004年贫困线的0.3倍②，依此标准的城市贫困人口约为100万人，约占城市户籍人口的0.3%。同样，人均每天2美元的国际标准大致相当于2004年0.65倍的贫困线，如表3－7所示，贫困率约为0.83%，贫困人口311万人。

第三节　中国现阶段城市贫困的地区分布

我国城市贫困的分布具有明显的地域特征。多项研究都表明，随着区域经济的发展及地区间发展差距的扩大，东、中、西部地区城镇居民在收入水平和消费水平方面的差距也表现出扩大趋势，我国城镇贫困人口的区域分布也出现向中、西部地区集中的明显趋势。2000年，我国的城市贫困人口中，东部地区为272万人，中部地区582万人，西部地区196万人，占全国城市人口53%的中西部地区占了全国贫困人口的将近3/4。③2004年，我国东、中、西部地区的城市贫困人口为731万人、497万人和385万人，占全国贫困总人口的比重分别为45.3%、30.8%和23.9%（见表3－8）。2004年，我国西部地区的贫困发生率为6.06%，比东部地区高50%。而且，西部地区贫困深度（贫困人员收入距离贫困线缺口比例的平均值）为－1.36%，比东部地区高70%。不论是贫困发生率还是贫困深度，西部地区都要比东部地区严重。中部地区的城市贫困状况好于西部地区，但比东部地区要差。

① 1998年的情况也是如此，若是采用消费支出指标，则相当于把按照人均收入计算所得的贫困标准提高25%左右（参见亚行专家组：《中国城市贫困问题研究》，http://www.social-policy.info/1008.htm）。

② 购买力平价每人每天1美元的国际贫困线标准大致相当于家庭人均年纯收入约960元（参见林伯强：《中国的经济增长、贫困减少和政策选择》，《经济研究》2003年第12期，第15～25页）。

③ 王有捐：《对目前我国城市贫困状况的判断分析》，《市场与人口分析》2001年第6期，第14～18页。

表3-8　2004年和2000年我国城市贫困规模的地区分布

地区	2004年各地城镇人口比重(%)	2004年各地城镇贫困率(%)	贫困人口(万人)		占贫困总人口比例(%)	
			2004年	2000年	2004年	2000年
全国	100.0	4.37	1613	1050	100.0	100.0
东部	50.2	3.89	731	272	45.3	25.9
中部	32.8	4.05	497	582	30.8	55.4
西部	17.0	6.06	385	196	23.9	18.7

注:2000年数据来源于:王有捐:《对目前我国城市贫困状况的判断分析》,《市场与人口分析》2001年第6期,第14~18页。

全国总工会2002年完成的一项调查显示,东部地区的城市贫困人口占全国城市贫困总人口的21.9%,中部地区52.9%,西部地区25.2%,中西部地区合计占到78.1%。[①] 就局部而言,在中西部地区的老工业基地、原"三线"军工企业所在的城市、资源枯竭的矿山城市是贫困人口相对集中的区域。民政部2002年7月公布的享受低保待遇的1930.8万人中,辽宁、吉林、黑龙江、江西、河南、湖北、湖南、四川等省的低保人数分别达到100万~150万人;河北、山西、内蒙古、安徽、山东、重庆、云南、陕西等省市区的低保人数分别达到50万~100万人,贫困人口主要分布在中西部地区。[②]

亚行专家组对于我国城市贫困问题的研究也表明,各省市之间的贫困比率相差很大(见表3-9)。[③] 贫困发生率较低的地区,除北京之外均为沿海经济发达地区;贫困发生率较高的地区,除河南省之外则均为西部内陆经济欠发达地区;上述两个极端之间的地区属于混合型。就人均GDP而言,某些最贫困的省份,比如贵州和青海,其平均贫困率为4%~6%,而某些较富裕的省市,比如辽宁和天津,其贫困率反而比平均水平高

① 全国总工会低保调研课题组:《关于城市居民最低生活保障制度运行状况的调研报告》,2002年8月13日。

② 相关数据引自廖鸿:《亟须关注城镇贫困》,《半月谈》2002年第5期。

③ 亚行专家组:《中国城市贫困问题研究》,http://www.social-policy.info/1008.htm。

出许多。

表3－9　我国各省间的城市贫困分布格局

贫困发生率	最低： 0%～2%	次低： 2%～4%	平均： 4%～6%	次高： 6%～8%	最高： >8%
省、市	北京 江苏 浙江 广东	上海 福建 湖南 广西 云南 安徽 江西	河北 湖北 贵州 重庆 青海 山东 四川	天津 内蒙古 辽宁 吉林 海南 新疆 山西 黑龙江 甘肃	河南 山西 宁夏 西藏

资料来源：亚行专家组：《中国城市贫困问题研究》，http://www.social-policy.info/1008.htm。

第四节　本章小结

毋庸置疑，流动人口中的农民工贫困问题已经成为我国转型时期城市贫困的重要内容，农民工也已成为我国城市贫困人口的两大主体之一，但是，由于缺乏关于流动人口的详细统计资料，所以本章仅以城市户籍人口作为分析对象考察了我国现阶段的城市贫困人口规模，相关数据与现实情况相比无疑存在较大低估。在后文我国城市贫困人口的构成、特征、成因及治理等方面问题的分析中都将包括城市农民工这一特殊群体在内。

确定城市贫困线有两个出发点，一是用于贫困问题的诊断，以便从较广阔的视野观察和解决问题，二是用于实践，即确定最低生活保障金的发放。但由于上述已经阐明的原因，所以，用于具体操作的救助线与理论测算所得的贫困线之间往往存在着较大脱节，财力较弱或行政级别较低的城市更是如此。就研究方法而言，我国的城市贫困测度依然尚未建立起适合自己国情并且能够用于地区之间比较的指标体系。马丁法是国家统计局用于贫困线测算的主要方法。就我国目前的城市贫困人口分布来看主要集中在中西部地区。此外,通过对比分析不同年份、不同地区的城市贫困线及其与最低保障线和收入/支出之间的关系,还可以发现:

第一,由于东、中、西部地区之间经济发展的不均衡,各城市的物价水平以及居民在收入水平、消费结构等方面都存在较大差异,因此,不宜在全国采用同一个贫困线,以避免高估中西部地区贫困状况,低估东部地区贫困状况。而且,由于贫困线测算中总是难免掺杂一定的随意性,不管使用哪种方法都无法非常准确地反映城市贫困的实际状况,所以,可考虑采用多种方法下的多条贫困线来衡量城市贫困,并将贫困人群按贫困程度的轻重不同分类进行相应的对口救助。

第二,贫困线上方附近存在着大量的贫困边缘家庭。这部分非贫困家庭具有很大的不稳定性,若其收入有较少减少,或遇到疾病、子女上学等一些必需的大开支,则其陷入或返回贫困的可能性就相当大。因而,扶贫政策不能只关心贫困线以下的人群,还应当关心贫困线上方的高风险人群。当然,对他们可考虑通过提供必要的社会保险等方式增强其抗风险的能力。

第三,一般而言,城市的最低生活保障线与其理论贫困线之间具有较高相关性。而且,经济发展水平较高的省市,其低保标准也较高;经济发展水平较低的城市,其低保标准则较低。另外,各省市的绝对贫困线与其收入/支出的对比关系也可以粗略反映其相对贫困线状况。

第四章　中国转型时期城市贫困人口构成及特征

自新中国成立以来至改革开放，我国整体的经济发展水平较低，需要政府救助的城市贫困人口仅指那些无劳动能力、无法定供养人，以及无其他收入来源的“三无”人员。但进入20世纪80年代以来，尤其是20世纪90年代以后，我国城市贫困人口的结构发生了极大变化，低收入人群主要包括：部分在职职工、下岗失业及部分离退休人员、“三无”人员、残疾或疾病及部分流动人口等弱势群体，其中，下岗失业职工和进城农民工是我国现阶段城市贫困人口的两大主体。而且，不同的文化程度、不同的年龄阶段、不同的性别、不同的户籍类别、不同的就业状况，以及不同的职业性质都对贫困发生率有着很大影响。此外，进入新世纪以来，我国城市贫困问题的复杂性和多样性还表现在，一些大中城市的贫困人口（主要是其中的贫困职工和进城农民工中的贫困者）已经出现了明显的地域聚居趋势，这无疑将对相关城市的经济发展和社会稳定产生一定影响，必须充分认识其重要性及可能产生的后果并加以正确引导。

第一节　对城市户籍人口的考察

一、不同分类下的贫困发生概率①

概括地说，个人不同的受教育程度、不同的性别、不同的年龄段，以及

① 本小节2004年的数据由国家统计局城市社会经济调查司城市资料处王有捐处长提供，在此表示衷心感谢！

不同的就业状况和职业特征等都将影响其自身或家庭陷入贫困的概率。本小节仍然针对城市户籍人口，首先考察我国2004年的大致情况，分析城市人口在按照不同标准进行分类时的贫困发生概率，并与其他研究者的相关研究做对比，以了解转型时期我国城市贫困人口构成的基本状况。

无疑，贫困发生率与人们的受教育程度密切相关。一般而言，文化程度越高，贫困发生率就越低。表4－1显示，我国2004年大专以上学历人员的贫困发生率在1%以内，高中文化程度人员的贫困发生率为4%左右，而初中以下文化程度贫困发生率高于6%。在贫困家庭中，初中以下文化程度者占68%，比平均水平45%高出23个百分点。2000年的统计数据也得出了相同的结论，即贫困发生率与户主文化程度成反比，文化水平越低，陷入贫困的可能性就越大，反之则越小。初中以下文化程度的家庭贫困发生率约是大专以上水平的5倍①。中国社会科学院"中国城镇贫困与失业"课题组2000年的调查也显示了类似结果②（见表4－2）。

表4－1　不同文化程度的贫困发生率（2004年）　（单位：%）

文化程度	非贫困构成	贫困构成	平均构成	贫困发生率
小学及以下	18.81	30.46	19.39	6.76
初中	25.68	37.95	26.29	6.39
高中	33.28	27.2	32.98	3.79
大专	15.02	3.3	14.43	1.03
大学及以上	7.21	1.1	6.91	0.47
合计	100	100	100	4.37

① 王有捐：《对目前我国城市贫困状况的判断分析》，《市场与人口分析》2001年第6期，第14～18页。

② 该调查是中国社会科学院"中国城镇贫困与失业"课题组于2000年春所做的一项调查，样本选自全国6个代表性省份的13座城市，即北京、沈阳、锦州、南京、徐州、郑州、开封、平顶山、成都、自贡、南充、兰州和平凉，包含了4500个有城市户口的住户和12869个个人。

表4－2　不同文化程度的贫困发生率(1999年)

文化程度	小学以下	小学	初中	高中	中专	大专	大学及以上
贫困概率(%)	15.24	12.20	9.25	5.62	2.14	1.44	0.48

注:本表中的数据根据资料来源的相关数据整理。研究者是以户主特征为解释变量,运用probit模型对不同样本陷入贫困的概率预测,虽然由于样本范围以及分析方法等方面的原因而使得具体的分析数值结果与表4－1存在较大差距,但其变化却表现出相同趋势,亦即:贫困发生率与户主的受教育程度之间存在着明显的反方向变动关系,文化水平越低,则其陷入贫困的可能性就越大,反之则越小。

资料来源:李实:《20世纪90年代末中国城市贫困的恶化及其原因》,参见李实、佐藤宏主编《经济转型的代价——中国城市失业、贫困、收入差距的经验分析》,中国财政经济出版社2004年版,第46～68页。

从性别分类来看,全国数据的分析表明,女性的贫困发生率为4.49%,略大于男性贫困发生率4.23%,但两者间的差距不是很明显(见表4－3)。中国社会科学院"中国城镇贫困与失业"课题组2000年的调查中,将样本按性别分了14个年龄组,并分别计算了各组的贫困发生率。各年龄组女性的平均贫困发生率为6.25%,男性的平均贫困发生率为5.49%,虽然女性的贫困发生率比男性高出0.76个百分点,但贫困发生率的性别差异并不显著。①

表4－3　不同性别的贫困发生率(2004年)　(单位:%)

性别	非贫困构成	贫困构成	平均构成	贫困发生率
女	50.49	52.06	50.57	4.49
男	49.51	47.94	49.43	4.23
合计	100	100	100	4.37

若按年龄进行分组,一般而言,贫困发生概率大致随着人口年龄的上升而下降(见表4－4)。家庭子女多,劳动力少,负担系数大,就容易陷入

① 李实:《20世纪90年代末中国城市贫困的恶化及其原因》,参见李实、佐藤宏主编《经济转型的代价——中国城市失业、贫困、收入差距的经验分析》,中国财政经济出版社2004年版,第46～68页(注:由于样本范围及分析方等方面原因,该研究所得出的全部样本的平均贫困概率为5.88%,也高出本书所得之4.37%)。

贫困。特别值得注意的是21～30岁人员贫困发生率也高于全部平均水平。说明学校毕业生目前面临巨大的就业压力，刚出校门就遭遇失业，已经对他们的生活构成一定威胁。中国社会科学院“中国城镇贫困与失业”课题组2000年的调查也显示了类似结果，即在城市中，年轻人比老年人更容易陷入贫困。① 在其他的一些研究中，有学者强调了历史因素（如文革等）所造成40～49岁年龄段这部分群体由于相应的权利遭受剥夺（如对其教育权利的剥夺）而陷入贫困，并称之为40、50人员。② 以兰州市为例，在我们所调查的低收入家庭的户主中，其中约有51%的年龄在45～55岁之间。③

表4－4　不同年龄分组的贫困发生率（2004年）　（单位：%）

年龄组	非贫困构成	贫困构成	平均构成	贫困发生率
0～20岁	20.28	28.29	20.68	5.76
21～30岁	10.92	10.98	10.92	4.48
31～40岁	18.71	18.50	18.70	4.02
41～60岁	37.82	33.61	37.61	3.97
其他	12.28	8.62	12.09	3.54
合计	100	100	100	4.37

若按户籍进行分类，则贫困多发生在具有农业户口成员的家庭中。本地农业人口贫困发生率高达10%以上，比平均数多6个百分点。主要

① 李实：《20世纪90年代末中国城市贫困的恶化及其原因》，参见李实、佐藤宏主编：《经济转型的代价——中国城市失业、贫困、收入差距的经验分析》，中国财政经济出版社2004年版，第46～68页。

② 慈勤英：《“文革”、社会转型与剥夺性贫困——城市贫困人口年龄分布特征的一种解释》，《中国人口科学》2002年第2期，第20～27页。（注：相关文献中的所谓40、50人员大致出生于20世纪50～60年代，属于上有老、下有小的一代人，就业者的家庭负担系数较高。）

③ 此处所指的调查是华中科技大学经济学院“城镇贫困”课题组于2005年8月对兰州市所进行的调查。因为该调查进行于2005年，所以可大致推测出相关研究者所谓的40、50人员在我们的调查中处于45～55岁之间，是在转型背景下更容易陷入贫困的年龄段。

原因是城市最低生活保障对象不包括农村户籍人口，因此，低收入的农业户口人员更容易陷入贫困。外来农业人员（外地流动人员）贫困发生率为6.24%，比平均贫困发生率4.37%高43%（见表4－5）。

表4－5　不同户籍的贫困发生率（2004年）　（单位：%）

户籍类型	非贫困构成	贫困构成	平均构成	贫困发生率
外地农业	0.52	0.8	0.53	6.24
本地非农	97.19	94.49	97.06	4.26
本地农业	1.43	4	1.56	10.61
外地非农	0.85	0.71	0.85	4.63
合计	100	100	100	4.37

从就业状况看，失业人员、丧失劳动能力者陷入贫困的可能最大，贫困发生率为12%～15%；个体劳动者、家务劳动者以及其他非正规就业者陷入贫困的可能次之，贫困发生率为6%～10%；有正式就业单位的人员和退休人员不容易陷入贫困，贫困发生率在2%左右（见表4－6）。2000年针对户主就业性质的分析结论亦然，丧失劳动能力、下岗失业、从事小本经营的个体劳动者家庭是构成贫困的主体。① 中国社会科学院"中国城镇贫困与失业"课题组2000年的调查也显示了类似结果，下岗职工、失业人员、家务劳动者、残疾或慢性病者的贫困发生概率分别为23%、21%、18%和26%，远远高于全部样本总计的均值（见表4－7）。还有其他一些经验研究也都表明，就业状况和人力资本水平二者对于城市家庭是否陷入贫困有着重要而显著的影响。②

若按职业类型划分，则单位负责人和技术人员的贫困发生率都很低，不到1%；农林牧渔业人员的贫困发生率高达15%；服务业工作者以及其

① 王有捐：《对目前我国城市贫困状况的判断分析》，《市场与人口分析》2001年第6期，第14～18页。

② 王美艳：《转轨时期的城市贫困——人力资本和就业状况对贫困的影响》，参见蔡昉、万广华主编：《中国转轨时期收入差距与贫困》，社会科学文献出版社2006年版，第309～327页。

他自由职业者贫困发生率在5%～6%（见表4－8）。2000年的资料显示，户主从事社会服务业、建筑业、采掘业、制造业的家庭沦为贫困的可能性较大，为平均水平的2～4倍，而户主从事金融保险、电力煤气及水生产和供应业、科研综合服务业几乎未出现贫困现象。①

表4－6　不同就业状况的贫困发生率（2004年）　　（单位：%）

就业状况	非贫困构成	贫困构成	平均构成	贫困发生率
单位就业者	55.13	40.39	54.38	2.08
个体劳动者	7.58	12.5	7.83	6.79
其他就业者	1.8	4.62	1.94	9.62
家务劳动者	2.53	8.02	2.8	7.04
离退休人员	18.89	6.2	18.25	1.66
丧失劳动能力者	0.43	1.58	0.49	12.37
失业人员	4.15	14.79	4.69	14.89
在校学生	9.5	11.9	9.61	5.48
合计	100	100	100	4.37

表4－7　不同就业状况的贫困发生率（1999年）　　（单位：%）

就业状况	工作或就业	退休	待业	下岗	失业	提前退休	家务劳动者	残疾、慢性病	学生	样本总计
贫困率	3.60	3.33	12.00	23.02	20.87	5.42	17.86	26.19	7.06	5.88

资料来源：李实：《20世纪90年代末中国城市贫困的恶化及其原因》，参见李实、佐藤宏主编：《经济转型的代价——中国城市失业、贫困、收入差距的经验分析》，中国财政经济出版社2004年版，第46～68页。

表4－8　不同职业特征的贫困发生率（2004年）　　（单位：%）

按职业分	非贫困构成	贫困构成	平均构成	贫困发生率
专业技术人员	10.18	1.96	9.77	0.99
单位负责人	2.47	0.43	2.37	0.79

① 王有捐：《对目前我国城市贫困状况的判断分析》，《市场与人口分析》2001年第6期，第14～18页。

按职业分	非贫困构成	贫困构成	平均构成	贫困发生率
办事员及有关人员	15.22	5.35	14.73	1.41
商业工作人员	4.28	5.35	4.33	4.88
服务性工作人员	6.78	9.04	6.89	5.62
农林牧渔劳动者	0.14	0.54	0.16	15.88
工人	11.87	11.77	11.87	4.39
其他	49.05	65.57	49.87	5.86
合计	100	100	100	4.37

综合上述各表的分析可以看出，有下列特征的家庭或个人更容易陷入贫困，即：失业或下岗、身体状况较差、残疾或慢性病者、家务劳动者、较低文化程度者、农林牧渔劳动者，等等。其中又以下岗、失业为最重要。换言之，下岗失业职工的贫困问题是我国转型时期城市贫困问题的重要内容。① 另外，上述各表实质上也反映出了家庭或个人角度所导致贫困的微观原因，即主要表现为家庭人口较多、就业面（即就业人数与家庭总人数的比例）较小，或有家人处于生病、残疾、无劳动能力等不利状况，则其生活负担较重，更容易陷入贫困。

因此，针对这些情况的相应救助工作也需区别对待。比如，对家庭子女多、负担重的可提供必要的教育贷款；对文化程度低的可加强工作能力培训；对残疾人员和体弱多病的可给予基本的生活救助金等。此外，即使是在农林牧渔或服务业工作的人口，也同样面临很高的贫困风险。所以，提高人力资本价值（提高最低工资标准），完善社会保障制度等，将是缓解就业者仍将陷入贫困的重要举措。

二、城市户籍人口的贫困构成

自20世纪90年代中后期以来，我国城市贫困人口的规模和结构都发生了极大变化，原先的“三无”人员只成为城市贫困人口的很小一部

① 由于在目前的一些权威统计或系统研究中都缺乏对流动人口的详细资料，所以上述数据的分析中没有涉及这部分人群的贫困问题，但毫无疑问，流动人口特别是其中进城农民工的贫困问题也是我国转型时期城市贫困非常重要的一部分。

分。图4-1、图4-2和图4-3依据民政部的城镇低保数据,分别考察了

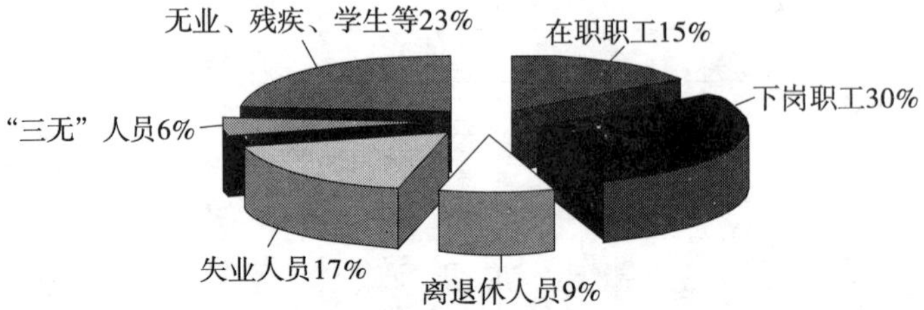

图4-1 我国2000年城市贫困人口构成

资料来源:民政部救灾救济司,2000年。

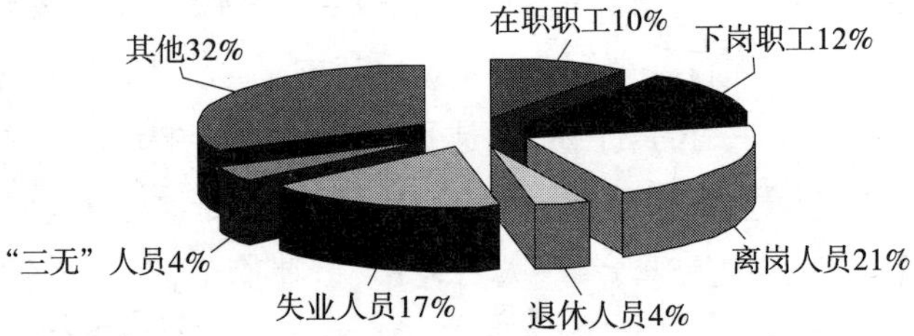

图4-2 我国2002年城市贫困人口构成

资料来源:洪大用:《城市居民最低生活保障制度的最新进展》,http://www.china.com.cn/chinese/2003/Jan/268029.htm。

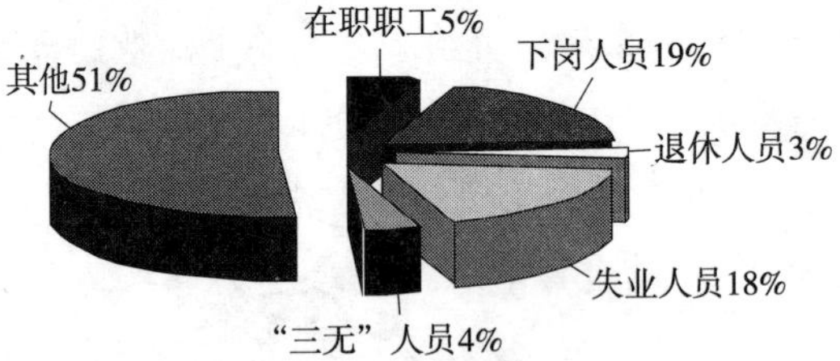

图4-3 我国2005年城市贫困人口构成

注:图中的"其他"是指上述各类人员的家属及其他特殊救济人员,在全国得到最低生活保障的2234.2万城镇人口中约占51%,有1122.2万人;此外,在职职工约114.1万人,下岗人员430.7万人,退休人员61.3万人,失业人员410.1万人,"三无"人员95.8万人。

资料来源:中国统计局网站,《民政部发布2005年民政事业发展统计报告》,http://www.mca.gov.cn/news/content/recent/200666110225.html。

城市户籍人口中的贫困者在2000年、2002年和2005年的构成状况。显

然，包括在职职工、下岗职工、离退休人员以及失业人员在内的贫困人口占到城市贫困人口的绝大多数，不过，其中的在职职工所占比率则表现出逐年下降的趋势。就下岗职工的比重而言，从2000年的30%下降到2002年的12%，但至2005年又上升为19%，之所以表现出这样的特点，主要是因为近几年来农民工与其在就业机会方面的竞争所致。此外，由于统计口径的缘故，2000年的离退休人员所占比重为9%，他们与下岗人员中的贫困者所占比重合计为39%；但2002年，这部分贫困者则以离岗人员来表示，占到21%，该年的下岗人员、离岗人员和退休人员所占比重合计占到37%，与2000年相当；2005年的统计则更为粗略，将离岗人员中的贫困者统统纳入"其他"，由此使得这个部分所占比重明显增大，由2002年的32%突增为51%。

三、失业与城市职工贫困

困难职工是我国城市贫困人口的两大主体之一，这部分人群的贫困与其下岗、失业或在职低收入紧密联系在一起。在我国，失业问题主要表现为两种形式，一种是我们通常所说的失业，即职工离开原来的工作岗位，丧失有收入的工作机会；另一种是我国所特有的下岗形式①，下岗人员在名义上仍然与他们原先的企业保持着一定的劳动（或合同）关系。该形式之所以不同于完全失业，主要在于下岗人员可以从企业或政府领取一定的生活补助，并有可能在政府的再就业工程帮助下重新就业。与此相对应，与其他国家相比，我国的城市贫困人口在构成方面也存在明显特殊性：失业下岗人员、困难企业的职工和部分离退休人员是城市贫困职工的主体。②

---

①　不过，从2005年起，国家劳动和社会保障部就已开始在全国推行国有企业下岗职工基本生活保障制度向失业保险制度的并轨工作。随着并轨的完成，传统意义上的"下岗"概念已不复存在，今后的企业裁员都是依据有关法律和法规而直接进入失业保障或城市低保程序。

②　当然，城市农民工的贫困越发使得我国的城市贫困问题独具特色。此观点将在后文做进一步剖析。

就失业人员而言,他们在失去工作的同时又可能由于自身较差的素质等原因而难以再就业,加之现有的社会保障制度无法全部覆盖这部分人口并保障其最基本的生活,从而使其陷入贫困;广大下岗人员的情况与失业人员类似,也是极易陷入贫困的群体。就困难企业的职工而言,由于所在企业的经营亏损,极大影响了职工的工资和福利水平,致使其职工中的一部分沦为城市贫困人口。此外,还有一部分从离退休人员,微薄的离退休金或养老保险金不足以支付日常生活中的各种费用,也属于容易陷入贫困的那部分人口。有民政部门的统计显示,我国截至 2002 年 7 月享受城镇低保待遇的 1930.8 万人中,特困职工有 981 万人,占 50.8%;失业人员 299.3 万人,占 15.5%;特困职工和失业人员的家属等其他人员 554 万人,占 28.7%;"三无"人员和其他特殊人员为 96.5 万人,占 5%。这也说明我国转型时期城镇贫困的主体不再是自然、历史或家庭、生理等因素所导致的贫困,而是与经济社会的转型紧密相关。

当然,我国转型时期的下岗失业问题与整个宏观的经济社会背景相关联。20 世纪 90 年代以来,国有单位和城镇集体单位等城市正规经济部门的就业人数开始大幅度下降。以 1995 年为界,此前的 1978 ~ 1995 年间,我国正规部门的职工人数一直呈现上升趋势,就业人数累计净增 4667 万人;但此后却出现持续的下降(见表 4 - 9)。

表 4 - 9　我国城镇正规部门就业人数变动情况(1978 ~ 2004 年)

(单位:万人)

年份	1978	1985	1990	1995	2000	2001	2002	2003	2004
①	7451	8990	10346	10955	7878	7409	6924	6621	6438
②	2048	3324	3549	3076	1447	1241	1071	951	851

注:1. 表中①表示国有经济单位职工人数;②表示城镇集体单位职工人数。

2. 实质上,我国城镇集体经济单位的就业人数自 1990 年以来表现出了下降的趋势,其 1991 年、1992 年、1993 年和 1994 年的职工人数分别为:3628 万、3621 万、3393 万、3211 万人,但国有经济单位的就业人数仍然表现出增加趋势,所以,包括两者在内的城镇正规部门的就业人数在 1978 ~ 1995 年间一直呈现上升趋势。

资料来源:国家统计局网站 http://www.stats.gov.cn/tjsj/ndsj/2005/indexch.htm。

2001 年,我国国有单位的在岗职工人数比 1995 年减少 3546 万人,下降了32.4%；城镇集体单位减少1835万人，下降了59.7%。两者合计减少5381万人，下降了38.4%。即使扣除正常的914万离退休职工（企业离退休人员715万人），下岗职工也累计将达4500万人，相当于韩国的总人口。[①] 至2004年，城镇正规部门的就业人数又比2001年减少1361万人（见表4-9），当年的城镇登记失业人数为827万人，登记失业率为4.2%；2000年至2004年之间，城镇登记失业人数累计达3673万。[②] 而且，随着越来越多的下岗或失业的劳动者进入到劳动力市场，如若他们无法及时找到工作，同时又无法被社会保障体系充分覆盖时，无疑则将处于贫困状态，其中那些自身条件较差者更容易因此而陷入贫困。

为了考察失业与城市贫困之间的关系，中国社会科学院的一项研究将调查样本分为三种类型，即城市有失业人员的住户、没有失业人员的住户和流动户，并计算了不同分组下的贫困率（见表4-10）。[③] 结果表明，在1999年，我国有失业人员的城市住户其贫困发生率为19.9%，是没有失业人口的城市住户贫困发生率的将近4倍（没有失业人员的城市住户其贫困发生率为5.1%）。由此可见，贫困问题在有失业人员的住户中比没有失业人员的住户中要严重得多。

表4-10 三类城市住户的贫困发生率（1999年）

(1)无失业人员的城市住户	个人样本数（人）	百分比（%）
非贫困住户	11448	94.9
贫困住户	612	5.1
小计	12060	100.0

① 国家统计局：《中国统计摘要2002》，中国统计出版社2002年版，第38页。

② 国家统计局：《中国统计年鉴》，中国统计出版社2005年版。

③ 这是2000年春由中国社会科学院经济研究所的课题组在国家统计局的协助下实施的一项调查，以反映我国当时城市失业的最新情况，以及失业与城市贫困之间的关系问题。而且，也同时考虑了城市流动人口的贫困问题。参见薛进军、魏众：《中国城市失业、贫困和收入分配差距》，参见李实、佐藤宏主编：《经济转型的代价——中国城市失业、贫困、收入差距的经验分析》，中国财政经济出版社2004年版，第25～45页。

(2)有失业人员的城市住户	个人样本数(人)	百分比(%)
非贫困住户	1210	80.1
贫困住户	300	19.9
小计	1510	100.0
(3)=(1)+(2)	**个人样本数(人)**	**百分比(%)**
非贫困住户	12658	93.3
贫困住户	912	6.7
小计	13570	100.0
(4)流动户	**个人样本数(人)**	**百分比(%)**
非贫困住户	1553	87.1
贫困住户	230	12.9
小计	1783	100.0
(5)全部=(3)+(4)	15353	7.4

资料来源:薛进军、魏众:《中国城市失业、贫困和收入分配差距》,参见李实、佐藤宏主编:《经济转型的代价——中国城市失业、贫困、收入差距的经验分析》,中国财政经济出版社2004年版,第25~45页。

需要强调指出的是,虽然我国城市贫困问题出现的时间较短,且贫困人口总量及总体的贫困程度都不及农村贫困,但由于城市贫困职工比农村贫困人口具有相对更高的集中程度,以及他们相较于农村人口而言较高的文化水平、认知能力和敏感程度等方面原因,所以必须引起足够的重视;而更为重要的是,这部分贫困群体是由原先相对具有优越感的工人阶层演化而来,社会地位的落差以及现实的生活窘境,加之长期以来计划经济体制所形成的职工、企业与国家三者之间特殊的利益关系影响,职工群体对政府、社会及企业存在着普遍且非常强烈的高预期以及高度依赖心理。这种特征与现实贫困状况的反差,以及政府在目前条件下难以兑现的旧体制承诺,城市生活中更为突出和显著的收入差距和贫富悬殊问题等等,使得贫困职工群体比其他类型的社会弱者更加难以接受现实,其心理也更加难以调适,从而更容易产生不满情绪。而且,这种贫困状况以及贫困者的心理和行为特征高度集中于一些特定的企业和行业,从而各种以群体特征出现的职工与企业之间、职工与地方政府之间的矛盾冲突也难以避免，有些甚至具有集体暴力特征，是地方政治和社会安定的极大隐患。

同时，以职工为主体的贫困问题对改革的影响也是非常突出的。一方面，较为严峻的形势及扩大趋势会导致大面积的心理承受力弱化及生活预期的大幅度降低，进而对全面的改革过程失去信心和支持。另一方面，在职工生活问题得不到有效解决的情况下，很多具体的改革内容也无法实施。如目前的国有企业改革过程中，一直难以逾越的障碍就是职工问题。不仅企业改革如此，像劳动就业制度、社会保障制度等诸多改革内容，也在很大程度上受限于职工生活问题。

第二节　对城市农民工的考察①

"农民工"是我国经济社会转型时期的特殊概念，是指那些户籍身份还是农民、有承包土地，但主要从事非农产业、以工资为主要收入来源的人员。狭义的"农民工"一般是指跨地区外出进城的务工人员；广义的"农民工"既包括跨地区外出进城务工人员，也包括在县域内第二、三产业就业的农村劳动力。② 从体制上来看，这部分人多属于计划编制外的职业群体；从阶层地位的角度来看，则多属于非市民的"边缘人"。虽然，研究者以及政府相关部门都已认识到了农村进入城市的流动人口已经成为城市（尤其是大中城市）一个不容忽视的组成部分，亦为城市贫困人口的主要方面之一，但由于目前缺乏对这类人群的详细而系统的调查资料，所以相关研究都非常零散且不够深入。

作为城市另一新的贫困阶层，农民工的贫困问题已经引起政界和学界的极大关注。虽然一些城市实施了所谓的蓝印户口制度，有限地允许

① 本小节及后文将混同地使用"农民工"和"流动人口"这两个概念，虽然两者在内涵上并不完全一致。

② 中国农民工问题研究总报告起草组：《中国农民工问题研究总报告》，《改革》2006年第5期，第1～26页。

一些流动人口在城市长期居住；还有一些城市也在进行取消城市户口的实验，但我国长期以来的户籍制度仍然决定了这部分人群与城市人口在身份上的本质差别，他们没有城市户口，更得不到任何形式的社会保障。因此，从总体上来看，农民工在生活和工作等方面的窘境比之当地的贫困人口更为严重，其陷入贫困的概率更高，程度更深。

统计资料显示①，全国人口中的流动人口为1.47亿多人，其中，跨省的流动人口为4779万人，与2000年第五次全国人口普查相比，流动人口增加了296万人，跨省的流动人口增加537万人。另有专门的调查表明②，我国目前的农民工大多是初中文化程度的青壮年劳动力，2004年，农民工平均年龄约28.6岁，其中16～30岁的占61%；31～40岁的占23%，41岁以上的占16%，66%的是初中文化，接受过各种技能培训的占近24%。同时，我国城市的农民工以来自中、西部地区为主，占全国农民工总量的2/3左右（其中中部地区的占40%；西部地区的占26.7%），并以流向东部地区或大中城市就业为主，2004年跨区域流动的农民工占76%，其中跨省流动的占51%，跨省流动的农民工中到东部的北京、天津、上海、浙江、江苏、广东和福建等7省市的占到82%，到大中城市的超过60%。而且，这些外出务工人员主要依靠以亲缘、地缘关系为基础建立起来的社会网络，约88%属于自发性的外出；从事的行业以对劳动力素质要求不高的制造业、建筑业和传统服务业为主，2004年在制造业就业的约占30.3%，在建筑业就业的为22.9%，在社会服务业就业的为10.4%。

考察城市中流动户的贫困率，有研究表明（见表4－10）③，1999年，这部分人群的贫困率是14%，高于没有失业人口的城市住户而低于有失

① 国家统计局2006年3月16日公布的2005年年底所开展的全国1%人口抽样调查结果。

② 中国农民工问题研究总报告起草组：《中国农民工问题研究总报告》，《改革》2006年第5期，第1～26页。

③ 薛进军、魏众：《中国城市失业、贫困和收入分配差距》，参见李实、佐藤宏主编：《经济转型的代价——中国城市失业、贫困、收入差距的经验分析》，中国财政经济出版社2004年版，第25～45页。

业人口的住户。但是，由于该项调查中流动户的比重很小且定义狭窄（共799个住户和1644个人，来自于农村且已在城市居住6个月以上），所以，即使是14%的比率，也很可能被低估。如果提高流动户的样本比例，并将那些没有稳定收入和固定住所的暂时民工住户包括在内，这部分人群的贫困率无疑将大幅度提高。同时，流动户的贫困对城市贫困也有着明显影响，换言之，若将流动人口纳入城市贫困的分析统计，则城市贫困率将提高，如表4－10所示，此时的城市贫困率将从只有城市住户时的6.7%提高到7.4%。

另外，还有一项在北京、无锡和珠海三市所进行的调查，其结果也显示出：乡城流动人口的贫困发生率在本地城镇居民、城镇间的流动人口和乡城流动人口三组人群中是最高的。[①] 在北京市，乡城流动人口中有25%的家庭处于贫困状态，而且其收入约低于贫困线30%；与之相比，城市当地则只有8%的家庭处于贫困状态，其收入低于贫困线约25%，贫困的农村户口流动人口比之当地的贫困人口更为贫困。无锡市的乡城流动人口中，约有13%的家庭处于贫困状态，城市当地家庭则仅有5%的处于贫困状态；珠海市的这两类家庭处于贫困的比率分别为15%和9%（见图4－4）。

农民工在城市劳动力市场中处于非常不利的地位，在工作岗位和劳动报酬两方面都无法与城市当地人口相比。并在20世纪90年代后期，随着国有企事业单位下岗和失业人员的增多，当地人口比之农民工则享有更多的优惠。从这些事实出发，综合前文一些研究者的例证，我们似乎可以得出这样的判断，即：城市农民工的贫困问题应该比城市当地人口更为严重。但亚洲开发银行TA项目组1999年对我国31个城市流动人口贫困问题的调查研究发现，事实并非完全如此。表4－11反映了被调查的31个城市中，其常住人口和流动人口的贫困发生率，以及后者对前者的比值。[②] 从表4－11中可以看出，虽然就总体而言，城市流动人口的贫

① 王奋宇、李路路：《中国城市劳动力流动：从业模式·职业生涯·新移民》，北京出版社2001年版，第291、293页。

② 表4－11中的贫困线是以1998年度城镇居民的调查数据计算得出，常住人口和流动人口的贫困发生率是以该贫困线为基础进行分析的。

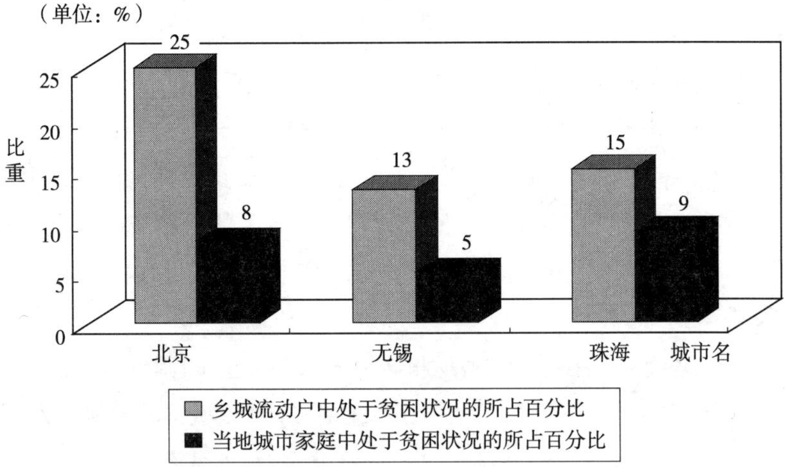

图4－4　乡城流动人口和当地城市家庭中的贫困状况对比

注：根据王奋宇、李路路：《中国城市劳动力流动：从业模式·职业生涯·新移民》，北京出版社2001年版，第291、293页相关数据整理绘制。

困发生率要比常住人口高出约50%，但在31个城市中，有10个城市其流动人口的贫困率低于常住人口。可能的解释，或许在于流动人口对于那些当地人不愿意从事的工作也会去做，所以其失业率较低。对这些数字的思考，应该对有关省市的经济政策制定有所助益。

表4－11　我国城市流动人口和常住人口相对贫困率比较（1998年）

城市	贫困线（元/人年）	贫困率（%）			城市	贫困线（元/人年）	贫困率（%）		
		常住人口①	流动人口②	②/①			常住人口①	流动人口②	②/①
北京	3118	4.6	10.3	2.3	南昌	1747	12.8	19.0	1.5
天津	2912	3.5	11.9	3.4	济南	3017	11.0	39.3	3.6
石家庄	2706	5.1	13.3	2.6	青岛	3209	16.8	12.1	0.7
太原	1894	14.9	17.4	1.2	郑州	2504	11.2	20.5	1.8
呼和浩特	2144	23.0	28.7	1.2	武汉	2428	6.3	15.1	2.4
沈阳	2118	22.9	15.0	0.7	长沙	2488	8.4	5.0	0.6
大连	2901	14.1	14.3	1.0	广州	4221	9.2	15.0	1.6

城市	贫困线（元/人年）	贫困率（%）			城市	贫困线（元/人年）	贫困率（%）		
		常住人口①	流动人口②	②/①			常住人口①	流动人口②	②/①
长春	2048	8.3	8.1	1.0	深圳	6227	0.0	16.9	0.0
哈尔滨	1899	7.1	7.6	1.1	成都	2742	17.2	10.7	0.6
上海	3652	5.8	18.3	3.1	重庆	2612	16.9	9.4	0.6
南京	2972	9.5	29.0	3.1	西安	2644	27.5	17.9	0.7
杭州	3414	7.1	7.8	1.1	兰州	1676	8.6	12.5	1.5
宁波	2940	3.7	5.7	1.5	西宁	1668	16.2	9.8	0.6
合肥	2283	12.2	10.9	0.9	银川	2547	11.4	22.7	2.0
福州	2161	3.8	2.7	0.7	乌鲁木齐	3026	14.2	54.0	3.8
厦门	3543	8.2	2.0	0.2	所有城市		10.3	15.2	1.5

注：1. 表中的31个城市中，包括了剔除海口、南宁、贵阳、昆明、拉萨之外（因为取样太少之故）的26个省会城市和大连、宁波、厦门、青岛、深圳5个计划单列市。

2. 深圳市当年常住人口的贫困发生率为0，流动人口的贫困发生率则高达16.9%，若以后者除以前者则为无穷大，这显然不具有实际意义，故给其赋值为0。

资料来源：中国城镇贫困课题组：《城镇贫困：中国发展的新挑战》，经济科学出版社2003年版，第49页。

第三节　中国转型时期城市贫困人口特征

世界银行专家在对全球50个国家4万多名贫困者的调查中发现，在贫困者自己对贫困的描述中，贫困具有六个方面的特征①：第一，贫困由相互关联的多个方面组成，但其底线总是饥饿，即食物的匮乏。第二，贫困包含重要的心理范畴，如无权力、无发言权、依附性、羞耻和屈辱。第三，贫困者缺少利用基础设施的权利，如公路（特别是在农村地区）、交通和清洁水。第四，尽管大多数的人们都渴望获得知识，并认识到教育提供了摆脱贫困的方法，但这必须以社会经济环境得到普遍改善、教育质量得到提高为前提。第五，身体不健康和疾病作为贫困的一个根源，几乎在所

① 〔美〕迪帕·纳拉扬等：《谁倾听我们的声音》，付岩梅、崔惠玲等译，中国人民大学出版社2001年版，第5页。

有的地方都令人恐惧。这既与卫生保健的花销有关,也与疾病导致收入减少有关。第六,贫困者更关注其所能支配的资产(物质的、人力的、社会的和环境的),并把这些资产作为克服其脆弱性的手段。本小节将围绕这六个方面进一步来考察我国的城市贫困人口与非贫困人口相比而言体现在生活、心理、行为以及居住区位等方面的一些共性特征。

一、城市贫困人口的生存特征

(一)低下的收入水平

“贫困”的最基本含义即表现为收入水平的低下。图 4－5 反映了 2004 年我国城市贫困家庭的收入和支出与全国平均水平及高收入户之间的对比。其中,10% 最低收入户的人均可支配收入仅为 2862 元,约占全国平均水平的 30%;人均消费性支出 2855 元,约占全国平均水平的 40%。同时,贫、富家庭之间在收入和消费方面的差距也极为悬殊,最低收入户的人均可支配收入与人均消费性支出分别占到高收入户和最高收入户相应指标的 19.1%、26.6% 和 11.3%、16.95%。

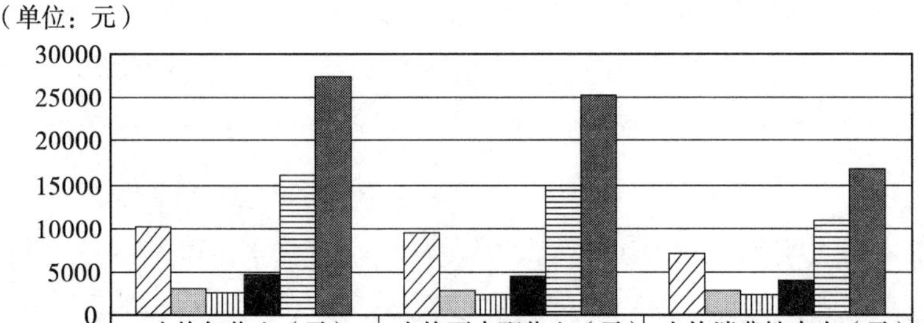

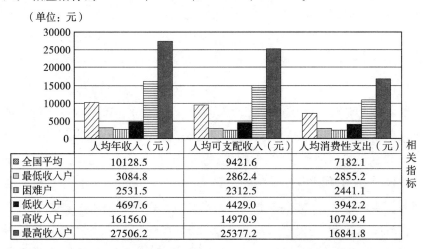

相关指标	人均年收入(元)	人均可支配收入(元)	人均消费性支出(元)
全国平均	10128.5	9421.6	7182.1
最低收入户	3084.8	2862.4	2855.2
困难户	2531.5	2312.5	2441.1
低收入户	4697.6	4429.0	3942.2
高收入户	16156.0	14970.9	10749.4
最高收入户	27506.2	25377.2	16841.8

图 4－5　我国城市贫困家庭与高收入家庭收支对比(2004 年)

注:最低收入户、低收入户、高收入户以及最高收入户均约占全国被调查户数的 10%,困难户则包括在最低收入户中,约占总户数的 5%。

资料来源:国家统计局:《中国统计年鉴》,中国统计出版社 2005 年版。

城市贫困居民不仅收入数量少，而且其收入渠道单一。从收入构成来看，贫困户与总体水平的差异主要在于家庭就业者所获得的奖金、津贴以及其他非工资性收入过低，工薪收入几乎是这些家庭的唯一收入来源。而且，贫困家庭的就业者所在单位大多经营不景气、工资水平低(有的贫困家庭甚至没有就业人口)，就业者的负担系数较高，因而家庭的人均收入水平很低。另外，贫困家庭的金融资产和物质财富占有量极少，几乎没有财产性收入。此外，贫困家庭靠借债度日的现象也相当普遍。

(二)以食物为主的消费结构

在人均消费支出方面，城市最低收入户、低收入户的支出水平明显低于全国城市居民的平均水平。以 2004 年为例，10% 最低收入户和 10% 低收入户的人均消费支出分别为 2855 元和 3942 元，约为全国平均水平的 40% 和 55%；而最低收入户中 5% 的困难户其人均消费支出仅有 2441 元，甚至不足全国平均水平的 1/3。

城市贫困家庭不仅收入和消费水平都很低，而且，其微薄的收入首先主要用于食品消费，用于衣着及其他各方面的消费都较少，恩格尔系数很高。但即使是将大部分收入都用于食品消费，城市贫困人口的低收入也仍然无法保证其正常的生活状况和营养需要。有研究者在上海、武汉、天津、重庆和兰州 5 个城市的调查显示，贫困家庭每星期吃肉的天数平均为 1 ~2 天；一星期中不沾荤腥的家庭：上海 0%、重庆 11%、武汉 42%、天津 45%、兰州 64%；一星期只能吃一次肉的家庭：兰州 27%、武汉 33%、天津 34%、上海 35%、重庆 47%。①

2004 年的统计数据显示，我国城市居民的恩格尔系数为 37.7%，其中，10% 最低收入户的恩格尔系数高出全国平均值 12 个百分点；5% 的困难户甚至高出将近 14 个百分点；另 10% 的低收入户也高出约 9 个百分点。而且，城市贫困家庭的消费结构也极不合理，他们在那些必需的消费项目方面的支出，如衣着、家用设备、住房、交通通信、教育文化娱乐、医疗

① 唐钧等：《城市贫困家庭的食品消费实录》，《中国党政干部论坛》2002 年第 3 期，第 25 页。

保健等，都与高收入家庭之间存在着极大差距（见表4－12和图4－6）。但他们用于烟酒方面的消费支出却与全国平均水平基本一致。①

表4－12　我国城市贫困家庭与高收入家庭人均消费支出对比（2004年）

（单位：元）

	全国平均	10%最低收入户	5%困难户	10%低收入户	10%高收入户	10%最高收入户
消费支出	7182	2855	2441	3942	10749	16842
食品	2710	1418	1249	1827	3741	4915
衣着	687	214	170	352	1072	1461
家庭设备及服务	407	98	76	154	685	1196
医疗保健	528	185	159	272	821	1218
交通通信	844	198	157	330	1274	2828
教育文化娱乐服务	1033	354	298	489	1674	2708
居住	734	323	280	413	1101	1812
杂项商品与服务	240	66	53	105	382	704

注：困难户包括在最低收入户中，约占总户数的5%。

资料来源：国家统计局：《中国统计年鉴》，中国统计出版社2005年版。

（三）匮乏的各类资产

前文提到，贫困家庭的金融资产和物质财富占有量极少，几乎没有财产性收入。当然贫困者缺乏的不仅仅是物质资产，还包括人力、社会、环境等方面一系列有形的和无形的资源。② 贫困人口的各类资产都相当匮乏。在住房方面，尽管近几年来政府加大了对城镇居民经济适用住房的建设力度，但仍然有一些贫困家庭的住房设施极为简陋，甚至不具备基本的自来水、厕所、暖气等配套设施。而且，如果包括流动群体中的那部分

① 做一个简单、直观的判断和推测，贫困居民所消费的烟、酒必定属于质次价廉的类型。

② 这些资产主要可分为四种：一是物质资本，包括土地和物质财产；二是人力资本，包括医疗、教育、培训和劳动力；三是社会资本，诸如亲属关系网、朋友和社团等社会关系的范围和种类；四是环境资产，诸如草、树、水和矿产（参见〔美〕迪帕·纳拉扬等：《谁倾听我们的声音》，付岩梅、崔惠玲等译，中国人民大学出版社2001年版，第57页）。

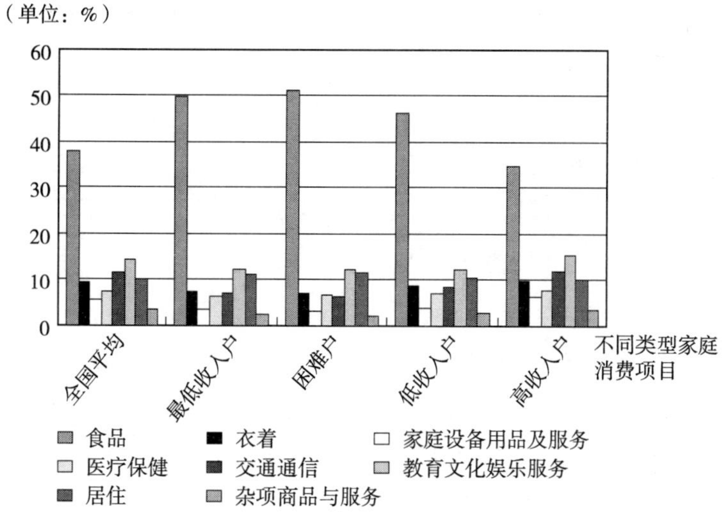

图4－6 我国城市贫困家庭与高收入家庭消费结构对比（2004年）

注：最低收入户、低收入户、高收入户以及最高收入户均约占全国被调查户数的10%，困难户则包括在最低收入户中，约占总户数的5%。

资料来源：国家统计局：《中国统计年鉴》，中国统计出版社2005年版。

贫困者，则城市贫困人口的住房状况更是令人担忧，他们中的大多数租住在城乡结合部廉价的土平房内，缺乏各种必要的基本设施。

尽管是在入不敷出的情况下，贫困居民仍然要面对诸如子女教育、赡养老人、医疗保健以及购买房屋等各方面的支出，生活的艰难程度可想而知。作为人力资本投资最重要的途径，教育对于贫困家庭来说也已成为无力承担的重负，较高的教育费用不仅加剧了贫困家庭的经济窘境，反过来，家庭的经济困难又严重影响着贫困家庭的子女教育。但在城市贫困家庭中，其在校的子女所能获得的教育资源却十分匮乏。一方面，那些处于非义务教育阶段的孩子最基本的学费大多没有保障，有的靠亲朋好友资助，有的靠社会救助，有的靠贷款，甚至有的靠变卖家产，但纵使如此，也仍然有一部分贫困家庭因为生活困难而不得不中止子女上学；另一方面，贫困家庭的孩子在学习之余几乎没有任何社会活动和兴趣小组的机会。所以，如果政府在此方面不采取有效措施而任其继续恶化，一些孩子的前途则可能由于贫困所造成的教育机会的不平等而受到影响，进而使其在今后的劳动力市场中处于必然的劣势，最终形成代代相传无法摆脱的贫困恶性循环。此外，受各方面条件限制，很多贫困居民患病多、看病少、小病挺、大病拖的现象相当普遍和严重。在城市贫困家庭中，因学致贫和因病致贫现象也同样普遍存在。

二、城市贫困人口的社会特征

（一）社会地位低，合法权益无力维护

城市贫困群体往往远离社会权力的中心，虽然其中的一部分人缺乏参与规则制定的意识，但更重要的是，整个社会没有给予他们相应的权利和机会。在现行制度下，这个群体没有代表他们呼声、权利和意见的合法民意代表。而且，还因为“谁制定政策”以及制定“怎样的政策”都将影响到城市贫困，所以，城市贫困人口在政策、法规制定和执行过程中这种被动“缺席”的结果，无疑使其更加处于弱势地位，当面对很多不合理的政策法规时无法维护自身的合法权益。比如，一些地方政府往往不允许下岗工人领取出租车的营业执照，其结果则是迫使他们违章开“黑车”，而一旦查处，轻则罚款2万元，重则没收车辆；很多城市中摆摊设点的那些贫困者也经常有类似的罚款或没收东西的遭遇。

同时，现行的政策和制度框架未能保障这部分群体平等的公民权利。以住房方面为例，随着我国1998年对福利分房的取消，下岗职工和在职职工都必须购买商品房。这种貌似平等的政策实质上则是对“起点不平等”的贫困群体要求住房的权利的损害，长此以往的结果必然是贫困人口住房条件的持续恶化，也有可能出现类似国外的“贫民窟”。而且，就大多城市现行针对贫困人口的经济适用房制度而言，也存在着很多的不平等现象①，

① 2006年11月20日《中国房地产报》上张杰的文章《谁在购买中国的商品房?》中指出，2005年有一项针对北京、太原和西安三城市的调查显示，高达48%的经济适用房被用于出租，而与之相对应，普通商品房用于出租的比例则仅有20.55%；另有数据显示，北京市昌平区的回龙观、天通苑两大经济适用房社区内，房屋的出租率竟占到全区交易总量的78.8%。这也说明，政府原本出于解决低收入人群住房难而出台的经济适用房政策并没有使这部分人切切实实受益，而是成为富裕的有产者和拥有住房的多房户牟利的工具。

急需住房的贫困人口其合法权益难以保障。医疗保险和养老保险也是如此,现行的救济政策中,并未包含医疗福利,虽然下岗工人在获得失业保险的2年内还可以申请医疗补助,但一旦失业保险期满,则其也随之丧失了任何制度化的医疗保障;养老保险方面,目前的养老保险方案中,养老金的数额主要是根据受保人过去缴费时间的长短和缴费工资基数的高低而确定,但那些国有企业却不再担负那些领取失业保险的下岗职工和提前退休的工人们的养老保险,这必然极大影响他们未来的养老金数额,尤其是其中的下岗工人,甚至到了正常的退休年龄后仍然无权获得医疗保险,因为其原单位并未给他们像给正常退休人员那样缴纳相应的医疗保险费。

(二)自身素质较低,就业率较低

图4-7显示了我国1998年的城市贫困人口和非贫困人口接受不同教育水平的比例。相对而言,城市贫困人口的受教育程度较低,他们与非贫困人口之间存在着明显的差距。从图4-7中可以看出,在接受高中水平教育的人口比例方面,两者的差距最大;在接受初中教育和大学教育之

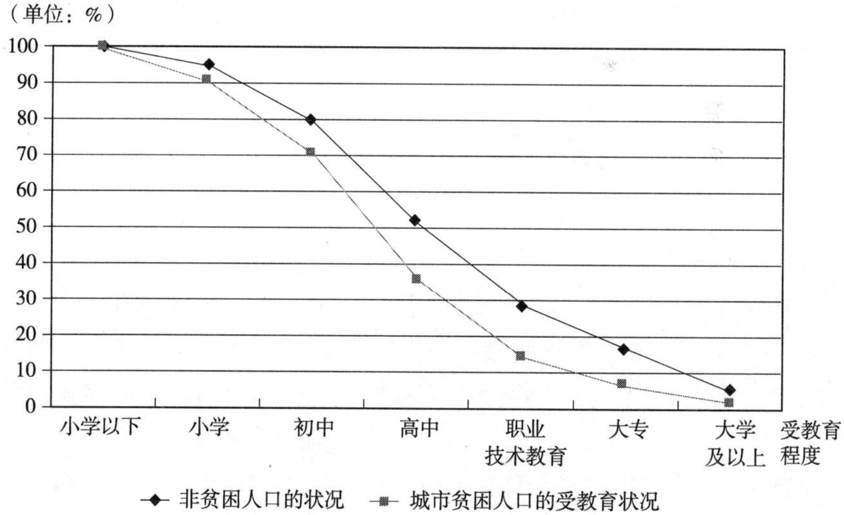

图4-7 我国城市贫困人口和非贫困人口受教育状况(1998年)

资料来源:Asian Development Bank: *Poverty Profile of the People's Republic of China*, Workingpaper, May 2004.

间，两者的平均差距为10.4%；贫困人口中，高中文化的比例为非贫困人口的70%。此外，贫困人口接受更高程度教育的比例则更低，接受了大学教育的贫困人口仅为非贫困人口的29%。

当然，较低的受教育水平，加之缺乏专业技能，导致了贫困人口的就业率相应偏低。那部分因为下岗失业而难以再就业的贫困人口则可能由于年龄偏大、技术单一或产业结构转型导致其所掌握的技术过时等原因，从而再就业的可能性较小。此外，在下岗失业职工形成的城市贫困人口中，很大一部分还存在着落后的择业观念和过度依赖政府的思想，这也已成为其再就业的无形障碍。这部分人大多在计划经济时代享受过城市的各种福利政策，尤其那些为企业贡献了大半生的职工，很难树立市场经济的就业观念，总在寻找所谓的“铁饭碗”，难以适应市场经济条件下激烈的就业竞争。而且更容易产生相对剥夺感，自主竞争择业的意识淡漠，主动走入市场的为数不多，对再就业的要求过高，不愿意或不适应通过非正规就业来改变现状，更不愿从事那些脏、累、差的工作。

就目前来看，我国社会上也普遍存在着对各类弱势人群的歧视和排斥。一方面，人们长期以来所形成的传统价值观念使那些年轻力壮的低保对象备受歧视，认为他们不是“三无”人员，而且有些年轻力壮，属于不劳无获的懒汉；另一方面，不仅社会习俗如此，而且对贫困群体的某些歧视和排斥甚至已经得到法律和制度的认可、保护乃至纵容。① 比如很多行业对下岗失业职工和进城农民工的排斥等等。

（三）悲观情绪严重，群体意识显现

由于经济资源的匮乏以及相应权利的缺失，贫困人口总是很容易处于被忽视甚至歧视的边缘化境地，加之这种环境之下贫困人口的自我排斥，都将导致其悲观情绪严重，并表现出与主流社会的逐渐脱离。很多调查都显示，城市贫困家庭在日常的绝大多数消费上都相当节俭，但烟酒方面的消费仍接近或超过平均水平（当然，从烟酒质量而言一般都是劣质

① 洪朝辉：《论中国城市社会权利的贫困》，《江苏社会科学》2003年第2期，第116~125页。

产品),这或许是他们缓解和宣泄内心苦闷和压抑的一种方式。在文化娱乐方面,除了将看电视作为主要活动之外,城市贫困居民在其他各种文化娱乐用品及其消费方面的支出也是非常之少(见表4-13)。另有一些极端贫困的家庭甚至连电视机都没有。还有部分贫困居民则以赌博作为主要的活动方式。

表4-13　城市贫困家庭的教育文化娱乐支出　(单位:元)

		人均年消费性支出	教育文化娱乐服务方面的支出及所占比重(%)	文娱用品支出及所占比重(%)
2000年	全国平均	4998	628(12.6)	147(2.94)
	10%最低收入户	2540	287(11.3)	29(1.16)
	5%困难户	2320	258(11.1)	21(0.88)
	10%低收入户	3274	390(11.9)	51(1.56)
2002年	全国平均	6030	902(14.96)	245(4.07)
	10%最低收入户	2388	318(13.3)	39(1.62)
	5%困难户	2080	281(13.49)	29(1.40)
	10%低收入户	3260	425(13.1)	79(2.41)
2004年	全国平均	7182	1033(14.4)	257(3.57)
	10%最低收入户	2855	354(12.4)	44(1.54)
	5%困难户	2441	298(12.2)	32(1.30)
	10%低收入户	3942	489(12.4)	77(1.96)

注:困难户包括在最低收入户中,约占总户数的5%。
资料来源:根据《中国统计年鉴》(2001、2003、2005)整理。

正是因为生活的窘迫,单调的文化娱乐活动和贫乏的精神寄托,加之社会上随着贫富差距扩大而出现的很多不公平现象,都使得大多数城市贫困者不可避免产生了困惑、疑虑等悲观情绪。就失业下岗职工中的贫困者而言,改革开放以来的经济结构转型和社会结构转变使其社会地位也发生了很大变化,从原先享受城市的各种福利待遇到现在的一无所有、处处碰壁,强烈的受挫情绪和巨大的心理落差导致其内心失衡;而且,这部分人群对于地方政府的政策导向、领导的贪污腐败等问题更为敏感,他们希望地方政府能够关心国有大中型企业的疾苦，在制定政策时不要总是向"三资"和私营企业倾斜，领导们能够清正廉洁，而不只是利用手中的权力为自己牟私利。但是，当现实的种种不公平与他们对国家和社会的高期望不相符时，除了失落心理，也很容易使之产生群体的过激行为。贫困农民工群体的弱势地位以及由此而来的悲观情绪和日渐显露的社会问题也越来越突出。

虽然，我国暂未出现类似国外那种较为严重的贫困文化，但在一些贫困人口较多的城市，由于相对集中的地域特征，城市贫困居民往往在自我认同上很容易将自己和有相同境遇者归结为一个特有的群体，对社会上那些不公平现象无法接受，并表现为对富有者的敌视和仇恨，并体现为群体意识，也很容易由此而引发集体犯罪等群体偏激行为，对城市的公共安全和治安稳定是极大的隐患。

三、城市贫困人口的地域特征

在当代的西方城市，市场经济的作用使得社会分异现象日益加剧，城市分层与"城市贫困"、"社会极化"等相结合而形成城市社会空间的分异。① 在19世纪末20世纪初的美国城市，已经明显出现了富人和贫民的集中区域，贫民窟及其区内一系列相互交织的社会问题也随之而来。城市地理学家厄内斯特·伯吉斯（Earnest Burgess，1923）通过对芝加哥的调查发现，农民们在初进城时，为了便于找工作所以居住在城中心的商业区附近，后来，以零售和服务为主的商业中心区向外膨胀，市民也因而向外迁移。环绕商业中心的外围是早期建造的旧房子，其中一部分被零售商业所侵占，一部分为低级住宅、小型工厂、批发商业以及一些货仓的过渡地带，这一带也是新来移民居住的地区；再外围的第三带是原来较大工厂的工人住宅区；再向外的第四带是较富有的中产阶级住宅区；圆的最外

① Kempen E T.: "The Dual City and the Poor: Social Polarisation, Social Segregation and Life Chances", *Urban Studies,* Vol. 31, No. 7, 1994, pp. 995 – 1015.

围地带则散布着高级住宅，是富人的居住区。① 这也就是最早的城市地域结构理论——同心圆理论(Concentric Zone Model)，他所提出的由中心向外缘五个层次的圈层地域结构首次把城市按贫富区域划分开来。

在我国的一些大、中城市，随着近年来城市社会分层现象的加剧，城市社会空间结构也因而出现较为明显的分异特征。在城市的特定地域范围内，一些特定的人群往往因为各种主、客观方面的原因，其居住的“软件”和“硬件”条件都呈现出极度的低下，表现为城市建筑的破败、空间拥挤、人口密集以及管理混乱。比如北京市，其木樨园周围的浙江村则形成了一个较大的新棚户区②，并成为城市流动人口聚居区研究的经典。比如南京市，有学者通过实地走访调查归纳出其城市贫困阶层居住空间的几种类型，即：①退化的混合居住区，其中又包含城市户籍贫困人口与一般市民的混合居住地区，以及城市户籍贫困人口与农村户籍人口的集中居住区；②城中村；③棚户区。棚户区既包括在老城区主要由租住公房的贫困人口在房子前后搭建的棚屋，也包括在城市外围由居民自行搭建的平房。比如上海市，随着城市大规模的住宅建设、规模化的旧房改造以及相应而来的居民搬迁，城市空间分异的趋向通过住房消费体现出来：海外、港台人士和城市最高收入者普遍分布在市区中心的新建豪华社区及城市边缘的别墅区内，中高收入者主要集中在城市交通干线附近的商品房社区；一般中等收入者多分布在早期以单位分配方式获得的公房社区；低收入阶层主要集中在城市的旧城区。③ 其他大城市如广州、武汉等地的情况也与之类同。

显然，随着市场因素正逐步成为影响城市社会空间重构的主要因子，城市贫困人口的地域特征也表现得更为明显，而且具有一定的规律性：有些集中在老城区，主要是一些亏损或破产的国有企业的职工区，但更多则

① 许学强编著：《城市地理学》，高等教育出版社 1997 年版，第 189 页。

② 顾朝林、C. 克斯特洛德：《北京社会极化与空间分异研究》，《地理学报》1997 年第 5 期，第 385 ~ 393 页。

③ 李志刚等：《当代我国大都市的社会空间分异——对上海三个社区的实证研究》，《城市规划》2004 年第 6 期，第 60 ~ 67 页。

集中在城市外围社区基础建设严重不足的地区，如城乡交界处，并以城中村、棚户区等形式逐步形成较大的贫困人口聚居区，其中也包括大部分的农民工，他们作为我国大中城市流动人口的主体，“聚居”是其进城后长期的、主要的居住模式，且以籍贯相同的地缘和职业相近的业缘为特征。同时，不同居住区在物质设施、管理服务、社区文化、住房价格以及空间布局等方面的巨大差异，也使得这些居住在特定地域范围内的城市贫民们普遍存在着一种耻辱心理，他们感觉被社会所隔离，而且这种卑屈的心态以及区外居民对他们的歧视心态使其在包括生活、工作和日常活动等方面都被社会所隔离，贫困居民的日常生活空间非常狭小，主要以家和街道作为其活动的主体范围，同时，由于人们之间缺乏相互的信任感，也成为社会团结稳定的隐患。

第四节　本章小结

综括地说，城市居民不同的受教育程度、性别、年龄阶段，以及不同的就业状况和职业特征都将影响其陷入贫困的概率。我们的研究结果表明：文化程度越高，贫困发生率就越低；城市中的年轻人比老年人更容易陷入贫困；具有农业户口成员的城市家庭以及进城务工人员的贫困发生率更高；下岗失业人员、丧失劳动能力者、残疾或慢性病患者以及家务劳动者陷入贫困的概率更大；但是从性别分类来看，无论是我们的分析抑或别人的研究都说明，两者之间的差距并不明显。

本章对城市户籍人口贫困结构的考察以民政部的统计资料为准。从民政部近年来的城镇居民最低生活保障数据可以看出，包括在职职工、下岗职工、离退休人员以及失业人员在内的贫困人口占到城市贫困人口的绝大多数。作为城市贫困人口的另一主体，农民工的贫困问题也已成为我国城市贫困的重要内容，并引起了政界和学界的极大关注。但现实的情况是，由于缺乏系统的统计资料，相关研究仍然极为零散。就我们的直观判断以及部分相关研究来看，流动人口的贫困发生率及贫困程度较之城市当地人口都应更为严重，但是亚洲开发银行 1999 年在我国 31 个城市的调查研究表明，并非所有的城市都符合这一结论，在一些城市，其本地人口的贫困率反而高于流动人口。

本章还通过最新的统计数据及其他相关资料，从微观的角度考察了我国城市贫困人口体现在生活、心理、行为以及居住区位等各方面的一些共性特征。比如：入不敷出的经济窘况、以食物为主的消费结构、匮乏的各类资本（包括物质的、人力的、社会的和环境的）；低下的社会地位、较低的就业或再就业率、严重的悲观情绪以及日渐显露的群体意识等等；地域特征方面，在老城区，主要以那些亏损或破产企业的职工区为主，而在城乡交界处，则是城中村、棚户区成为贫困人口聚居的主要形式。对这些表象的认识将有助于我们更深入地理解贫困人口的生存困境、贫困问题的社会内涵，进而思考并寻求更为完善和有效的减贫对策。

第五章　中国转型时期城市贫困形成机理

自20世纪90年代以来,我国的城市贫困现象伴随着城市经济的快速发展和城市居民人均收入的快速提高而表现得日益严峻,这无疑是双重转轨中经济、社会、政治、文化等方面因素综合作用的结果。转型时期城市贫困的形成过程和作用机制复杂,作为有效减贫政策的基础,有必要更深入地认识我国转型时期城市贫困得以发生的根源和机制,以及转型时期的城市贫困何以迅速加剧的原因,多种影响因素之间如何相互作用等等相关问题。

第一节　转型背景与城市贫困

一、我国城市贫困基本致因

综括国内已有研究,主要是从微观和宏观两大方面来分析我国城市贫困成因的。前者包括贫困人口自身或其家庭的原因,如健康状况、文化程度、家庭规模、个人性别、年龄、技术水平以及素质差异等等;后者主要包括:经济体制改革的深化、经济结构和产业结构的调整、经济全球化的影响、通货膨胀和通货紧缩对低收入群体的冲击、收入分配差距的扩大以及社会保障制度的滞后等等。

比如,在2002年年底召开的首届中国城市反贫困论坛上,林毅夫教授认为,当时的通货紧缩、"三农问题"和中国加入WTO后的全面开放是导致城市贫困的三个主要原因;李实研究员则认为,我国的城市贫困恶化现象具有很强的体制转型的特点,它与城市下岗失业人员大量的、突发式的增加以及社会保障体系转轨中出现的"真空状态"联系在一起,而这两大问题能否妥善解决直接影响到城市贫困变化的方向。① 梅建明、秦颖(2005)综述认为,在中国,城市贫困是在经济高速发展和社会经济体制转型的背景下发生的,相关影响因素综合起来主要有:宏观背景、就业不足、社会保障体制不健全、不公平分配、经济全球化和个人能力缺乏等。② 马春辉(2005)将我国城市贫困产生的主要原因归纳为产业转型和社会转轨、社保机制不健全和体制转变导致个人付费的增长等方面。③ 关信平(2003)强调了市场经济转型及经济全球化的影响④,认为经济改革、市场转型、开放政策和全球化是导致城市贫困的主要经济因素(Xinping Guan,2004)。⑤ 唐钧(2002)指出,我国城市社会的很多经济、社会矛盾都与下岗和失业、养老保险制度的缺陷、通货膨胀和通货紧缩、贫富差距的拉大等因素有关,并由此使城市贫困变得日趋严重。⑥ 苏勤和林炳耀(2003)将我国现阶段的城市贫困界定为"新城市贫困",新城市贫困人口与传统城市"三无"贫困人口的不同之处在于,它是伴随着社会转型和经济转轨而迅速出现的,这其中既有经济和产业结构调整的必然因素,也有城市规划管理和贫困人口自身的因素,更有体制转轨的深层次原因,但这种现象产生的根本原因在于经济体制转轨和产业结构调整。⑦ 杨钢和王丽娟(2001)从国内和国际两方面概括了我国城市贫困产生的原因,

---

① 朱巍巍:《构筑中国特色的城市反贫困体系——首届中国城市反贫困论坛观点综述》,《中国民政》2003 年第 1 期,第 25 ~ 28 页。

② 梅建明、秦颖:《中国城市贫困与反贫困问题研究综述》,《中国人口科学》2005 年第 1 期,第 88 ~ 94 页。

③ 马春辉:《中国城镇居民贫困化问题研究》,《经济学家》2005 年第 3 期,第 75 ~ 82 页。

④ 关信平:《现阶段中国城市的贫困问题及反贫困政策》,《江苏社会科学》2003 年第 2 期,第 108 ~ 115 页。

⑤ Xinping Guan: *Poverty and Antipoverty Policies in Urban China,* quoted in Tang, K. and Wong, C. edited, *Poverty Monitoring and Alleviation in East Asia,* Nova Science Publishers, Inc, 2003, pp. 15 – 37.

⑥ 唐钧:《当前中国城市贫困的形成和现状》,《中国党政干部论坛》2002 年第 3 期,第 22 ~ 25 页。

⑦ 苏勤、林炳耀:《我国新城市贫困问题研究进展》,《中国软科学》2003 年第 7 期,第 19 ~ 25 页。

从国际上看，城市贫困等社会问题是伴随着城市的现代化进程而产生的；从国内看，深层次的原因是体制转轨导致了社会分层结构的两极化发展。①

毫无疑问,我国转型时期的城市贫困是多种因素综合作用的结果,但是,现有关于城市贫困成因的研究却较少从动态角度对影响我国转型时期城市贫困产生和加剧的因素加以分析。鉴于此,本章抛开贫困者个人及其家庭方面的微观致贫因素,主要基于制度和政策、转型背景下的结构调整,以及剥夺、排斥和贫困文化等宏观侧面,以进一步考察我国城市贫困的形成机理,从而有助于明确和完善今后的减贫思路。

二、转型背景下的城市贫困

(一)工业化国家的转型及其城市贫困

自20世纪70年代后期以来,发达国家开始经历由工业社会向后工业社会的调整和转型,与此相伴而生的产业重构、就业系统重构,以及社会福利制度的变革构成了其以失业、在业低收入、无保障、移民贫困等为主要内容的新城市贫困问题出现的宏观背景。这种调整和转型主要表现出三个方面的重大转变②:第一,以经济关系全球化过程为基础的后福特经济积累体制与地方服务业的相互作用;第二,大制造业工厂中稳定就业

---

① 杨钢、王丽娟:《新的世纪与新的贫困——中国城市贫困问题研究》,《经济体制改革》2001年第1期,第5~11页。

② 参见:Mingione, E.: "New Urban Poverty and the Crisis in the Citizenship/Welfare System: the Italian Experience", *Antipode*, Vol. 25, 1993, pp. 206 - 222; Neef N.: "The New Poverty and Local Government Social Policies: A West German Perspective", 1990; Silver, H.: "National Conceptions of the New Urban Poverty: Social Structural Change in Britain, France and the United States", *International Journal of Urban and Regional Research*, Vol. 17, No. 3, 1993, pp. 336 - 354; Gans, H. J.: "From ' Underclass' to ' Undercaste': Some Observations about the Future of the Postindustrial Economy and Its Major Victims", *International Journal of Urban and Regional Research*, Vol. 17, No. 3, 1993, pp. 327 - 335; Kazepov, Y. & Zajczyk, F.: *Urban Poverty and Social Exclusion: Concepts and Debates*, quoted in F. Moulaert & A. J. Scott edited, *Cities, Enterprises and Society on the Eve of the 21st Century*, London: Pinter Press, 1997; Badcock, B.: "Restructuring and Spatial Polarization in Cities", *Progress in Human Geography*, Vol. 21, No. 2, 1997, pp. 251 - 262;等等。

的减少;第三,福利国家的财政和国家保障危机导致国家福利项目的削减和私有化。经济学家明焦内(Mingione,1993)还以意大利为例,指出其“新城市贫民”的产生和形成源于后福特主义的三个转变,即:工作条件的日益多样化以及低报酬的、短期的就业和非正规就业的膨胀;家庭结构差异、生命周期变化及人口模式的变化;人们需求和消费行为的日益多样化。西尔弗(Silver,1993)、甘斯(Gans,1993)、卡泽普夫和赞杰克(Kazepov and Zajczyk,1997)和巴德科克(Badcock,1997)等学者也相继研究了英国、法国和美国等西方发达国家的经济社会转型在就业制度、家庭和人口结构、福利供给等关键领域所发生的变化以及由此而来的城市贫困化风险。

在全球化的产业结构调整过程中,发达国家将大量的传统制造业向发展中国家转移,由此所导致的就业结构重构使其第二产业的就业水平急剧下降,就业体系转变为以第三产业为主导。在城市,新增的工作岗位总量上少于失去的工作岗位,福特时代就业稳定的工人中有一部分随着就业岗位的丧失而陷入贫困境地,领取福利和失业补偿费的人数因此明显上升,整个社会的长期失业水平也有所上升。这种冲击在低技能劳动力较为集中的传统工业城市更为剧烈。同时,随着第三产业的发展及其内部结构的调整,新兴第三产业往往需要高素质的劳动力并对应较高的报酬,而那些传统的服务业部门或非正规的部门只能给就业者提供微薄的工资收入。不仅城市的第二、三产业之间,甚至各产业内部的不同部门之间,劳动者的收入出现了明显差别,不同收入者对应不同的贫困概率。而且,劳动力市场的这种供求变化又带来相应的恶性循环,加剧了失业风险。年龄、性别、失业时间或承担不稳定工作的时间、家庭的支持能力以及社会政策对失业人员的保护程度等多种因素影响着发达国家这一时期的城市及其贫困问题。除了产业结构的调整之外,工业化国家的家庭结构及其人口结构的变化、国家福利制度的重构也是导致其转型时期城市贫困的主要原因,老年人、单亲家庭、失业者和低收入者、有色人种以及外来移民更容易沦为城市贫困者。

（二）我国城市贫困的转型背景

我国城市贫困的产生和加剧也同样与其经济社会的转型背景密切相关，因而也被称为转型时期的冲击型城市贫困。① 尤其是进入 20 世纪 90 年代后期以来，当改革从渐进的增量式改革转向激进的存量式改革之后，城市劳动力市场受到冲击，城市贫困突发且迅速加剧。而且独具我国特色的是，这种冲击型贫困还使城市产生了大量的“选择性贫困”（voluntary poverty）人口。②

无疑，转型的过程致使原有的低层次均衡被打破，各种摩擦、矛盾和困境也随之而来。从宏观层面来看，近年来，我国产业结构的调整、相应的就业结构调整、滞后的社会福利制度改革，以及宏观经济的周期性波动等等都使城市的低收入阶层更容易受到冲击。比如产业结构变动，作为影响城市贫困的因素之一，它主要是通过改变各产业部门之间、各产业部门内部、各行业甚至各企业间的劳动力构成，从而对其收入差距产生影响。这种影响进而形成一个难以在短时期内冲破的贫困恶性循环，即低收入、低素质→低层次产业部门就业（或失业）→低收入（或无工作收入）。而且，因为贫困者较低的收入水平无力担负自身或下一代人力资本存量积累的要求，所以能够进入高层次产业部门就业的可能性极小，较低的收入水平又进一步固化和强化了现有贫困群体在社会中的弱势地位，并在其他多种因素的共同作用下不断加剧我国的城市贫困状况，使城市贫困问题日趋严重。

从微观角度来看，伴随国有企业改革的深化以及其他相关改革的滞后，一部分企业出现经营困难、管理落后，下岗、失业问题导致一部分职工生活困难。在改革初期，国有企业的改革成本主要由政府的财政补贴来

① 蔡昉、万广华：《中国收入差距和贫困研究：我们知道什么，我们应该知道什么？》，参见蔡昉、万广华主编：《中国转轨时期收入差距与贫困》，社会科学文献出版社 2006 年版，第 1～22 页。

② 在我国的城市贫困人口中，大部分是这种选择性贫困。这主要是因为在转型过程中，人们在就业和获得社会保障方面的不确定性提高，家庭的现期收入不再能够代表持久性收入，一部分家庭即使是低收入家庭，也通过缩减现有消费以备特殊之需（参见李实、John Knight：《中国城市中的三种贫困类型》，《经济研究》2002 年第 10 期，第 47～58 页）。

支撑,20 世纪 80 年代中期以后则主要靠银行贷款,到了 20 世纪 90 年代,当政府财政和国有银行再也无力负担这些庞大的开支,加之 20 世纪 90 年代中期左右体制改革的重心开始由体制外转向体制内、由增量改革转为存量改革,国有经济布局调整、国有企业资产重组、建立现代企业制度的改革亦随之展开,“减员增效”使国有企业内部的大量富余人员被剥离出来。尤其是 1998 年以来,大批工人从国有和集体企业下岗和失业。这些人员中的很多人由于各方面原因可能无法实现再就业;即使那部分实现了再就业的人员,也大多就业于非正规部门,工作不稳定、工资水平较低,还有很多在非国有企业就业的城镇劳动力也是如此,工作很不稳定,一旦失业,甚至得不到国有企业下岗职工所得到的那些微薄的保护和补贴。另外,还有一部分国有企业提前退休的职工和所谓“买断工龄”的职工,如若他们积极寻找工作却无所获,无疑也是处于失业并且无法被社会保障所覆盖。而且这部分下岗失业职工、无法再就业的人员,以及一些困难企业的在职职工、低收入的退休人员又大多年龄偏大、受教育水平较低、家庭的拖累较重,加之滞后的社会保障体制改革,以及劳动力市场建设和相关法律法规体系尚不完善,故而使之更容易陷入贫困。

就城市居民而言,转型过程则与其收入水平的变动进而生活状况的变化息息相关,而且,这种变化也对应着不同群体在社会分层中的地位。概略地说,我国的改革直至 20 世纪 90 年代初一直表现为一种全赢的游戏(win-win game),几乎所有人都从中受益,差别只是不同人群受益的多或少;此时,城乡之间、地区之间、城市内部居民以及农村内部居民之间的收入差距即便有所扩大,也仍然在人们可以承受的范围之内。但进入 20 世纪 90 年代以后,转型过程中的改革却改变了社会各阶层的共赢局面,变得更像是一种“零和游戏”(zero-sum game),一部分群体的受益开始以另一部分群体的利益损失为代价,居民收入差距迅速拉大,各阶层的社会地位也相应发生了变化。有学者通过实证分析也指出,在我国城市改革的稳健阶段,即 1988 ~ 1995 年间,收入的不平等主要是一部分人群收入增长快于另一部分人群的结果;而在城市改革的激进阶段,即 1995 ~ 1999 年,居民收入的差距则主要是由于大规模的失业和下岗致使一部分人群的收入水平出现了绝对的降低。[1] 而收入不平等的直接结果，则是那部分低收入（甚至无收入）的群体陷入各方面的困窘，城市贫困问题也因此不仅显化而且迅速加剧。

转型过程中的收入变化不仅直接决定着人们的生活水平，也影响到不同群体在社会分层中的地位。而且，我国居民之间近些年来的收入差距变化、日渐严重的贫富两极分化也反映出，经济社会的转型成本并非平等地分摊给每个人，各类弱势群体因此受到的冲击可能更为直接和强烈。图5－1显示了改革开放至2000年我国基尼系数变化所显示的不平等扩大趋势，2006年，我国的基尼系数进一步扩大到0.46，农村居民和城镇居民的基尼系数分别为0.37和0.34。[2] 表5－1则采用“等分法”显示了近年来我国城镇居民在按户均收入由高到低的分组中，高低收入组之间不断扩大的差距。

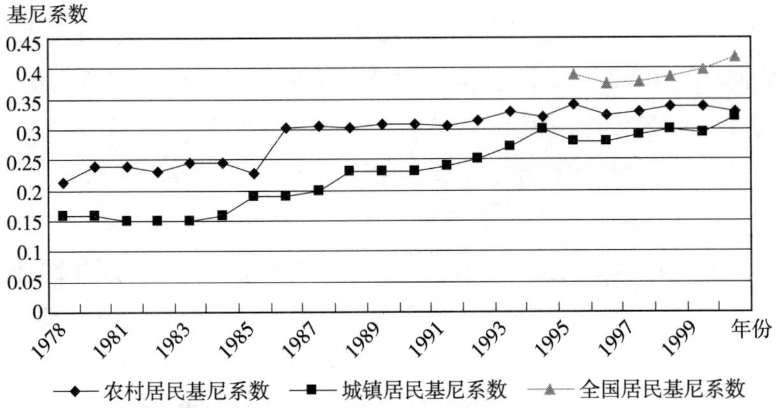

图5－1　我国基尼系数变化（1978～2000年）

资料来源：1978～1999年数据来源于：国家统计局：《从基尼系数看贫富差距》，《中国国情国力》2001年第1期；2000年数据来源于《中国贫富差距超过国际警戒线》，《南方都市报》2003年3月12日。

① Meng, Xin: “Economic Restructuring and Income Inequality in Urban China”, *Review of Income and Wealth*, Vol. 50, No. 3, 2004, pp. 357－379.

② 资料来源：人民网：《部委一周第17期：基尼系数为0.46　中国收入相当不均》，http://gov.people.com.cn/GB/46728/58024/58032/4519320.html。

表5-1　我国近年来城镇居民收入差距状况　（单位：%）

年份	10%最富家庭收入所占份额	10%最穷家庭收入所占份额	10%高低收入户人均收入比	20%高收入家庭收入份额	20%低收入家庭收入份额	20%高低收入户人均收入比
2000	18.0	4.8	5.0	31.8	11.1	3.6
2002	21.8	3.5	8.0	35.8	8.6	5.2
2004	23.8	3.4	8.9	38.4	8.5	6.9

资料来源：根据《中国统计年鉴》（2001、2003、2005）相关数据整理计算。

当然，此中原因并非能够简单地归结为收入分配秩序的不规范以及权力寻租与腐败的结果。客观地讲，作为转型国家，我国城市居民收入差距的扩大也存在其合理成分，比如：政府公务员之间收入差距的扩大、国有企业内部职工收入差距的扩大、不同文化程度人群之间收入差距的扩大、技术人员与非技术人员之间收入差距的扩大等等。这类收入差距的扩大是引入竞争机制、强调效率的结果，有助于充分发挥市场机制对资源配置的基础作用，不仅打破了传统的平均主义的分配模式，而且增强了部门内部的激励，提高了效率，由此所带来的收入差距扩大是可以被社会大众认同并接受的。

但是，在我国的社会主义市场化进程中，在其合理的收入差距扩大之外，不可否认还存在着由于各种非正常因素而带来的收入差距的过度扩大，也因此使大多数人无法接受，并将可能带来社会的不稳定。比如：垄断部门与竞争部门之间收入差距的扩大、政府官员腐败与普通职工之间收入差距的扩大、城镇男女职工之间收入差距的扩大，以及暴富阶层与工薪阶层之间收入差距的扩大、弱势群体收入下降所引起的收入差距扩大，等等。以垄断部门和竞争部门之间收入差距的扩大为例，虽然我国在经济转型的过程中一直强调生产领域中应打破垄断、引入竞争，并将其作为市场化改革的一个主要目标，但由于受到部门利益的制约，一些部门不仅不愿放弃自身的垄断利益，还可能利用部门的影响力来延缓市场化改革，或者只选择更加有利于部门利益的“改革方式”，极力抵制不利于部门利益的改革方式。而且，在现行的分配体制下，垄断部门的垄断收益和企业利润很容易被转化为部门职工的收入和福利，所以垄断部门职工的收入增长大大超过一般的竞争性部门,也因而导致居民收入差距的不合理扩大。更有甚者,一些垄断部门为了维护自身的高收入水平进一步设置行业的各种进入壁垒,也因此造成部门之间和行业之间劳动力市场的严重分割。

此外,由于我国社会主义的市场经济体制尚在建立和完善中,市场的缺失和扭曲无论在范围上还是程度上都远超过市场经济较为成熟的国家,而且政府在治理市场经济方面的经验也相对不足,加之可能还有少数的政府管理部门或政府官员出于自身的利益考虑,利用市场的这种缺失和扭曲牟私利,权力寻租和腐败现象屡禁不止,并与低收入群体的生活穷困及合法权益无法维护形成鲜明对比。无疑,这类非正常的收入差距扩大很容易使弱势人群产生失落心理和悲观情绪,并可能强化其群体的认同感和过激行为。

第二节　制度因素对城市贫困的作用

所谓制度,即指"一系列被制定出来的规则、守法程序和行为的道德伦理规范"。从根本上说,它由正式规则、非正式规则及其两者的实施机制组成,旨在约束追求主体福利或效用最大化的个人行为。现代经济的增长与制度因素紧密相关,从一个较长的经济发展过程来看,一个国家或地区的经济发展绩效主要取决于其经济社会制度的演变能力,经济发展的本质即是一定制度创新和有效制度供给基础上的经济增长及其相应的结构变革。贫困问题作为各国和地区经济社会发展中必须面对的重要内容之一,不同的社会制度、不同的政策制定及其实施无疑也都会对这一过程产生影响。

一、社会主义公有制下的城市贫困

传统的经济学理论认为,贫困源自于收入的差别,是自由市场经济中个人选择行为和市场调节的结果。亚当·斯密在其《国富论》中分析道:"依靠工资维持生计的工人,其所获工资是他劳动的基本价格,即维持工人及其家庭必需的生活资料的价值;但在市场中,工人的实际工资为劳动的'市场价格',它是随市场劳动力供求关系的变化而波动的。当劳动力供大于求时，劳动的市场价格会低于其基本价格。此时，劳动报酬降低，部分工人会因此而陷入贫困。而贫困又会使劳动者的供养能力降低，从而抑制人口的增长，减轻劳动力的过剩，使经济复苏，劳动力的需求相对增加，劳动的市场价格上升。”①但是，马克思主义理论却经典地阐明制度是贫困的根源，以私有制为基础的资本在推动生产力急速发展的同时，也不断地生产出了工人阶级的绝对贫困和相对贫困。马克思认为，在资本主义制度下，贫困的根本原因在于资本家和工人对生产资料的不平等占有，资本家占有生产资料，工人除了出卖劳动力之外却一无所有，因此，也形成了资本家对工人的剥削，形成了资本主义支配与被支配、压迫和被压迫的生产关系。在这种生产方式下，生产资料所有者通过无偿地占有工人们所创造的剩余价值而使其贫困化。随着资本的增长，工人阶级的贫困会进一步加剧，因为“资本增长得愈迅速，工人阶级的就业手段即生活资料就相对缩减得愈厉害”②，工人们也将愈是面临严重的失业贫困。

显然，我国现实中的贫困问题却与经典的马克思主义理论分析存在一定距离。因为，如若按照上述所有权分配不均等导致收入分配不均等的逻辑来推理，公有制不可能导致收入分配不均的问题；同时，生产力的提高还可以增加可供分配的生产剩余，所以随着私有制的消灭，社会主义国家不存在贫困问题。但是，两位创始人并未预见到现实中经济贫穷落后条件下的无产阶级革命和由此而产生的社会主义国家和社会。从我国的实际情况来看，社会主义的工业化过程在积累财富的同时也同样生产出了大规模的贫困。当然，这并非在于公有制本身，而是因为，公有制在社会主义国家的实现是与政权的强制结合在一起的。改革开放以前，在我国集权的计划经济体制下，几乎所有的经济权力都被国家垄断，并通过层级制的政府组织和行政命令反映出来，普通公民既不可能享有对公有资源的控制权，也不可能享有对资源配置的决策权，同时，由于整个社会

---

① 〔英〕亚当·斯密：《国民财富的性质和原因的研究》（上卷），郭大力、王亚南译，商务印书馆1972年版，第73～74页。

② 〔德〕马克思：《马克思恩格斯选集》（第1卷），人民出版社1972年版，第380页。

经济制度中缺乏有效的权力制衡机制，普通公民也不可能对资源的配置过程实行有效的监督。而且，我国计划经济体制下的工业化过程最初依靠的是对农业的强制性积累，各类城市偏向的政策及配套体系的共同作用，使得当时较大的收入差距（或可言之为"不平等"）主要表现在城乡之间，严格的户籍制度又在很长一段时期之内将这种贫困局限在了农村。① 加之城市内部近乎平均的分配制度，致使整个社会主要表现为经济的低效率和缺乏激励，而非收入分配不公；贫困的根源也因此主要体现为生产力的低下，而非财产所有权及收入分配的不平等。

二、相关制度和政策影响的进一步解析

当然，不仅仅是社会制度，其他的各种制度及相关政策也都可能直接或间接地对城市贫困产生或多或少、或深或浅的影响。制定政策本身、政策的失误、不当的政策导向等都可能引起不平等进而导致贫困，有时候，甚至可能是那些原本用于抑制贫困的政策却适得其反地加剧了贫困。正如奥科克（Alcock，1993）所说，"从政策决定的意义上来看，贫困的界定通常取决于应对贫困的各项政策，于是，政策和贫困就像学术圈内关于'鸡'和'蛋'的争论，理解贫困首先需要去理解政策"。②

（一）城市职工贫困的制度根源

虽然从表面来看，我国以下岗失业职工为主体的城市贫困人口出现和发展的最直接原因是国有企业和集体企业的经济效益滑坡、亏损或破

① 考察我国农村贫困的相关研究可以发现，大多数认为恶劣的自然环境、匮乏的资源条件、低下的生产力水平导致了农村地区难以在短期内冲破的恶性循环。但必须指出，我国改革开放以前广泛而深重的农村整体贫困在某种程度上来自于计划经济体制下的工业化过程。有学者也指出，国家强制性极限积累的积压是我国农村将近一半的贫困人口陷入困境的直接原因（参见朱玲：《转型国家贫困问题的政治经济学讨论》，《管理世界》1998年第6期，第80～90页）。改革开放初期，我国农民脱贫致富的现实也有力地佐证了这一点——1978～1985年间，虽然国家对于农业和农村的投资并未显著增加，但由于农产品价格的提高以及农民获得了土地使用权，我国农村就有1亿左右的人口摆脱了贫困（参见中国社会科学院农村发展研究所、国家统计局农村社会经济调查总队：《1995年中国农村经济发展年度报告》，中国社会科学出版社1996年版，第70页）。

② Alcock, P.: *Understanding Poverty*, London: The Macmillan Press, LTD, 1993, p. 4.

产，以导致职工收入减少甚至完全没有收入。但是如果进一步挖掘，则不难发现存在于该问题背后的制度根源。其中，又以收入分配和社会保障方面的影响最为突出。

1. 收入分配方面

在收入分配领域，主要是因为不同部门或不同所有制企业之间竞争条件的不公平，以及再分配过程中国有和集体企业利益的过度损失，直接影响到相关企业职工的收入及其生活状况。一方面，就竞争条件而言，随着改革开放以来非公有制经济的迅速发展，城市的国有和集体企业普遍存在着更高的劳动成本和其他成本①，担负着更多的社会责任，以及更重的税费压力，其贡献与效益不对等的问题突出；不同部门的企业之间，前已述及，如垄断部门的企业比之竞争性部门的企业，则显而易见具有优势的竞争条件，其职工陷入贫困的概率也因而相当之低。此外，在劳动力资源过剩而其他要素（如资金、技术等）严重短缺的情况下，由于我国社会主义市场经济体制的尚不完善，市场的缺失和扭曲，多元化的分配方式反而更突显了要素收益的不对等，很多不同类型企业之间的效益差异实质上反映的是其对稀缺资源占有及控制能力的不同。这也是为什么劳动密集型产业的企业比之资本密集型、技术密集型企业更容易处于危机，其职工更容易陷入贫困的原因之一。另一方面，国有和集体企业往往面临过度的利益损失。这些企业除了承担着较重的社会责任及法律规定的各种税负之外，还由于国有经济与政府之间特殊的利益关系、管理部门各自为政的行政方式，以及屡禁不止的官僚腐败等原因，企业还需面对名目繁多且来自各方面的形形色色的摊派与收费，甚至强取豪夺②，在这种情况之

① 当然，国有和集体企业经营过程中较高的经济和其他成本与其本身落后的经营管理、大量的冗员现象有关，但不可否认，无法享受到其他所有制成分企业的一些优惠也是造成其成本高、贡献与收益不对等的原因之一。

② 有些研究者通过对企业的调查中发现，有的企业除了缴纳税收之外还须交纳的各项费用竟达上百种。一些亏损企业的职工明确表示，他们的企业是被"吃垮"的（参见葛延风：《城镇贫困所反映的体制性问题》，《经济研究参考》1997 年第 64 卷，第 33 ~ 40 页）。虽然亏损企业职工这样的表述难免有点言过其实，但也的确反映了我国市场经济体制不完善条件下不同的部门或个人对于国有和集体企业利益的过分切割甚至掠夺。

下，无论是企业的发展或是职工的利益，都将因为过分的切割和掠夺而受到影响。

2. 社会保障制度

大多数研究认为，是滞后的福利制度改革未能及时提供一套新的制度性框架，以防止那些转型中的失业下岗职工和其他特殊困难者陷入贫困，但实际情况无疑要比这种解释更为复杂。在20世纪80年代，我国城市社会保障和其他福利制度的改革目标基本上是为经济体制的改革服务的，是为了解决那些由于经济体制改革而导致的经济制度与保障福利制度的不协调问题。但是进入20世纪90年代以来，社会保障和福利制度的改革本身则成为一个与经济体制改革并行且按自身线路发展的过程，在经济体制改革和经济结构变化已经导致了严重的失业和贫困问题时，福利制度却并没有朝着向扩大福利供应的方向发展——政府社会福利政策变化的基本目标是建立一种低水平、广覆盖、高效率的基本社会保障体系；并通过"社会服务产业化"和"社会福利社会化"来减轻政府负担，降低政府社会开支。然而迄今为止，在几乎所有的社会保障和福利项目的改革中，城市贫困者的实际受益面和受益程度都十分有限，不少改革甚至是损害穷人利益的。① 随着市场经济的发展，社会保障体制的不健全和不完善，尤其是在整个社会保障体制中起"兜底"作用的社会救助制度的严重缺陷，使得城市中一部分低收入家庭的生计难以维持。同时，由于缺乏有效的管理和监督机制，社保基金被盗用、挪用的情况也时有发生。②

① 关信平：《经济—社会转型、全球化与中国城市贫困问题》，"转型中的中国社会"学术研讨会会议论文，2001年12月29～30日，北京。

② 据劳动和社会保障部、审计署专项清查结果显示，从1992年至2004年，我国仅养老保险金就有约100亿元被挤占挪用（http://news.xinhuanet.com/newmedia/2006～09/15/content_5093429.htm：《"养命钱"大案频发社保基金管理亟待透明化》）。还有统计显示，我国截至2005年年底的各项社保基金规模已超1.8万亿元。而在1986～1997年间，全国有上百亿元社保基金被违规动用；据不完全统计，1998年以来，全国清理回收挤占挪用资金160多亿元，至2005年年底，还有10亿元没有回收入账；截至"十五"期间，劳动和社会保障部接到挤占挪用基金举报案96起（http://www.southcn.com/weekend/economic/200608100045.htm：《社保基金为何大案频发》）。

就失业保险来看，虽然目前失业保险对国有、集体企业及职工的名义覆盖范围已经很大，但因为基金收缴比例低（企业上缴部分及职工个人交纳部分合计只占工资总额的2%～3%），基金总量很少，而且只对几种特殊类型的失业人员发放，所以企业原先的下岗人员无法从失业保险中得到帮助。而且，虽然中央政府在政策上要求各级政府和企业要给予失业和下岗职工提供生活帮助，但是这一政策在各省市的执行情况并不令人满意，具体落实到人和户时的情况又有所不同，大量的下岗职工并未能从地方政府和企业得到他们应得的生活费。根据国家劳动和社会保障部劳动科学研究所在武汉和沈阳的一项调查，2000年，大约有46%的下岗职工没有收到任何生活费收入。① 同时，在失业者中还存在这样的现象：一方面是登记失业者得不到失业救济；另一方面是同时领取失业救济和下岗补偿金，或者一边从事有收入的工作一边领取失业救济金。这也说明，现行的失业救济制度在实施中还存在很多不尽如人意的地方，降低了其作为安全网的效果。当然，国有企业下岗职工基本生活保障制度只是一项过渡性的保障措施，2005年年底全国已基本实现该制度向失业保险制度的并轨，2006年开始的企业新裁减人员和并轨人员通过劳动力市场实现再就业，没有实现再就业的，按规定享受失业保险和城市居民最低生活保障待遇以保障其基本生活。但是，由于城市低保制度本身存在的一些问题，也将继续影响到失业人员和并轨人员的贫困状况。

就医疗保险来看，由于受经济发展水平的限制，我国暂时不可能达到一些发达国家所实行的全国全民医疗保险，但是我国近些年来高涨的医疗费用，对于低收入群体而言实在是难以承受的负担。在我国城市内部，即使是享受公费医疗的居民，也有一半左右不得不自购医疗保险或自己负担医疗费用，一旦得了大病，高额的医疗支出将可能使一个一般收入的家庭立即陷入收入上的贫困状态，而且还将可能因为缩衣节食偿还债务

① 李实：《我国城市贫困的现状及其原因》，http://www.cass.net.cn/jingjisuo/yjy/lishi/lw02(0205).htm。

而成为长期的消费贫困户。① 这点对于低收入家庭来说更是如此。同时,由于贫困人口低收入、低营养、低保健、低健康之间的因果关系,所以往往是贫病交织,但仅仅依靠贫困者自身的能力,显然很难突破这种恶性循环。② 而且,在我国现行的城市最低保障制度的保障标准中,尚没有包括救助对象的基本医疗需求,低保对象中除了那部分城镇在职职工以及离退休人员享有城镇职工的基本医疗保险之外,其余绝大多数人员既享受不到基本的医疗保障,也没有能力去购买那些商业性的医疗保险。无疑,作为整个社会保障体制改革的一个重要部分,虽然医疗体制改革产生了一定效果,但医疗保险在转向社会化的过程中尚不能适应劳动力市场变化的需要,也被称为是一向不太成功的改革。劳动力市场对医疗保险的冲击一方面表现在下岗、失业和退出劳动力市场,另一方面表现在再就业导致就业的非正规化。无疑,医疗体制改革的市场化和产业化导向,使其公平性和公益性大幅度下降,也加剧了城市贫困问题的恶化。

就养老保险来看,该制度对退休老职工的保障功能低下。我国从计划经济到社会主义的市场经济,一方面,社会保障系统的欠账巨大;另一方面,不断增加的失业人员及人口的老龄化特点又使建设中的养老保险面临巨大压力。"代际赡养"原则和"统筹与个人账户结合"体制下的养老保险体系,个人账户只是名义上的,实质上则是百分之百的现收现付制度,甚至可以认为,我国现行的养老保险体制是在用个人积累的资金补偿社会统筹养老基金积累的不足。而且,在我国现有的贫困职工中,相当一部分是国有企业的退休职工。虽然国家近两年在加大了对这部分职工的保障力度,但退休金的无法按时、足额地领取,有些地方甚至肆意地停发或长期严重拖欠,也使得其中一部分退休职工处于贫困状态或加剧其贫

① 这也是我国城市的很多家庭处于消费贫困状态,很多贫困人口属于选择型贫困人口的原因之一。

② 据"全国百城万户低保抽查"的数据显示,64.9%的低保户中有1个或1个以上的慢性病或大病病人(参见潘跃:《"低保":贫困群众逢甘霖》,《人民日报》2003年4月3日第10版)。这一方面反映了城市贫困人口较差的身体健康状况(当然,这点与其收入水平低密切相关),另一方面也反映了这部分人口比城市的一般普通居民更迫切地需要最基本的医疗保障和大病保险。

困状况。而且，那些困难企业和老职工多的企业这种情况就更为严重。因为，虽然从表面来看几乎所有的国有企业和绝大多数集体企业都已参加了养老保险统筹，但由于各地劳动保险部门普遍采取的是统筹费用差额收缴和差额拨付的方式，退休金主要由企业发放，所以，企业拖欠、挪用或者根本无力支付职工全额退休金的现象便十分普遍了。经济发展较为落后的地区、效益较差的行业和部门，以及经营困难的企业这方面的问题尤为突出，其退休职工的生活状况也因而受到影响。

就我国现行的城市居民最低生活保障制度来看，虽然在实践中已经取得了一些显著成绩①，但由于制度本身的一些缺陷及其实施过程中所存在的问题，毫无疑问也降低和制约了这一制度作为防御城市贫困最后一道防线的有效性。一是作为社会安全网的最后手段，该项制度的覆盖面非常有限，实际获得救助的城镇贫困人口占符合条件者的比例还较低，远未实现“应保尽保”。而且长期流动人口（在城市居留 6 个月以上者）完全被排除在保障之外（后文将有相应分析）。二是该项制度对城市贫困人口的救助非常不充分。因为，最低生活保障制度仅仅是补足低保家庭人均收入与贫困线之间的差额，且没有根据家庭人数及其年龄进行调整，所以贫困者个人实际得到的救助水平是非常低的。②

同时，城市居民最低生活保障制度还存在两个非常严重的缺漏，一是未考虑贫困人口的基本医疗保障，甚至没有大病保障（前文已提及）。二是对低保家庭子女的教育问题重视不够。《城市居民最低生活保障条例》中，将保障低保家庭子女的教育需求严格限定在义务教育阶段，而且

---

① 我国城镇低保人口在经历了 1998～2000 年的高速增长之后增速趋缓，于 2006 年年底达到 2241 万人，享受最低生活保障的家庭达到 1028 万户（国家统计局网站 http://admin.mca.gov.cn/mztj/dibao0612.htm）。

② 因为，我国的理论城市贫困线本身偏低，而衡量是否符合救助条件的贫困线则更低，且各地区并不相同；贫困家庭的人均收入又常常是“推算收入”而非实际收入，所以个人实际所得的救助金额便很少了。2005 年，我国城市最低生活保障平均补差水平为 72.3 元/人月，虽比上年提高 11.2%（国家统计局网站 http://www.mca.gov.cn/news/content/recent/200666110225.html），却低于 2000 年的水平（75 元/人月）；2003 年，我国的低保家庭的最低生活平均补差 55 元/人月。

显得并非必需。① 但有目共睹的是，我国近几年来的教育费用增长过快，成为城市有在校学生的低收入家庭的沉重负担。这些家庭往往是在紧缩非常之低的日常开支的基础上筹措孩子的教育费用，或者，为了保证最基本的生存而缩减孩子的教育费用，万不得已时就让孩子辍学。

此外，由于我国低保资金筹集机制也表现得不尽合理，低保资金主要由地方政府（主要是直辖市及其所辖区、县；地级市及其所辖区、县；县级市）负责②，这也影响到对城市贫困的实际救助效果。虽然，国家近几年里陆续制定了一些政策文件对该条例中的相关条款规定进行细化，明确提出对城市符合规定的贫困人口要实现“应保尽保”，但在实际工作中，在低保资金主要由地方政府负担的情况下，地方的财政能力成为救助工作效果的重要制约因素。受地方财力所限，一些财政困难的地方政府只能通过压低保障线的方式保证保障面的扩大及减轻自身压力，所以落实到贫困者个人身上的保障金就非常微不足道了。③

3. 城市就业制度

在我国的城市劳动用工制度方面，有一个与职工贫困关系最为密切且具有中国特色的问题就是单位制。这种在计划经济体制下所形成的就

① 《城市居民最低生活保障条例》第六条规定：城市居民最低生活保障标准，按照当地维持城市居民基本生活所必需的衣、食、住费用，并适当考虑水电燃煤（燃气）费用以及未成年人的义务教育费用确定。

② 《城市居民最低生活保障条例》第五条规定：“城市居民最低生活保障所需资金，由地方人民政府列入财政预算，纳入社会救济专项资金支出项目，专项管理、专款专用”。但这种由地方政府全额负担低保金的政策在具体实施中又存在很多问题，所以国务院令后来又对此进行了补充规定。在《关于完善城镇社会保障体系的试点方案》（国发［2000］42 号）中，“城市居民最低生活保障所需资金，由地方人民政府列入财政预算，纳入社会救济专项资金支出项目，专项管理、专款专用。中央和省级财政对财政困难地区和老工业基地给予补助”，而且，中央财政近几年也的确加大了对城市低保资金的补助力度，但仍然无法保障所有需要救助的贫困者都得到救助，已得到救助的贫困者亦无法得到充足的救助。

③ 即使是国家规定的统一指标，一些财政困难的地方政府也可能无法落实，因为低保标准提高则意味着需要救助的人数增加。所以，低保制度的这种筹资机制使经济落后地区以及其他一些财政困难的地方政府对于贫困人口的救助不能达到预期目标。当然，管理体制的不完善和有效监督机制的缺失也使得低保资金在“专款专用”的过程中存在很多弊端。

业体制对于一部分城市职工而言，其个人的收入状况在很大程度上并不取决于自身的能力和贡献，而是取决于所在的单位及部门。这种突出的单位制问题决定了很多职工之所以沦为贫困人口，就是因为他们所就职企业的效益不好。因此，很多人的贫困具有强烈的先赋特点，对其个人来说则完全是一种被动的结果。而且，由于我国计划经济时期很多单位存在职工子女顶替父母岗位的就业方式，所以近些年来，随着某些行业生产经营的不景气，同行业中全家下岗或失业并因此而贫困的家庭也比较常见，这在一些老工业基地或资源开发型城市更是如此。

当然，随着我国社会主义市场经济体制的不断建立和完善，城市的劳动用工制度也开始由转型前的政府统一安排改为市场配置，政府不再具有为所有适龄劳动力提供工作机会的责任和义务，计划经济体制下城市“两高一低”的就业和分配格局被彻底打破。这一方面使得人力资本的价值得到充分体现，但同时，还伴随着经济运行过程中竞争机制优胜劣汰的结果，必然导致经济效益差的企业停产、破产，低素质的劳动力被排斥在就业大军之外。而且，我国目前的就业制度和劳动力市场的一些政策还导致了日益严重的城市农民工的贫困问题。

（二）城市农民工贫困的制度根源

改革开放尤其是20世纪90年代以来，随着我国城乡二元户籍制度的松动，以及统筹城乡经济社会发展和加快城镇化进程的需要，农村人口源源不断地流入城市，农民工的贫困问题也于近年来迅速凸显。作为一个特殊的社会群体，农民工的存在及其境况使得我国的城乡结构变得比二元更为复杂。虽然这部分人的生活比之农村的贫困而言要好，但与城市的居民相比来说，他们却面临着更多的困难与问题，必须为其在城市的生存支付极高的经济成本和心理成本。其中，就业和日常生活方面最大的问题和困难在于，他们总是受到政策因素和非政策因素的歧视，他们渴望与当地居民享有平等的就业机会。但现实却是，当他们面临困难时很少有政府机构帮助他们，他们享受不到任何社会福利，他们总是孤独无助地面对医疗、住房、子女教育、自身素质提高、法律援助等一系列问题，而且，进城农民工内部以及他们与城市失业人员之间的就业竞争也越来越激烈。无疑,农民工的贫困及这一系列问题和困难的背后,是更为深层次的制度原因。

1. 户籍制度

城乡二元分割的户籍制度可看做是导致我国在转型时期出现城市农民工贫困问题的首要原因。前已述及,我国改革开放以前,也正是因为这种户籍制度对城乡之间人口流动的严格限制,加之国家其他一系列强制性的积累政策,所以当时的城市贫困基本上可以忽略不计,农村则处于普遍的贫穷状态。然而时至今日,在我国社会主义市场经济不断建立和完善的过程中,这一计划经济时代的产物和遗留却仍然制造着农民工在城市中的身份和职业的尴尬境遇,虽然他们也为城市的建设做出了自己的贡献,也已成为城市发展中不可或缺的一部分,但是,由于他们的农民身份,所以各城市在其基础设施建设、社会保障、劳动就业、教育卫生、住宅建设等方面都几乎没有考虑到农民工的需求,在公共财政预算安排上也未得到体现。这一系列源于制度和政策的不公平待遇,使得贫困农民工在城市中成为一个既不同于城市普通居民,也不同于城市贫困人口的特殊阶层,这部分群体的贫困问题也因而具有更为强烈的排斥和剥夺含义。

2. 劳动就业制度

能否就业以及在哪些部门就业直接影响到农民工的收入状况,进而决定其是否处于收入贫困。但是,传统的城市偏向的政策却使得农民工进城之后无法享受与城市居民的同工待遇。比如北京市,外地来京打工人员在就业方面需要多达8种证件,许多工种受限制,税费高。① 当然,农民工无法进入某些行业也与其自身较低的文化素质有关,但无疑,缺乏进入的机会却是多方面歧视政策的直接结果。② 作为政策利益的受损者,农民工大多只能从事城市居民(甚至是当地的城市贫困人口)不愿从

① 参见周学军:《北京市参与式城市贫困分析报告——城市贫民的声音》(Voice of the urban poor—a participatory case study on urban poverty in Beijng),亚洲开发银行研究报告2001年。

② 近几年来,很多城市都制定了相应政策来解决自己下岗失业职工的再就业问题,但有些规定在促进贫困职工就业的同时却牺牲了农民工的就业机会。

事的脏、累、苦、险职业。有调查显示，就全国范围而言，农民工以在制造业、建筑业和服务业就业为主，但不同地区就业的主要行业又有所不同。① 而且，很多城市自20世纪90年代中后期以来都建立了对外来劳动力的分类管理制度，但其管理重点却在于维护社会治安和稳定，并较多地使用行政的管理手段，对于农民工进城务工及企业自主用工方面的管理也远未实现公共服务和间接管理，管制多于服务、防范多于保护，有些部门或个人甚至为了自身利益大搞形形色色的乱收费，进一步加剧了农民工在就业甚至生活方面与城市居民的不平等。

在我国从计划经济向市场经济的转轨中，由于劳动力市场的不完善及其发育过程中缺乏规范的农民工用工制度、缺乏规范的用人单位与农民工之间的劳动关系，缺乏对各种违法行为的查处和执法力度，所以，也导致了我国农民工在城市就业和工资方面特殊的双重歧视现象，即：在岗位获得上的“进入”歧视，以及工资决定上的“同工不同酬”歧视。除了无法享受到平等的就业机会之外，农民工在那些允许其进入的领域也仍然要面临比比皆是的排斥和歧视现象以及权益侵害，比如：同工不同酬、同工不同时、同工不同权、严重的工资拖欠等等。有调查表明，迁移劳动力比城市劳动力平均报酬低28.9%，其中，15.96%来自于同一行业内的报酬歧视，26.93%来自于行业的进入障碍。② 而且，现行的很多法律法规也缺乏明确的对农民工的保护条款，而即便是在《劳动法》、《劳动监察条例》、《工会法》等法律法规中已经明确规定了农民工作为企业职工的工资标准、劳动安全、工伤医疗保险、劳动时间、休假权利以及民主权利等方面，但执法不严、违法不究的现象却普遍存在，农民工的合法权益难以得到保护，农民工超时、超强度、低工资的状况普遍存在，恶意拖欠农民工工资、各种事故不予赔付的违法行为也普遍存在。

同时，由于农民工的外出大多依托于以亲缘和地缘关系建立起来的

① 中国农民工问题研究总报告起草组：《中国农民工问题研究总报告》，《改革》2006年第5期，第1~26页。

② 王美艳：《城市劳动力市场上的就业机会与工资差异——外来劳动力就业与报酬研究》，《中国社会科学》2005年第5期，第36~46页。

社会资本网络，这种依靠亲友和老乡相互介绍、帮带的自主性组织方式虽然成功率较高且成本较低，但是，这种缺乏政府及正规中介机构介入的组织方式也相应减少了农民们外出时的信息来源，更重要的是，这种方式使得他们在与企业主乃至地方政府的博弈中处于劣势，合法权益受到侵害时，无法找到合法的利益表达渠道和谈判平台来维护自身权益，农民工依法维权的组织体系不健全、渠道不通畅、环节复杂、成本过高，法律援助不力的问题十分突出。

3. 社会保障以及其他福利政策

城市职工原则上都能享受养老、医疗、失业、生育和工伤五大保险，即使是无法享受到这些保险的贫困人口也有最低生活保障制度这最后一道保护网。然而，城市农民工却完全被排除在这些保险和保障待遇之外，甚至缺乏保障其生命健康的工伤保险，从而使那些在劳动强度大、风险高、环境恶劣的行业就业的农民工一旦发生事故则处于求诉无门的境地。城市居民最低生活保障制度也将农民工排除在外①，使其中贫困者的状况比之本地贫困人口更为严重。

就其他社会福利政策而言，与农民工贫困密切相关的主要包括：农民工子女的教育方面及农民工的住房政策。就前者而言，在农民进城务工的同时，有大量的农村适龄入学儿童也随其父母加入到了流动人口的行列。据有关部门调查②，至2003年年底，有将近2000万名流动儿童来到城市，这些流动儿童的失学率高达9.3%；在已到入学年龄的儿童，有将近半数不能及时入学，“超龄”入学现象严重；6周岁仍然尚未入学的儿童比例高达46.9%；还有不少儿童因为家庭贫困而辍学，甚至已成为儿童农民工。城市农民工子女无法享受到同等的义务教育权利，一方面有悖

---

① 国家已在《2007年政府工作报告》中将农民工的最低生活保障问题提上了议事日程，但一直以来所依照实行的《城市居民最低生活保障条例》第二条却规定：“持有非农业户口的城市居民，凡共同生活的家庭成员人均收入低于当地城市居民最低生活保障标准的，均有从当地人民政府获得基本生活物质帮助的权利”，各地出台的配套实施细则或办法中也是同样的规定。一纸户口，便将农民工中的贫困者排斥在最低生活保障之外。

② 汝信等主编：《2005年：中国社会形势分析与预测》，社会科学文献出版社2004年版，第321～322页。

于我国现行的义务教育法，而且从长期来看，也将导致贫困的代际传递，使农民工的贫困问题长期化和稳固化。就住房政策来看，现行政策中尚无针对这部分群体的相关规定。进城农民工的居住形式多种多样，住单位集体宿舍、租民房、住工棚、住雇主家、住工作间，以及自己搭建简易住房等等。但前文已经指出，农民工在城乡结合部的这种聚居状况，无疑将进一步引发更多的类似发达国家"贫民窟"的社会问题，也将存在产生贫困文化的潜在可能。

总之，城市农民工的地位及其贫困状况也反映出了我国经济社会转型时期城乡二元结构以及双轨体制的残存作用。农民工的贫困不仅仅是收入低下而带来的物质贫困，更多是由于制度缺失所造成的权利贫困和能力贫困。一方面，作为身份证明的户籍制度限制着农民工们的身份转换；另一方面，也由此引发了他们社会保障、自身及子女的教育、住房等一系列问题。而且，劳动力市场的分割以及就业体制的壁垒剥夺了该阶层在职业地位竞争中的公平机会；加大了他们在城市生活的成本，限制了他们的继续发展，还可能形成贫困的代际传递并产生贫困文化。

第三节 结构调整对城市贫困的影响[①]

结构学派的贫困观认为，经济领域的结构变动改变了传统的雇佣关系。比如，传统制造业向服务业、信息业的结构变迁导致一些人失去了工作，或是从事更低收入的工作，这种结构变动正是导致贫困的原因。[②] 工业化的过程实质上就是结构调整的过程，转型的过程无疑也是结构调整的过程。当然，结构调整包含着多方面的内容，无论是发达国家还是发展中国家，包括产业结构、就业结构、所有制结构、城乡结构，甚至社会结构等在内的一系列结构变动都不可避免地对城市贫困产生着这样或那样的

① 本节部分内容以"中国产业结构变动对城市贫困的影响分析"为题发表于《华中科技大学学报》(社会科学版)2006年第5期。

② 陈立中、张建华：《解释贫困的多样化视角》，《改革与战略》2006年第7期，第90～92页。

影响。就整个工业化国家而言,它们自20世纪70年代中期以来的新城市贫困问题,亦与其经济重构、社会转型以及相伴而生的产业重构、就业系统重构、社会福利制度的变革等方面有关。

进入20世纪90年代以来,随着我国改革开放的不断深入及市场经济体制的不断建立和完善,高速的经济增长带来了市场需求及城乡居民消费结构的巨大变化,原有的产业结构和产品结构也随之做出相应调整。同时,随着资源配置方式由原先的计划指令向市场导向的转型,还相应带来了所有制结构、企业制度等各方面的变革。此外,自我国加入WTO之后,愈益激烈的国际竞争也要求国内的经济结构调整必须适应世界市场的要求。就目前来看,我国由失业下岗所导致的贫困职工和流动人口所组成的贫困民工正在成为城市贫困人口的两大主体:截至2004年6月,城市登记的失业人数为837万人,国有企业的下岗职工达196万人;全国城市流动人口数量也从1993年的0.7亿人增加到目前的1.47亿人,翻了一番。在失业下岗及城市流动人口增加的背后,经济结构尤其是其中产业结构的调整无疑是其中的重要原因之一。而且,越是当市场对资源的配置作用居于主导时,产业结构变动对城市贫困的影响就越明显。

一、产业结构变动对城市贫困的作用机理

一般地,不同产业之间总是存在相对收入差距,它吸引要素从劳动生产率低的产业流向生产率高的产业。比如,在第一、二、三产业之间,第一产业的劳动力总是由于第二、三产业较高的收入预期而从农村转移出来。因此而来的产业结构演进一方面推动了经济增长,另一方面又影响到不同产业在劳动力需求的数量、质量、结构等方面的变化,并对劳动者的收入状况产生影响。从理论上分析,在不考虑其他各种因素作用的情况下,这种由产业结构调整和变动所引起的就业人数和结构的相应变动,以及对居民收入结构所产生影响,必然会影响到就业者和失业者、不同产业或行业就业者的贫困发生概率。

就三次产业结构变动引起的劳动力转移而言,尤其是农业剩余劳动力向城市的转移都将在不同程度上加剧城市的就业竞争,进而导致在竞

争中处于弱势的那部分人更容易陷入贫困，与此同时，在业者之间也会因其所处产业部门不同、自身素质和能力的不同而使收入表现出巨大差异，进而影响到贫困率和贫困差距。若以要素的集约程度来划分，随着产业结构从劳动密集型向资本、技术密集型以及知识密集型的不断演替，后者的相关产业将比前者对劳动力素质提出更高要求，而高素质的劳动力又对应着较高的收入水平。经济全球化和信息化背景下的产业结构优化，必然导致不同类型产业在产业规模、增长速度、市场竞争、技术进步、人力资本存量等方面的变化各异，一部分劳动力因而被排除于劳动大军之外，城市贫困由此产生或者加剧。

与产业之间结构变动的作用过程类似，产业内部的结构变动主要是通过影响不同行业、职业甚至企业间的劳动者的收入差距从而影响城市贫困的。简单地说，受整个世界市场需求结构以及技术变化的影响，第一、二、三产业的内部结构也表现出不断的优化升级过程，加之资本、技术、管理等其他要素的介入及其对分配过程的波及，不同要素间的报酬出现明显差距，要素所有者的贫困发生概率也因此大为不同。在我国，农林牧渔、矿业、纺织、小型商业、传统餐饮业等部门，其劳动者往往只有较低的收入水平，这些在业低收入者和那些无工作、无收入来源者相对而言更容易陷入贫困的境地。概括起来，不论是产业之间，或是产业内部，其结构的调整和转换首先必然引起整个社会就业结构的变化，并进而导致居民收入结构发生变化，最终对其是否陷入贫困产生影响。

二、中国20世纪90年代以前的产业结构状况与城市贫困

此处以20世纪90年代为界来考察产业结构变动对城市贫困的影响，主要是因为自20世纪90年代中后期我国的城市贫困现象表现出明显的加剧趋势，并迅速成为我国社会的突出问题，受其他因素的影响，我国20世纪90年代前后产业结构变动对城市贫困的影响方式和作用程度都有所不同。自新中国成立以来至改革开放，我国的产业结构发生了极大变化，第一、二、三产业占国民经济的比重从1952年的50.5%、20.9%、28.6%变动到1978年的28.1%、48.2%和23.7%，工业尤其是

重工业得到了极大发展；三次产业的就业比重也相应从83.5%、7.4%、9.1%变到70.5%、17.3%和12.2%。

考察这一阶段的城市贫困状况，只有“三无”人员是唯一需要政府救助的贫困群体。但为什么该时期产业结构的巨大变动并未引发城市贫困的大量出现呢？究其原因，一方面是因为，该时期的人口总数和劳动力数量都较之现阶段要少（比如1978年，我国的人口总数为9.75亿，而且其中82.1%在农村）；更重要的是第二次产业的扩张吸纳了大量的城市劳动力，而且，当时城市的户籍制度、就业制度、福利制度以及其他配套政策的综合作用，包括劳动力在内的各种要素无法按照产业结构调整的要求自由流动，强大的行政力量使得城市一直保持着较高的就业水平、相对平均的工资水平以及较好的福利待遇，农村劳动力无法流入与之竞争，城市就业压力不大，城市贫困与农村贫困相比基本上可以忽略不计。

到了20世纪80年代，我国城市的贫困问题依然并不明显，世界银行对我国1978～1990年间的贫困状况进行的时间序列分析表明，我国20世纪80年代的城市贫困人口不到1%。① 该时期，我国的三次产业结构也相应发生了较大变化，第一、二、三产业占国民经济的比重至1990年时变为27.1%、41.6%和31.3%，三次产业的就业比重分别为60.1%、21.4%、18.5%。但与改革开放以前城市较低的贫困率不同的是，我国80年代至90年代并不明显的城市贫困得益于80年代以来乡镇企业和传统的城市第三产业的大力发展。

自1980年以来的20年间，我国三次产业的增长速度分别平均达到4.95%、11.7%和10.5%，该时期，我国农村的劳动生产率得到了极大提高，大量剩余劳动力开始从农业中解放出来，加之户籍制度的松动使得农民的流动较为自由。但由于当时以劳动密集型产业为主的乡镇企业（尤其是沿海地区）的异军突起，农业剩余劳动力“离土不离乡”的转移模式

① 李实：《20世纪90年代末中国城市贫困的恶化及其原因》，参见李实、佐藤宏主编：《经济转型的代价——中国城市失业、贫困、收入差距的经验分析》，中国财政经济出版社2004年版，第46～68页。

成为我国该时期产业结构和就业结构调整的主要表现形式。自20世纪80年代以来，由于乡镇企业吸纳了超过1亿的流动人口，从而缓解了城市的就业压力。另外，城市以商业为主的传统第三产业与改革开放以前相比也得到了大力发展，并对劳动力表现出很大需求。从改革开放至1990年，虽然结构调整的结果使第二产业占国民经济的比重下降了6.6个百分点，但由于乡镇企业和城市传统第三产业的发展，第二、三产业对劳动力的吸纳能力仍在增加，两产业的就业比重分别增长4.1%和6.3%，所以，城市失业问题暂未凸显出来，贫困人口比重较低。世界银行1992年出版的研究报告《中国减少贫困战略》中的估算结果表明，我国的城市贫困率从1980年的2%左右（约400万人）下降到了1989年的不到0.4%（100万人左右）。①

三、中国20世纪90年代以后的产业结构变动与城市贫困

20世纪90年代以后，伴随着国内的经济发展以及经济的全球化趋势，我国的产业结构也随之不断进行着调整和优化。但是，乡镇企业发展中的各种弊端在20世纪90年代中后期表现得越来越突出，其对农业剩余劳动力的吸纳能力也逐渐减弱。于是，在较为松动的户籍制度下，第一产业所释放出的劳动力便开始源源不断流向城市（尤其是大城市）。农业部2003年的统计资料表明，离开户籍所在地半年以上进入城市（镇）第二、三产业务工的农民有9200多万人。但受其自身技术水平等方面条件所限，这些劳动力中的大多数却只能就业于城市传统的餐饮业、运输业或建筑业等部门，这些部门大多报酬低、不稳定，加之各种歧视政策和缺乏社会保障，从而使他们成为我国目前和今后城市贫困群体的主要方面。我国的城市贫困问题也因此表现出不同于发达国家以及其他发展中国家的特有难题。

当然，这一阶段我国的城市贫困问题是产业结构调整加之其他各方面改革综合发生作用的过程，而且随着产业结构的调整，传统落后的产业

① 李实：《我国城市贫困的现状及其原因》，http://www.cass.net.cn/jingjisuo/yjy/lishi/lw02(0205).htm。

部门及缺乏比较优势的国有经济部门不断萎缩，其所提供的就业岗位也不断缩减，部分职工因此转岗或下岗、失业。统计资料显示，我国 1992 和 1997 年的城镇失业和下岗人数分别为 420 万人、300 万人和 620 万人、1435 万人（其中国有企业下岗职工为 929 万）[①]；1997 至 2000 年间，全国累计下岗职工人数达到 3029 万人，其中 76.4% 来自国有企业，在国有企业中，又有 70% 以上的下岗职工来自于采掘业中的煤炭企业、制造业中的军工企业等资本密集程度较高或依赖自然资源性的亏损企业，其累计下岗职工 1673 万人，占到全国的 55.2%。[②] 2001 年，全国的城镇登记失业人员为 680 万人，国有企业下岗职工 500 多万人，总计 1200 万人左右；2004 年年底，虽然国有企业下岗职工减少到了 153 万人，但城镇登记失业人数仍高达 827 万人，2000～2004 年的城镇登记失业人员累计为 3673 万人。[③] 无疑，自 20 世纪 90 年代后期以来累计的失业和下岗人员已经成为城市发展的沉重包袱，他们中的大多数人处于贫困境地。

与此同时，转型背景下的产业结构调整对不同行业就业状况的冲击也不尽相同。而且在经济转型大背景下，市场机制开始逐渐取代计划而成为配置资源的主要方式，产业结构调整和变动所带来的要素流动也相应有了较大自由，劳动力要素亦然，生产率较高的产业或行业总是吸引着较高素质的劳动力，反过来，较高素质的劳动力又对应着较高程度的收入水平。

统计显示[④]，全国 16 大行业国有单位的职工人数从 1995 年最多为 10955 万人，至 1998 年急剧减少到 8809 万人，之后继续减少，2000、2002、2003 年时分别为 7878 万人、6924 万人和 6621 万人，1995～2003 年间共减少 4334 万人，其中仅制造业在这一时期减少 2472 万人，占全部减少的 57.04%，加上批发零售贸易和餐饮业、采掘业、建筑业以及农林牧渔业，这五大行业减少的职工数共为 4352 万人，占总减少的 100.4%。而且，

① 国家统计局：《中国统计年鉴》，中国统计出版社 1993 年版、1998 年版。

② 蔡昉：《中国人口与劳动问题报告 No.4：转轨中的城市贫困问题》，社会科学文献出版社 2003 年版，第 278 页。

③ 根据《中国统计年鉴》(2005)相关数据整理计算。

④ 国家统计局：《中国统计年鉴》，中国统计出版社 1996～2004 年版。

这期间这五大行业职工工资的增长速度不仅慢于所有行业的平均增速，即使其绝对数额也低于全国平均水平。

2004 年，我国职工的年平均工资水平为 16024 元，上述几个行业中，除采矿业的平均工资水平（16874 元）略高于全国之外，农、林、牧、渔业职工的平均工资 7611 元，不及全国水平的一半；制造业、建筑业、批发和零售业、住宿和餐饮业的工资分别为 14033 元、12770 元、12923 元和 12535 元，均低于全国平均水平（见表 5－2）。

表 5－2　不同行业的年平均工资水平比较（2004 年）　（单位：元）

全国职工平均工资	采矿业	农、林、牧、渔业	制造业	建筑业	批发和零售业	住宿和餐饮业
16024	16874	7611	14033	12770	12923	12535

资料来源：国家统计局：《中国统计年鉴》，中国统计出版社 2005 年版。

显而易见，这些都属于劳动密集和资本密集型的行业和产业部门。较低的收入水平必然影响到居民的消费支出，这部分在业低收入者和下岗、失业无收入来源者相对更容易陷入贫困。这种情况在一些资源开发型城市和老工业基地表现得尤为严重。它们或者只有传统产业，产业结构明显单一、落后，或者纯粹以矿业为主，严重依赖自然资源，后续主导产业培育滞后，“矿竭城衰”后必然有大量职工面临失业、下岗，收入锐减，其中的一部分人难以避免陷入贫困。一些学者的研究反映，我国的城市贫困人口主要分布在东北地区、内陆地区、“三线”地区以及计划体制严格控制的矿产和制造业产地①；中国社会科学院经济研究所“城市贫困与失业下岗”课题组于 2000 年年初对北京、沈阳、锦州、南京、徐州、郑州、开封、平顶山、成都、自贡、南充、兰州、平凉等 13 个城市的抽样调查结果也

① 参见肖文涛：《我国社会转型期的城市贫困问题研究》，《社会学研究》1997 年第 5 期，第 40～47 页；关信平：《现阶段中国城市的贫困问题及反贫困政策》，《江苏社会科学》2003 年第 2 期，第 108～115 页。

表明，贫困主要集中在中西部城市和传统工业占主导的城市。[①] 由此可见，产业结构调整对城镇居民的就业、收入等都存在着明显影响，城市贫困与产业结构调整密切关联。

与城市传统产业缓慢发展形成鲜明对比的是，近些年来，我国高新技术产业表现出了强劲的发展势头，而且其收入水平也不断上升。就行业的收入增长来看，一些新兴产业部门的收入增长迅速，其绝对工资水平也高于全国平均水平。2003 年和 2004 年，我国信息传输、计算机服务和软件业的职工年工资水平分别为 32244 元和 34988 元，均为全国平均水平的 2 倍还多[②]；新兴第三产业中的证券业、银行业和房地产业等也都属于收入较高的行业。产业结构的这种调整对劳动力需求结构的影响表现为，知识技术密集型产业对高素质劳动力的需求增加，同时随着制造业就业机会的大幅下降，必然有一部分劳动力被排除在就业大军之外。这点在低技术劳动力比较集中的传统工业地区表现得更为明显，大量从传统部门游离出来的简单劳动力根本没有能力进入新兴产业部门就业，结果出现了劳动转换、失业与空位并存的矛盾格局。更为重要的是，这种产业结构调整所引发的劳动力需求结构变化使得熟练劳动力与非熟练劳动力之间、技术人员与非技术人员之间的收入差距急剧扩大，低技能者大多低收入，低收入者大多更易陷入贫困。有学者对北京市的调查也证明了这一点[③]：在近年来发生着的产业结构大调整中，以高新技术为代表的金融、信息等第三产业成为发展的主导，而大多数贫困家庭的从业人员从事的主要是第二产业中的传统产业，或第三产业中缺乏技术的工作。当他们原来从事的产业和行业面临压缩和淘汰的时候，由于其较低的文化水平和技能水平，很难适应这种产业结构的大调整，并在此过程中丧失竞争优势，进而失业和下岗，其中的大多数人因此而陷入贫困境地。

---

① 李实：《我国城市贫困的现状及其原因》，http://www.cass.net.cn/jingjisuo/yjy/lishi/lw02(0205).htm。

② 国家统计局：《中国统计年鉴》，中国统计出版社 2004 年版、2005 年版。

③ 尹志刚等：《北京城市贫困人口致贫原因分析》，《市场与人口分析》2002 年第 4 期，第 36～44 页。

四、加入 WTO 以后的产业结构演进对我国城市贫困的压力

我国改革开放二十多年来，开放政策使得国家在吸引外资和扩大出口方面都有了很大进展，不仅促进了经济发展，同时也推动了区域产业结构的转化。但是，与之相关的产业结构变迁及由此而来的城市贫困问题亦不可避免。随着加入 WTO 后与世界经济的不断融合，我国将成为世界上最开放的发展中经济，在这样的经济体系中，产业结构的调整无疑会进一步影响到城市贫困的发展变化。这主要是由于受国际资本自由流动及国际自由贸易的影响，国内传统产业必然进一步受到冲击，有些难以积极适应世界市场的产业和企业不可避免地陷入发展困境，比如第二产业中那些高耗能、高污染的产业等等，从而使其劳动者面临失业、下岗或收入下降的境况，进而可能陷入贫困。与此相反，那些具有竞争优势的产业部门则能够吸引更多的优势要素，从而进一步扩大与其他产业、行业之间的收入差距。因此，全球化背景下的产业结构演进不仅作用于城市的绝对贫困，也将对城市的相对贫困产生影响。

今后，在劳动密集型产业领域，虽然我国有些产品已经占领欧美市场，但我国与其他发展中国家在国际资本市场和产品市场的竞争将进一步加剧，而大多数传统的劳动密集型产业及其产品的状况不容乐观，这与职工能否就业、收入高低息息相关，而且，外国资本大多对进入新兴产业领域更感兴趣，如何应对其对传统产业发展造成的冲击是必须考虑的问题。另外，在资本、技术密集型产业领域，目前那些缺乏竞争优势且国有企业较多的资本密集型产业在经济全球化的背景下将进一步面临考验，并进而波及大量职工的就业与否、收入状况，最终影响城市贫困的变化；而另一些发展态势较好的资本、技术密集型产业方面，我国与发达国家的竞争也将越发激烈。同时，虽然积极的产业结构调整是顺应全球化经济形势并在国际竞争中赢得主动的唯一选择，但此过程中各地区、各产业以及所有劳动者不可能均衡受益，与全球化浪潮相伴随的新一轮产业结构调整，以及由此而引起的不同地区、不同行业、不同群体间收入差距的进一步拉大，加之全球化对社会福利政策的影响在一定时期内必将强化现有的社会分层，继续扩大国内

的各种不平等,从而使我国的城市贫困问题表现出复杂性和长期性。

第四节 社会、文化因素与城市贫困

贫困的结构性解释(structural explanation of poverty)在于说明,是社会持续的不平等(包括对权力、财富以及其他资源占有的不平等)或能力的不足导致部分社会成员陷入或长期陷入贫困,但这种贫困成因的解释又往往体现着剥夺与排斥的涵义。当然,"贫困之所指并不仅仅限于物质的和伤及人体的剥夺,它也损害人们的自尊、尊严和自我认同,堵塞他们参与决策过程、进入各种有关机构的途径,使得若干群体之易受伤害的程度沿螺旋线上升"。① 而且,社会各方面的变迁不可避免地导致了排斥,排斥会作为一个社会的总体力量压迫某些个体或群体而制造出贫困;也会以各种不同的形式对人群做出自然的抑或是人为的类别区分。柏尔纳(Byrne,1999)甚至直接指出,"排斥是社会作为整体而犯的过错,是贫困的直接原因之一"。② 排斥概念的重要意义在于,它不仅关注剥夺的多元特征,为理解造成穷人被持续剥夺的累积因素提供了一种观察的角度;而且使人们有可能把剥夺当做一种动态致贫因子的结果来分析。③ 实践也说明,当贫困问题结构性地产生或再生,不但结构取向的解释不足以完全说明问题,而且,结构方面的调整措施对于彻底解决贫困问题也表现得无能为力。于是,文化视角的贫困解释便应运而生。

发达国家如美国,虽然随着国家收入转移和社会保险体系的运作,市场分配的结果受到收入再分配的修正,绝对贫困几近消除,但其城市贫困问题无疑已经进入到更深的层次,表现出难以根治的持续性和固定性,这

① 〔英〕克莱尔·肖特:《消除贫困与社会整合:英国的立场》,陈思译,《国际社会科学杂志》中文版2000年第4期,第49~55页。

② 转引自周怡:《贫困研究:结构解释与文化解释的对垒》,《社会学研究》2002年第3期,第49~63页。

③ 转引自钱志鸿、黄大志:《城市贫困、社会排斥和社会极化——当代西方城市贫困研究综述》,《国外社会科学》2004年第1期,第54~60页。

实质上也是从另一角度对其社会不平等问题的重新关注。而且，歧视、剥夺、排斥以及贫困文化也有助于解释20世纪后半叶美国的经济繁荣与其城市贫民境况反而恶化的悖论，穷人们在对自己所处边缘境地做出反应或适应的过程中形成了自己的亚文化。这可能一方面是穷人们在整个社会强加的价值规范下无法获得成功时而采取的种种应对挫折和失望的不得已选择；另一方面，也有相当一部分穷人是完全心甘情愿地生活于自己的文化圈。而且，一旦贫困文化形成，必将对经济社会产生长期的影响，这也是美国发达经济中的贫困为何难以控制地固化和强化的深层原因。尽管，20世纪60年代约翰逊时期的"向贫困宣战"（war on poverty）政策中已充分体现了对受歧视的穷人尤其是黑人的重视。

相对而言，我国城市贫困问题出现的时间还较短，虽然很多研究也都已涉及这类群体在居住区位、心理认同等方面的共同特性，但可以明确地说，我国尚未形成有形的贫困文化。不过，如若这种潜在的可能和隐忧不认清并得到高度重视，那么，城市贫困人口在经济和精神的双重贫困作用下，最终无疑会产生持久性贫困的恶性循环，从而加剧城市贫困治理的艰巨性。而且就目前来看，我国社会普遍存在着对各类弱势人群的歧视和排斥，不仅社会习俗如此，而且有些方面甚至得到法律和制度的认可、保护，乃至纵容。这点在城市农民工群体方面表现得更为突出。当农业剩余劳动力大规模地从农村向城市发生转移的同时，却因为分割城乡劳动力市场的户籍制度尚未彻底改革，使其作为劳动力市场上的后来者，在城市的就业和生活受到各种政策因素和非政策因素（人们的观念等）的排斥和歧视。

贫困不仅仅是物质方面的问题，它还具有明显的心理方面的影响。所以，社会和其他群体对于贫困者的排斥和歧视很容易导致贫困者产生自我排斥。他们常常由于贫困而感到屈辱和低人一等，并因自己的处境而羞愧，这种感觉通常还会因为其他群体对他们的忽视及无意的排斥而加强。所以，他们更容易对境遇相似者产生认同心理，加之城市贫困人口越来越明显的聚居趋势，贫困文化产生的潜在可能及隐忧必须得到充分重视。

第五节 本章小结

我国转型时期的城市贫困无疑是多方面因素共同作用的结果。本章主要基于宏观层面，从制度因素、结构调整，以及剥夺、排斥和贫困文化等侧面考察了我国转型时期城市贫困问题产生及变化的影响因素。

1. 政策及其结果对于贫困的影响，在于贫困和政策的相互作用决定了穷人在社会分层结构中的地位，穷人由于那些反映贫困的经济政策产生或再生。换言之，因为政策行为对社会结构已然的或潜在的左右能力，所以，所有政策都将可能通过"谁决定政策"以及"如何实施政策"而影响不同利益群体在社会体系中的状态，进而影响已有的不平等和贫困状况。

我国的贫困问题并不在于公有制本身，改革开放以前的贫困发生是社会主义工业化过程中国家强制性的积累及一系列相关政策的结果，而且，城市较低的贫困发生率是以农村的整体贫困为代价的。当然，不仅仅是社会制度，其他诸如收入分配制度、社会保障制度、城市就业制度，以及城乡二元的户籍制度、不均衡的区域经济发展政策等等都影响着我国城市贫困的发生和发展。

2. 经济与社会的双重转轨是我国城市贫困在 20 世纪 90 年代以来迅速凸显并加剧的宏观背景，此过程中的产业结构变动、相应的就业结构调整，以及社会福利制度改革的滞后等方面都使城市贫困阶层更容易受到冲击。就产业结构的作用来看，越是当市场对资源的配置作用居于主导时，产业结构变动对城市贫困的影响就越是明显。这种影响主要是通过改变各产业部门之间、各产业部门内部、各行业甚至各企业间的劳动力构成进而对其收入差距发生作用，并形成低收入、低素质→低层次产业部门就业（或失业）→低收入（或无工作收入）这样一个难以在短时期内冲破的贫困恶性循环。而且，转型过程中的产业结构调整加之其他相关政策的作用，致使城市农民工的贫困问题成为我国不同于别国的特有难题。

3. 歧视、剥夺、排斥都可能导致贫困并使之稳固化和长期化，贫困文化也将因之而产生。相对而言，我国尚未形成有形的贫困文化，但整个社会对贫困群体的歧视和排斥却普遍存在。尤其是农民工,城市对这一特殊群体的排斥和歧视表现在政策和非政策两个方面。

需要强调指出的是,贫困不仅仅是指收入的低下,其中还包括良好的基础教育、在社会中的作用、医疗保健、寿命等等在内的福利内容,以及更广泛的对于脆弱性和风险、没有权力和缺少发言权的关心与担心。虽然我们的分析更多侧重于经济因素和收入贫困,但无疑,对于制度因素的关注是为了更进一步地阐释:我国城市贫困人口尤其是农民工的贫困包括多维的内涵,是制度的缺失不足以维持乃至剥夺了这部分群体最基本的生存权和发展权。

第六章　以兰州市为例的分析[①]

兰州是一个在计划经济体制下发展起来的以石化、冶金、电力、机械等为主导产业的重化工业城市。20 世纪 90 年代以来，在全国城市贫困现象凸显并加剧的同时，兰州市的城市贫困问题也十分突出。本章以该市作为具体案例，结合相关统计数据及 2005 年 8 月对该市的入户调查资料，不仅对其城市贫困的特点、成因及减贫对策进行了分析，而且将其与广州市的城市贫困做了对比，以进一步解析我国转型时期不同地区的城市贫困问题。

第一节　研究设计

一、抽样方法

（一）基本思路

本章对于兰州市和广州市的抽样调查主要涉及调查对象 2004 年的基本状况，且全部采用问卷形式，对选中的家庭采取入户式访问。其中又分为两个子调查，即“城市居民生活与工作状况调查”和“城镇低收入家庭居民生活与工作状况调查”，调查问卷分两种类型设计。

兰州市包括城关、七里河、安宁、西固和红古 5 个区，以及榆中、皋兰和永登 3 个郊县，土地总面积 13517.39 平方公里，城区面积 129.83 平方

① 本章的主要内容以“西部地区大中城市贫困问题研究——以兰州市为例”为题发表于《财经科学》2007 年第 3 期。

公里。我们的调查不含3个下辖县,仅考虑包括城关区、七里河区、安宁区、西固区和红古区在内的城区。但考虑到人口的分布状况并结合调查实施的方便,故选择五个区中的城关、七里河、安宁、西固作为调查区域,从其中分别抽取300个有城市户口的住户和100个低收入家庭作为调查对象。抽样方案和方法如下:

对于四个区的市民子总体采用的是多重抽样框，调查对象的抽样框在访问实施过程中完善。所需资料一部分来源于《兰州统计年鉴》，社区资料来源于兰州市民政局。抽样分四个阶段来进行，即：抽取街道办事处、抽取居民社区、抽取住户及抽取调查对象（见表6－1）。此外，100户低收入家庭在上述调查区域中运用简单随机抽样的抽样技术抽取。

表6－1　抽样基本思路和方法

阶段	抽样单元	抽样指标	抽样方法
第一阶段	街道办事处	居民人数	PPS与等距抽取
第二阶段	社区	居民户数	等距抽取
第三阶段	住户	居民户数	随机抽样
第四阶段	调查对象		户中选人的原则

(二)具体步骤

首先,依据各街道办事处的人数,按PPS与等距方法从城关、七里河、安宁、西固等四个区中抽取10个街道办事处。其次,样本量的分配可根据兰州市不同阶层居民家庭的分布情况及调查力量,并为便于组织,从每个抽中的街道中等距抽取两个社区,再从每个抽中的社区中等距抽取15户居民家庭,共300户。10个街道办事处在四个区中的分配比例可根据其居民人数和居民户数大致确定(见表6－2)。100户低收入家庭的选取也可做类似分配。

表6－2　所选街道办事处在四个区中的分配比例

区	市民人数（万人）及所占比重（%）	总户数（万户）及所占比重（%）	街道近似分配
城关区	85.74（47.27）	25.82（47.85）	5
七里河区	44.02（24.27）	13.03（24.15）	2
安宁区	20.09（11.08）	4.90（9.08）	1
西固区	31.52（17.38）	10.21（18.92）	2
总计	181.37（100）	53.96（100）	10

资料来源：《兰州统计年鉴》，2005年版。

二、问卷设计

“城市居民生活与工作状况调查”和“城镇低收入家庭居民生活与工作状况调查”两类抽样调查表的基本问题都包含住户信息和个人信息两部分。个人信息主要包括：（1）个人特征（性别、年龄、受教育程度、健康状况等）；（2）就业状况及工作特征（下岗失业和退休状况、工作单位的所有制特征、企业的经营状况和就业部门的分类等）；（3）社会保障和社会救济状况（这部分内容体现在城镇低收入家庭居民生活与工作状况调查问卷中，主要是为了了解政府在教育、再就业、医保、低保救助以及失业救济等方面政策实施情况的问题）。住户信息则涉及到家庭的消费、财产和住房状况等等，主要有：（1）家庭收入（包括家庭可支配收入及其他收入细项）；（2）消费支出和住房状况，其中消费支出也包括各类支出细项。

第二节　兰州市城市贫困现状

一、城市贫困概况

《兰州统计年鉴》（2008）的数据显示，2007年，兰州市居民的人均可支配收入为10271元，10%最低收入户和10%最高收入户的人均可支配收入分别为3732元和23083元，前者是后者的16.2%，是全市平均水平的36.3%。同年,兰州市居民的人均消费性支出8049元,10%最低收入户和10%最高收入户的人均消费支出则分别为3773元和15173元,前者是后者的24.9%,是全市平均水平的46.9%。5%的困难户人均消费支出则更低,为3392元。①

2004年,兰州市居民的人均可支配收入为7683元,10%最低收入户和10%最高收入户的人均可支配收入分别为3195元和17368元,前者是后者的18.4%,是全市平均水平的41.6%。同年,兰州市居民的人均消费性支出6483元,10%最低收入户和10%最高收入户的人均消费支出则分别为3095元和12207元,前者是后者的25.4%,是全市平均水平的47.7%(见表6-3),5%的困难户人均消费支出则更低,约为2974元。②

分析我们的抽样调查数据③,兰州市2004年城市居民的人均收入7390.3元,约10%最低收入户的人均收入2005.7元,是全市平均值的27.1%。同年,兰州市居民的人均消费支出约为6003.3元,最低收入户的人均消费支出约为2784.7元(见表6-3),是全市平均水平的0.46。在我们所调查的低收入户中④,有大约15.3%的家庭月收入在400元以下,约31.6%的月收入介于400~800元之间。而且这些家庭的收入基本上都用于消费,金融资产存量极少。以储蓄为例,低收入类型中的69.4%其家庭存款额低于2000元,其中52%的家庭几乎没有储蓄;相反,超过半数的家庭都有负债,11.2%的家庭负债在2万元以上。大部分家庭只拥有一些最基本的家具和旧家电,低收入户中的9.2%甚至连彩电都没有。贫困家庭微薄的收入难以承受太多的生活之重,消费、住房、教育和医疗等各方面不尽如人意。

---

① 相关数据来源于《兰州统计年鉴》(2008)。

② 相关数据来源于《兰州统计年鉴》(2005)。

③ 我们的"城镇贫困"课题组对兰州市的调查最后收回一般类型的问卷283份,其中有效问卷275份;收回低收入家庭的问卷100份,有效问卷98份。此处的概况分析针对的是一般类型的275份有效问卷。

④ 此处的低收入家庭主要针对低收入类型的98份有效问卷进行分析,若无特别说明,则没有包括一般类型问卷中的贫困户在内。下文相同。

表 6-3　兰州市城市居民的收入和消费状况(2004 年)　(单位:元)

	全市平均值		人均可支配收入状况			人均消费支出状况		
	人均收入	人均消费	10% 最高收入户	10% 最低收入	两者比值	10% 最高收入户	10% 最低收入户	两者比值
统计资料	7683.2	6483.1	17368.0	3195.0	5.44:1	12207.2	3095.3	3.94:1
抽样调查	7390.3	6003.3	16607.8	2005.7	8.28:1	11461.3	2784.7	4.11:1

注:1. 与统计资料有所不同的是,由我们抽样调查数据计算所得的 10% 最低收入户的人均收入偏低较多。

2. 此外,我们调查中的最低收入户的人均可支配收入低于其人均消费性支出。之所以如此,可能是由于其中一部分家庭较高的教育费用和医疗费用支出所致。由调查可知,低收入户中教育费用超过 4000 元的家庭大概占这部分家庭的 21.9%。

资料来源:根据《兰州统计年鉴》(2005)和课题组 2005 年 8 月的入户调查资料整理。

关于兰州市 2004 年城市贫困人口的规模和贫困率,民政部门所统计的低保人数为 11.928 万人,月低保金 172 元/人,贫困率 6.8%。但若依据人均月收入 196 元的城市居民贫困线标准来估算,则其城市贫困人口约有 14.1 万人,贫困率 7.82%。而且,该贫困线仅略高于按购买力平价计算所得的人均每日消费 2 美元的国际贫困线标准。此外,若按照我们调查中的"你认为当前维持你个人生活的年最低收入(费用)水平是多少?"这一问题来计算兰州市 2004 年的主观贫困线,则约为 4890 元/人年,大致相当于按照城市居民人均可支配收入 50% 来计算的相对贫困线。① 很明显,依据调查计算所得的主观贫困线远远高于城市现行的绝对贫困线和实际的救助线(即"低保线")。如果依此标准来计算兰州市的贫困规模和贫困率,必然将有大幅度提高。

2007 年,兰州市民政部门所统计的低保人数为 12.65 万人,城关、七里河、安宁、西固、红古等五区和榆中、皋兰、永登三县的低保金分别为 230 元/人月和 173 元/人月,贫困率分别为 5.98% 和 11.64%。但若依据

① 陈立中、张建华:《中国城镇主观贫困线测度》,《财经科学》2006 年第 9 期,第 76 ~ 81 页。

人均月收入248元的城市居民贫困线标准来估算，则该市的贫困人口约为13.31万人，贫困率6.7%。①

二、以食品为主的消费结构

在低收入户的消费方面，25.5%的家庭每月平均消费支出在400元以下，包括这些家庭在内有58.2%的家庭月消费低于800元，月消费超过1000元的家庭约占1/3，其中大部分都有子女在接受非义务教育，孩子的教育费用占其支出的很大比重。此外，贫困家庭消费支出的绝大部分也是用于食品消费，恩格尔系数较高。由我们的调查资料可得，兰州市低收入户2004年的人均年消费约为3227元，每月平均不足270元，其中，人均食品消费支出约为每月162.2元，恩格尔系数高达0.60，高出平均水平22.13个百分点②；相应地，微薄收入大部分用于食品消费的结果，必然使其在其他主要消费项目的支出明显偏低，如交通和通讯、衣着等方面的费用，有95.9%的低收入家庭全家全年的衣着消费不足1000元，63.3%在500元以下，有的家庭甚至几年都不曾添置新衣。

三、令人担忧的住房状况

兰州市贫困居民的住房状况也同样不容乐观。2004年的资料显示，其城市居民的人均居住面积（指使用面积）为15.67平方米（建筑面积为19.75平方米）。③ 在我们调查的低收入家庭中，有71.4%的家庭住房建筑面积在30～60平方米之间，有的甚至三代同堂④；面积在80～120平

---

① 此处相关数据来源于兰州市统计局。

② 统计显示，兰州市城镇居民2004年的恩格尔系数为37.87%（全国和西部12省区城镇居民的恩格尔系数则相应分别为37.7%和38.88%），贫困人口的这一指标却远高出平均值。一般认为，当恩格尔系数超过0.6即为赤贫状态，由此可见，兰州市贫困居民的生活状况的确令人担忧。

③ 由我们一般类型问卷的调查数据计算可得兰州市居民的人均住宅面积约为19.4平方米，基本接近于统计数据中的建筑面积。

④ 其中有一家9口人居住在不足60平方米的普通楼房内，人均面积不足7平方米，约为平均值的1/3，也仅为贫困户人均面积的一半。

方米的家庭仅为1/11。这些贫困户的人均建筑面积不足14平方米,低于全市平均值。而且,尽管近几年政府加大了城市居民经济住房的建设力度,但仍有一些贫困家庭的住房设施极为简陋,甚至不具备基本的自来水、厕所、暖气等配套设施。调查中的住户绝大多数(约82.7%)居住在普通楼房或普通平房内,前者占53.7%,后者占29.6%;还有9.2%的家庭住在条件更差的地方。同时,如果考虑流动群体中的那部分贫困者,则城市贫困人口的住房状况更是令人担忧,他们中的大多数租住在城乡结合部廉价的土平房内,缺乏各种必要的基本设施。

四、超重的教育和医疗负担

与全国其他城市的贫困家庭类似,尽管是在入不敷出的情况下,兰州市的贫困居民也仍然要面对诸如子女教育、赡养老人、医疗保健以及购买房屋等各项超出自己承受能力的庞大支出。作为人力资本投资最重要的途径,以及贫困家庭改善困境的寄托,子女的受教育被认为是一件大事。但是,教育费用(尤其是高昂的高等教育费用)对于贫困家庭来说实在是一项无力承担的重负,有将近一半的家庭认为当前的高等教育收费太高而无法接受。而且,较高的教育费用不仅加剧了贫困家庭的经济窘境,反过来,家庭的经济困难又严重影响着贫困家庭的子女教育。

同时,受各方面条件的限制,很多贫困居民小病不去医院、大病去不起医院的状况相当普遍,调查对象的63.3%有过看不起病的经历,有约33.7%的贫困家庭认为"家人生大病所需的高额医药费"使其感到压力最大。另有约46.9%的家庭认为"子女上学所需的高额教育费用"使其感到压力最大,两者相加占80.6%,因学致贫和因病致贫现象在城市贫困家庭也同样存在。

五、边缘化的危机及对未来的迷茫

应当引起重视的是,由于经济资源的匮乏以及相应权利的缺失,贫困人口总是很容易处于被忽视甚至歧视的边缘化境地,加之这种环境之下贫困人口的自我排斥,都将导致其与主流社会的逐渐脱离。若任这种情况进一步发展，无疑会使城市贫困长期化和稳固化，并产生类似于西方国家的贫困文化和贫民窟现象。

在我们所调查的低收入家庭中，有 42.9% 的家庭全年不存在任何诸如互赠礼物或请客吃饭等形式的人情往来，18.4% 的家庭只有过 10 次以下的人情交往。由此可见，城市贫困人口的社会网络相当狭窄，社会资本严重不足。① 而且，这又极可能使贫困状况在相对集中的地域范围内通过代际传导固化和强化，加之匮乏的教育资源等等，进而影响到这些家庭后代的发展。

至于对家庭未来的变化情况，我们调查中约 30.6% 的家庭认为可能还不如现在；15.3% 的家庭认为目前的状况不会有什么改变；20.4% 的家庭觉得无从推断。② 这也反映了贫困家庭对其生活现状的悲观和迷茫。在这些调查对象中，有 85% 曾接受过或正在接受政府部门所提供的诸如下岗再就业、低保或困难救助等形式的扶助，但当问及对这些帮助的看法时，其中的 43.5% 表示出明显的不满意，32.8% 表示说不清，比较满意的仅有约 20%，很满意的甚至不到 2%，而之所以不满意的原因主要是认为政府现行的帮助措施仅仅停留在表面的形式上。

第三节　兰州市和广州市的城市贫困对比

改革开放以来，我国东西部地区之间收入差距的扩大已成为不争的事实。而且，自 20 世纪 90 年代中后期，伴随着城市经济的快速发展和城市居民人均收入的快速提高，我国转型背景下的城市贫困问题也开始表现得日益严峻。在此背景之下，东部发达地区的城市贫困表现出哪些特点？与西部欠发达地区相比存在怎样的异同？这都是需要我们进一步深

① 对于另一项与此有关的问题，即“您从您亲属那里得到的帮助大吗”，有 14.3% 的家庭回答“较小”，37.8% 的家庭回答“微不足道或根本没有”。这从另一侧面反映了贫困家庭简单的社会交往，他们甚至与亲属之间的联系都十分微弱。

② 是针对问卷中“您认为未来五年内您家生活水平将怎样变化”这一问题的分析结果，很显然，大多数的家庭对其未来缺乏信心。

入思考的问题。

与本章第一节相同,本节也仍然主要采用课题组2005年8月对两市的抽样调查数据,涉及调查对象2004年的基本状况,且全部采用问卷形式,对选中的家庭采取入户式访问。调查问卷包括两个子调查:一是城镇居民生活与工作状况调查,二是城镇低收入家庭居民生活与工作状况调查。

对两市的抽样调查均分为四个阶段进行,即:(1)抽取街道办事处。依据各街道办事处的人数按PPS与等距方法抽取若干街道办事处,街道办事处在各区中的分配比例可根据两城市各区的居民人数和居民户数大致确定。(2)从每个抽中的街道中等距抽取若干社区。(3)从每个抽中的社区中等距抽取住户。两市分别抽取300户有城镇户口的家庭作为调查户。(4)在抽中的调查户中根据调查问卷选择调查对象。此外,还分别从兰州市和广州市随机抽取了100个和150个低收入家庭作为调查对象,低收入家庭的选取也遵循上述抽样原则并做了类似分配。

一、两市贫困居民的收入和消费概况

2004年的统计数据显示①,兰州市居民当年的人均可支配收入为7683元,其中,10%最低收入户和10%最高收入户的人均可支配收入分别为3195元和17368元,前者是后者的18.4%,是全市平均水平的41.6%;同年,兰州市居民的人均消费性支出6483元,10%最低收入户和10%最高收入户的人均消费支出则分别为3095元和12207元,前者是后者的25.4%,是全市平均水平的47.7%。广州市居民2004年的人均可支配收入为16884元,其中,20%低收入户和20%高收入户的人均可支配收入分别为5738元和32686元,前者是后者的17.6%,是全市平均水平的34%;同年,其人均消费性支出为13121元,20%低收入户和20%高

① 相关统计数据分别来自《兰州统计年鉴》(2005)和《广州统计年鉴》(2005)。相关统计数据中,兰州市的最高收入户和最低收入户均按高低十等份分组,即各占调查户数的10%,广州市则按高低五等份分组,即高收入户和低收入户各占调查户数的20%。

收入户的人均消费支出则分别为 6734 元和 19811 元，前者是后者的34%，是全市平均水平的 51.3%（见表 6－4）。

表 6－4　兰州市和广州市居民收入和消费状况对比(2004 年)（单位:元）

		全市平均值		人均可支配收入			人均消费支出		
		人均收入	人均消费	最高收入户	最低收入户	两者比值	最高收入户	最低收入户	两者比值
兰州	统计数据	7683	6483	17368	3195	5.44:1	12207	3095	3.94:1
	调查数据	7390	6003	16608	2006	8.28:1	11461	2785	4.11:1
广州	统计数据	16884	13121	32686	5738	5.70:1	19811	6734	2.94:1
	调查数据	15766	10835	35364	3831	9.23:1	21667	5471	3.96:1

注:1. 兰州市的最高收入户和最低收入户则按高低十等份分组，即各占调查户数的 10%；两市的调查数据均按十等份分组；广州市的统计资料中，最高收入户和最低收入户按高低五等份分组，即各占调查户数的 20%。

2. 与统计资料有所不同的是，两城市由我们抽样调查数据计算所得的最低收入户的人均收入均偏低较多，故而使得调查数据中最高收入户和最低收入户的人均可支配收入之比与统计数据相比更大。

资料来源：根据《兰州统计年鉴》(2005)、《广州统计年鉴》(2005)和课题组 2005 年 8 月的入户调查资料整理。

对比两城市居民的人均可支配收入和人均消费性支出可以发现，经济发展水平越高的地区，其城市低收入群体无论收入还是支出都相应较高，但是，广州市高低收入群体之间的收入差距较之兰州市更大，而其高低收入群体之间的支出差距却较之兰州市要小。这也反映出：经济越发达的地区，其城市居民的相对贫困则越严重。而且，发达地区其城市低收入群体入不敷出的经济窘境较之欠发达地区表现得更为突出。

分析我们的抽样调查数据，也可以发现上述同样的特点。① 2004 年，兰州市和广州市城市居民的人均收入分别为 7390 元和 15766 元，兰州市

① 在兰州市和广州市各 300 份一般类型的问卷中，分别收回 283 份和 284 份，其中有效问卷分别为 275 份和 274 份；兰州市抽取的低收入家庭分别为 100 户，广州 150 户，最后分别收回问卷 100 份和 148 份，其中有效问卷分别为 98 份和 140 份。此处关于两市城市贫困概况的分析针对的是一般类型问卷中所反映的信息。

约10%最低收入户的人均收入为2006元，是全市平均值的27.1%；广州市约10%最低收入户的人均收入为3831元，是全市平均值的24.3%。同年，兰州市居民的人均消费支出约为6003元，最低收入户的人均消费支出约为2785元，是全市平均水平的0.46；广州市居民的人均消费性支出约为10835元，10%最低收入户的人均消费支出约为5471元，是全市平均水平的0.51（见表6－4）。

2007年的统计数据显示①，兰州市居民当年的人均可支配收入为10271元，10%最低收入户和10%最高收入户的人均可支配收入分别为3732元和23083元，前者是后者的16.2%，是全市平均水平的36.3%；同年，其人均消费性支出8049元，10%最低收入户和10%最高收入户的人均消费支出则分别为3773元和15173元，前者是后者的24.9%，是全市平均水平的46.9%。相应地，广州市居民的人均可支配收入为22469元，20%低收入户和20%高收入户的人均可支配收入分别为7744元和43366元，前者是后者的17.9%，是全市平均水平的34.5%；同年，其人均消费性支出18951元，20%低收入户和20%高收入户的人均消费支出则分别为8597元和29658元，前者是后者的29.0%，是全市平均水平的45.4%。

对比两城市2004年和2007年的统计数据可见，近几年来，广州市高低收入群体的收入差距虽未表现出明显拉大，但其低收入群体人均消费性支出的增加幅度却更为明显②，低收入群体入不敷出的状况依然十分突出。处于经济欠发达地区的兰州市，近几年来随着经济发展水平的不断提高，其高低收入群体之间的收入差距则表现出明显拉大的趋势，其高低收入群体之间的支出差距虽也在拉大，但不及收入差距明显。

① 相关数据分别来源于兰州市统计局和广州市统计局，兰州市的最高收入户和最低收入户仍按高低十等份分组，各占调查户数的10%，广州市则按高低五等份分组，高收入户和低收入户各占调查户数的20%。

② 之所以如此，与相应年份宏观经济层面的通货膨胀紧密相关，各城市的低收入群体也因而成为通货膨胀的最大受害者。

二、两市贫困家庭的收入来源和消费结构

从收入来源看，工薪收入几乎成为两城市贫困家庭的唯一来源，且基本上全部用于消费，其金融资产和物质财富占有量极少，几乎没有财产性收入。在兰州市和广州市被调查的低收入户中，分别有大约 15.3% 和 17.3% 的家庭月收入在 400 元以下，约 31.6% 和 27.3% 的家庭月收入介于 400 ~ 800 元之间，两城市低收入户中都约有将近一半的家庭月收入不足 800 元。就储蓄而言，广州市和兰州市低收入户中分别有 69.4% 和 70.1% 的家庭其存款额低于 2000 元，其中，52% 和 56.4% 的家庭几乎没有储蓄；相反，超过半数的家庭都有负债，兰州市 11.2% 的家庭负债在 2 万元以上，广州市的这一比重为 10%（见表 6－5）。同时，两城市贫困家庭就业者的负担系数均较高，家庭的人均收入水平很低。① 相对于其较高的经济发展水平和消费水平，广州市低收入家庭的贫困状况及其生活窘境更为严峻。

表 6－5　广州市和兰州市低收入家庭收入和支出状况（2004 年）（单位:%）

	①	②	③	④	⑤	⑥	⑦
兰州市	15.3	25.5	58.2	31.6	69.4	52	11.2
广州市	17.3	19.2	53.8	27.3	70.1	56.4	10.1

注:①表示月收入 400 元以下家庭所占比重;②表示月消费支出 400 元以下家庭所占比重;③表示包括②在内的月消费支出低于 800 元的家庭所占比重;④表示月收入介于 400 ~ 800 元之间的家庭所占比重;⑤表示存款额低于 2000 元的家庭所占比重;⑥表示⑤中没有储蓄的家庭所占比重;⑦表示负债在 2 万元以上的家庭所占比重。

资料来源:根据课题组 2005 年 8 月的入户调查资料整理。

① 在兰州市所调查的低收入家庭中，每户平均约 3.7 人（一般类型问卷所涉及的将近三百户家庭户均 3.49 人，与之相对比，说明了低收入家庭的人口规模相对较大），人数超过 4 口的家庭约占调查数的 51%，超过 5 口的约占 20.4%。其中最为典型的一户人家有 9 口人，挤住在不足 60 平方米条件十分简陋的普通楼房内，家庭月收入不到 1500 元，76 岁的老人经常多病，家中有失业下岗成员（而且在失业下岗寻找工作的过程中没有享受过国家的再就业扶持政策），还有在校的学生，就业者的家庭负担系数较高，生活极为困难。

就两城市低收入家庭的消费支出及消费结构而言，都表现出绝对额低以及以食品消费为主的特点。兰州市和广州市月均消费支出在400元以下的家庭分别占到所调查低收入户的25.5%和19.2%，前者包括这些家庭在内有58.2%的家庭月消费低于800元，后者该比重为53.8%（见表6－5）。此外，广州市月消费超过1000元的家庭仅约30%；兰州市月消费超过1000元的家庭也仅占1/3左右，其中大部分都有子女在接受非义务教育，孩子的教育费用占其消费的很大比重，其中教育费用超过4000元的家庭大概占这部分家庭总数的21.9%。

而且，贫困家庭消费支出的绝大部分主要用于食品消费，恩格尔系数较高。相应地，微薄收入大部分用于食品消费的结果，必然使其在其他主要消费项目的支出明显偏低，如交通和通讯、衣着等方面的费用。兰州市所抽取的低收入家庭中有大约95.9%的家庭，其全家全年的衣着消费不足1000元，63.3%在500元以下，广州市所调查的低收入家庭中，有约79.1%的家庭全年衣着消费在500元以下；有的家庭甚至几年都不曾添置新衣。

三、两市主观贫困线、相对贫困线和实际救助线对比

若按照我们调查中的“你认为当前维持你个人生活的年最低收入（费用）水平是多少?”这一问题来计算两市的主观贫困线，兰州市为4890元/人年，广州市为9190元/人年，大致相当于各自的相对贫困线（兰州市和广州市分别为4264元/人年和8442元/人年），却远远高于其当年的实际救助线，即城市最低生活保障线（兰州市和广州市分别为2280元/人年和3960元/人年）①（见图6－1）。显然，城市居民收入水平越高，其主观

① 简单地说，主观贫困线是从价值判断和社会评价的角度出发，将贫困看做是一个主观的概念，反映不同个体对最低收入水平的看法；相对贫困线是按照两市居民当年人均可支配收入的50%计算所得；“低保线”是各地方政府依据维持当地基本生活水平的消费需求而建立的最低生活保障标准。此处所引数据来自于陈立中、张建华：《中国城镇主观贫困线测度》，《财经科学》2006年第9期，第76～81页，也是由“中国转型时期城镇贫困的测度与反贫困政策评估”课题组2005年8月的入户抽样调查数据计算所得。

贫困线和实际救助线也就越高,但是,两市的主观贫困线均约为其"低保线"的两倍左右,则说明,各地政府对其城市贫困人口的救助标准仍然太低,远远低于人们对当地最低生活水平的主观要求。无疑,若依此主观贫困线来计算两市的贫困规模,其贫困人口数量和贫困率无疑都将大幅提高。

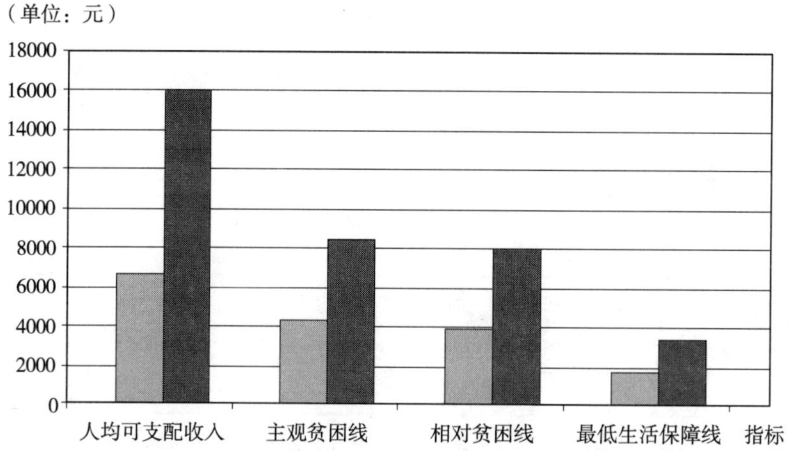

图 6－1　兰州市和广州市收入水平、贫困线和实际救助线对比(2004 年)

2007 年,兰州市和广州市的人均可支配收入分别为 10271 元和 22469 元①,相应地,按其人均可支配收入 50% 计算所得的相对贫困线分别为 5135 元/人年和 11235 元/人年。同年,兰州市的"低保线"为 2760 元/人年,较之 2004 年增长了 22.1%,广州市的"低保线"则仍为 3960 元/人年。②

四、两市住房、教育和医疗状况

考察两城市贫困居民的住房状况,也同样不容乐观。据 2004 年的统

① 国家统计局:《中国统计年鉴》,中国统计出版社 2008 年版。

② 36 个中心城市低保标准一览表(2007 年 12 月).http://dbs.mca.gov.cn/article//dbbz/200801/20080100011256.shtml。

计资料，广州市和兰州市居民的人均居住面积分别为18.19平方米15.67平方米。① 在所调查的低收入家庭中，广州市和兰州市分别有68.7%和71.4%的家庭住房建筑面积在60平方米以下；面积在80～120平方米的家庭两市仅分别为4.8%和9.1%。两城市贫困家庭的人均建筑面积均不足14平方米，低于其平均值。此外，所调查低收入家庭中的绝大多数（广州市约75.5%、兰州市约82.7%）居住在普通楼房或普通平房内；有少数家庭（广州市约4.1%、兰州市约9.2%）住在条件更差的地方（见表6－6）。而且，若包括流动群体中的那部分贫困者，则两城市贫困人口的住房状况更是令人担忧，他们中的大多数租住在城乡结合部廉价的土平房内，缺乏各种必要的基本设施。

表6－6 兰州市和广州市居民住房状况对比（2004年）

城市	①	②	③	④	⑤
兰州市	15.67平方米	71.4%	9.1%	53.7%	29.0%
广州市	18.19平方米	68.7%	4.8%	58.5%	17.0%

注：①表示人均居住面积；②表示所调查低收入户中住房面积在60平方米以下的家庭所占比重；③表示所调查低收入户中住房面积在80～120平方米的家庭所占比重；④表示所调查低收入户中居住在普通楼房的家庭所占比重；⑤表示所调查低收入户中居住在普通平房的家庭所占比重。

资料来源：根据《广州统计年鉴》（2005）、《兰州统计年鉴》（2005）和课题组2005年8月的入户调查资料整理。

受各方面条件限制，很多贫困居民小病不去医院、大病去不起医院的状况相当普遍。兰州市和广州市调查对象中分别有63.3%和64.8%有过看不起病的经历。兰州市约有33.7%的贫困家庭认为“家人生大病所需的高额医药费”使其感到压力最大；另有约46.9%的家庭认为“子女上学所需的高额教育费用”使其感到压力最大，两者相加占80.6%；广州市则分别有46.2%和35.9%的贫困家庭认为“家人生大病所需的高额医药费”和“子女上学所需的高额教育费用”使其感觉压力最大，两者相加占

① 此处“人均居住面积”即指使用面积。若按建筑面积计算，广州市和兰州市的人均居住面积分别为25.65平方米和19.75平方米。

调查户的82.1%（见表6－7）。可见，因学致贫和因病致贫现象无论是在发达地区还是欠发达地区的城市贫困家庭中都同样存在。从表6－7中也可看出，发达地区城市贫困家庭失业风险的压力明显高于欠发达地区。

表6－7　兰州市和广州市贫困家庭感觉压力最大的事件占比分析（2004年）

（单位：%）

城市	①子女上学所需的高额教育费用	②家人生大病所需的高额医药费	①＋②	购置商品房所需的大量资金	失业的风险
兰州市	46.9	33.7	80.6	11.2	8.2
广州市	35.9	46.2	82.1	2.0	15.9

资料来源：根据课题组2005年8月的入户调查资料整理。

五、贫困人口自身及其家庭特点

贫困人口或其家庭自身的原因也是导致和加剧城市贫困的重要原因，比如，家庭主要劳动者的下岗、失业且难以再就业；主要就业者的在职低收入；子女高额的教育费用，以及家有残疾人或长期患病者的等等，主观态度则是次要原因。在我们所调查的低收入户中，兰州市和广州市分别约有11.1%和17.6%的家庭没有处于就业的成员。那部分有就业成员的家庭中，若有多人就业时，我们只统计那位收入最高成员的相关信息，在兰州市的调查对象中，约有38.2%在企业工作①，19.1%是私营或个体经营人员，15.7%是短期或临时合同职工；这些企业中又有35.3%处于亏损或濒临破产的困境。

而就贫困人口自身，以所调查中低收入家庭的户主来说，兰州市和广州市分别大约有51%和43.9%其年龄处于45～55岁之间。他们的受教育程度普遍较低，初中文化程度的兰州市和广州市分别约占到27.6%和29.1%；高中文化程度的分别约占到23.5%和26.4%；小学及以下文化水平的分别约占到20.4%和16.2%；中专及以上文化程度的分别也仅有

① 就企业的所有制性质而言，则以地方国有企业为主，占35.3%，若包括中央或省级的国有企业，则达到50%。

28.6%和28.4%(见图6-2)。

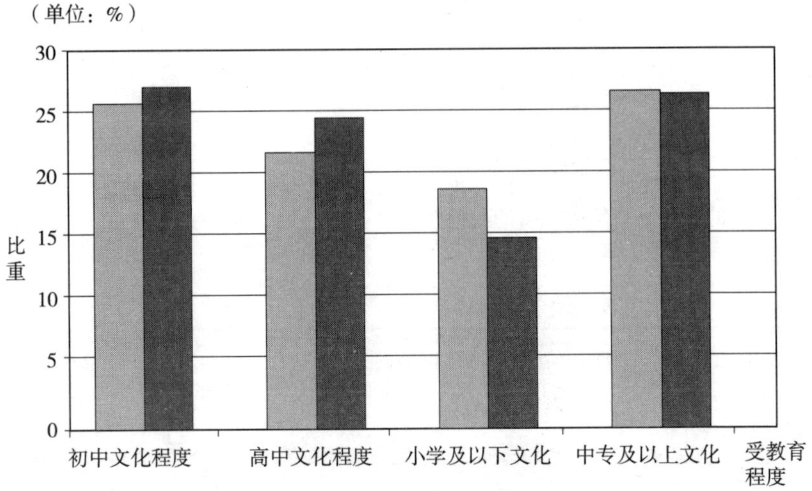

图6-2　广州市和兰州市贫困家庭户主受教育程度对比

六、社会资本及对未来的预期

同时,由于经济资源的匮乏以及相应权利的缺失,贫困人口很容易处于被忽视甚至歧视的边缘化境地,也因而表现为与主流社会的逐渐脱离。这点在发达地区的城市中表现得尤为明显。在我们所调查的低收入家庭中,广州市约有63.8%的家庭全年不存在任何诸如互赠礼物或请客吃饭等形式的人情往来,兰州市的这一比重为42.9%;此外,广州市仅有4%的家庭有过10次以上的人情交往。由此可见,城市贫困人口的社会网络相当狭窄,社会资本严重不足。对于另一项与此有关的问题,即"您从您亲属那里得到的帮助大吗",广州市和兰州市分别约有12.1%和14.3%的家庭回答"较小",约28%和37.8%的家庭回答"微不足道或根本没有"。这从另一侧面反映了贫困家庭简单的社会交往,他们甚至与亲属之间的联系都十分微弱。而且,这又极可能使贫困状况在相对集中的地域范围内通过代际传导固化和强化,进而影响到这些家庭后代的发展。针对问卷中"您认为……"这一问题,分析结果表明,对家庭未来的变化情况，广州市和兰州市分别约有 10.9% 和 30.6% 的家庭认为可能还不如现在；25.5% 和 15.3% 的家庭认为目前的状况不会有什么改变；25.2% 和 20.4% 的家庭觉得无从推断（见表 6－8）。①

表 6－8　兰州市和广州市贫困家庭的人情往来及对未来预期（2004 年）

（单位：%）

	①	②	③	④	⑤
兰州市	14.3	37.8	30.6	15.3	20.4
广州市	12.1	28	10.9	25.5	25.2

注：①表示从亲属那里得到的帮助“较小”的家庭所占比重；②表示从亲属那里得到的帮助“微不足道或根本没有”的家庭所占比重；③表示未来五年内生活水平“可能还不如现在”的家庭所占比重；④表示未来五年内生活水平“不会有什么改变”的家庭所占比重；⑤表示对未来五年内生活水平变化“无从推断”的家庭所占比重。

资料来源：根据课题组 2005 年 8 月的入户调查资料整理。

在两城市所调查的低收入居民中，兰州市约有 85% 曾接受过或正在接受政府部门所提供的诸如下岗再就业、低保或困难救助等形式的扶助，但当问及对这些帮助的看法时，其中的 43.5% 表示出明显的不满意，32.8% 表示说不清，比较满意的仅有约 20%，很满意的甚至不到 2%，而之所以不满意的原因主要是认为政府现行的帮助措施仅仅停留在表面的形式上。广州市的情况较为乐观，约有 90% 曾接受过或正在接受政府部门所提供的诸如下岗再就业、低保或困难救助等形式的扶助，当问及对这些帮助的看法时，仅有 7.4% 表现出明显的不满意，16.2% 表示说不清，比较满意的占到 50.0%，很满意的占到 26.4%（见表 6－9）。这也反映了经济发达地区的城市贫困的救助工作较之欠发达地区更注重实效，也为各城市今后的减贫工作提供了参考依据。

① 与兰州市一样，广州的大多数贫困家庭对其未来也缺乏信心，对其生活现状感到悲观和迷茫。

表 6-9 兰州市和广州市贫困居民对政府救助的看法(2004 年)

(单位:%)

	不满意	说不清	比较满意	很满意
兰州市	43.5	32.8	21.8	1.9
广州市	7.4	16.2	50.0	26.4

资料来源:根据课题组 2005 年 8 月对两市的入户调查资料整理。

显然,两市城市贫困居民在收入、消费、住房、教育和医疗等各方面都表现出与平均水平的明显差距;狭窄的社会网络和严重不足的社会资本也使之更容易处于边缘化的境地,大多数的贫困家庭对其未来缺乏信心。而且,经济发展水平较高的广州市,其城市高低收入群体之间的收入差距越大,城市贫困居民的绝对贫困和相对贫困都表现得更为严重,入不敷出的经济窘境较之欠发达地区的兰州市表现得更为突出;相应地,其城市主观贫困线和实际救助线也越高,但是,各地政府对其城市贫困人口的救助标准仍远低于人们对当地最低生活水平的主观要求。无疑,不同类型的地区应在今后的城市反贫困工作中针对各自的贫困特点,因地制宜地采取相关减贫措施。

第四节 兰州市贫困成因及减贫对策

一、兰州市城市贫困成因分析

我国现阶段的城市贫困问题有其产生和加剧的宏观原因。可以认为,我国经济与社会转型中与城市贫困有关的因素,主要是被城市社会结构转型、产业结构调整、经济体制改革和公有制企事业单位改革引发的,是为社会分配制度和社会保障制度改革滞后等因素加剧的。① 无疑,兰州市的贫困问题也是转型过程中这一系列因素共同作用的结果,而且,由于该市一直以来以传统产业为主,加之国有企业和集体企业在其中占有

① 张建华:《中国经济转型发展中的城镇贫困问题》,《云南大学学报》2007 年第 1 期,第 48 ~ 58 页。

较大比重，以及企业由于落后思想观念而形成的落后经营管理机制，所以，产业结构调整和国有企业改革对兰州城市贫困的影响比其他地区更为突出。① 从微观角度来看，则涉及贫困人口自身及其家庭方面的原因。兰州市的城市贫困人口也主要包括：因病因残致贫的那部分人群、长期处于贫困状态的“三无”人员、困难企业的困难职工②，以及外地流入城市却无固定职业和收入的贫困人口四类。与全国的贫困人口结构相吻合，后两者是兰州市城市贫困人口的主体。

（一）经济结构调整的影响

由于国家于“一五”和“三线”时期在兰州市布局了一批重要的工业企业，所以不仅其产业结构是以化工、机械、军工、森工、煤炭和纺织等传统产业为主，而且国有经济在国民经济中占据着很大比重。改革开放以前，兰州市的城市贫困人口主要是“三无”人员，而且所占比重很小。这主要是因为当时的户籍制度、城市的就业制度、福利制度以及其他配套政策的综合作用，强大的行政力量致使城市一直保持着较高的就业水平、相对平均的工资水平以及较好的福利待遇。

但是，在社会结构和经济体制转型的大背景下，市场机制开始逐渐取代计划而成为配置资源的主要方式，尤其是20世纪90年代中后期以来，兰州市与全国很多城市一样，也处于结构调整和转换的关键时期，大规模的产业结构调整因此引发了就业结构的急剧变化，从而使一部分人不可避免地陷入贫困状态。随着国有企业减员增效、下岗分流的加速改革，收入分配制度等各方面改革的综合深入，以及企业经营机制改变、产品结构调整等多方面因素的共同作用下，某些产业的产品需求因此大幅减少，市场明显萎缩，加之部分企业管理滞后、经营不善，行业或企业经济效益迅速下滑，导致结构性失业，下岗人员激增。

---

① 当然，贫困人口自身素质及其家庭微观层面的原因也不容忽视。因为在经济社会的转型大背景下，随着经济运行过程中竞争机制作用的加强，市场经济的优胜劣汰原则导致了对低素质企业和劳动力的排斥。

② 困难企业的困难职工主要包括：因企业亏损和结构性调整而下岗的职工、因企业破产而失业的职工、企业停产或半停产的在职低收入职工、上述类型企业中的离退休职工。

这一阶段，兰州市不仅纺织、煤炭、机械、有色冶金等行业的国有企业受到较大冲击，如兰通厂、兰石厂、兰州四毛厂等国企下岗失业人员较多，在业者的工资水平也急剧下滑；而且，还相继关闭了一批小玻璃厂、小炼油厂、小火电厂、小炼钢厂和小水泥厂，即所谓的"五小"集体企业。但是由于此时城市第三产业发展滞缓，服务业层次较低，对劳动力的吸纳能力较弱，以及这部分人员自身的一些原因，如年龄偏大、知识技能单一、文化水平低、家庭负担重等等，必然使其在就业和生活中都处于不利境地，成为经济社会转型过程中利益受损较为严重群体，一部分人因此而贫困。与此同时，由于区域经济发展的软、硬环境都处于较落后的状态，所以非公有制经济的发展也步履维艰，难以成功填补国有企业衰落留下的空间。而且，由于计划经济时期兰州市多存在职工子女顶替父母岗位的就业方式，所以近年来，随着某些行业企业的不景气，同行业中全家下岗或失业而沦为贫困户的情况在兰州市也比较常见。

产业结构调整的影响还表现为第一产业所释放出的劳动力也大量涌入城市，这在城市就业岗位不足的情况下必然加剧城市的贫困状况。这点虽然在我们的抽样调查中并未涉及，但毋庸置疑，流动人口所造成的城市贫困状况也不容忽视。有报道反映①，近年来流入兰州市的外来人口大幅度增加，仅公安机关登记在册的流动人口就以平均每年 4 万左右的幅度增加。兰州市目前的流动人口约为 40 万人，占城市常住人口的 13%，这部分人的文化程度普遍不高，收入偏低，社会不稳定隐患突出。从其流入结构来看，大部分来自省内外的农村地区，其中的 1/2 多来自省内，如定西、陇东、陇南以及广河、东乡、康乐等贫困地区，将近 1/3 来自四川、浙江、江苏、福建、河南等省。从其所从事行业来看，流动人口主要从事建筑、装修、商贸流通、家政服务等劳动密集型行业，尤以简单的体力劳动为主。其中，务工的约占 50.4%，经商的约占 24.4%，服务业约占 15.4%，三者合计达 90.2%。从其分布状况来看，大量流动人口主要围绕城市中心活动。截至 2003 年 6 月 30 日登记在册的 12 万多暂住人口

① 杨尚荣：《兰州 40 万流动人口在干啥?》，《兰州晚报》2004 年 3 月 5 日。

中,有5万多人住在城关区,约占流动人口的将近一半,城关、七里河、西固和安宁四个区的流动人口占总数的88.4%。就其居住状况而言,也存在着较为明显的聚居现象,作为兰州市经济、文化最发达的地区,城关区也是城郊结合部最为密集的地区,约有43.6%的流动人员居住在城关区的出租屋内,且多从事个体或短期的不固定职业,约41.4%居住在单位内部或工地现场,主要是单位雇用的临时工或建筑工地的务工人员。

（二）贫困人口及其家庭自身的原因

与很多城市类似,兰州市年龄在45~55岁之间的人群在社会经济转型过程中也首先陷入贫困。就贫困人口自身的原因而言,主要在于他们的文化素质较低、年龄偏大、技术单一或者产业结构转型导致其所掌握的技术已经过时,从而下岗失业之后再就业的可能性较小。以我们所调查的低收入家庭户主为例,大约有51%的年龄在45~55岁之间,他们的受教育程度普遍较低,其中27.6%是初中文化,23.5%为高中文化,小学及以下文化水平的约为20.4%,中专及以上文化程度的仅有28.6%（见表6-10）。

表6-10　兰州市以户主为例的贫困人口受教育状况（2004年）（单位:%）

教育程度	小学以下	小学	初中	高中	中专	大专	大学及以上
比重	8.2	12.2	27.6	23.5	14.3	7.1	7.1

资料来源:2005年8月对兰州市低收入家庭的抽样调查数据。

从贫困者家庭方面的原因来看,其家庭往往人口较多、就业面（即就业人数与家庭总人数的比例）较小,或者有家人处于生病、残疾、无劳动能力等不利状况,因而其生活负担较重,更容易陷入贫困。在我们所调查的低收入家庭中,每户平均3.7人①,人数超过4口的家庭约占调查数的51%,超过5口的约占20.4%。

此外,在下岗失业职工形成的城市贫困人口中,很大一部分还存在着

① 一般类型问卷所涉及的将近三百户家庭户均3.49人,与之相对比,说明了低收入家庭的人口规模相对较大。

落后的择业观念和过度依赖政府的思想,这也已成为其再就业的无形障碍。这部分人大多在计划经济时代享受过城市的各种福利政策,尤其那些为企业贡献了大半生的职工,很难树立市场经济的就业观念,总在寻找所谓的"铁饭碗",难以适应市场经济条件下激烈的就业竞争。而且更容易产生相对剥夺感,自主竞争择业的意识淡漠,主动走入市场的为数不多,对再就业的要求过高,不愿意或不适应通过非正规就业来改变现状,更不愿从事那些脏、累、差的工作。

(三)社会保障方面的原因

社会保障体系的不健全也是兰州市城市贫困状况日益严重的又一重要宏观原因。就城市居民的最低生活保障线而言,一方面,由于政府财政能力较弱,救助的覆盖面非常有限,只有少部分的城市贫困人口能够得到救助①,大部分的下岗职工和特困居民以及长期流动人口中的贫困者未予考虑。在我们所调查低收入家庭的成员中,仅有18.4%的领取过最低生活保障金。另一方面,政府的可用资金无法满足需要救助者的需要,巨大的资金缺口不仅使救助的覆盖面难以扩大,而且对现有贫困者的救助也十分微薄,难以保障贫困居民的最低生活,更难以起到预防贫困的作用;同时,保障的社会化程度很低,而且不同类型单位、行业和部门的社会保障负担不同。表6-11和表6-12反映了近年来甘肃省和兰州市与其他省市相比较而言较低的城市低保标准及补差标准。

表6-11 各省会城市最低生活保障制度创建时间及保障标准对比

(单位:元/人月)

城市	创立时间	1999年低保线	2004年低保线	2005年低保线	2005年人均补差	2007年低保线	2007年人均补差
北京	1996.7	200	290	290	234	330	234
天津	1998.1	185	241	265	98	330	98
石家庄	1996.1	140	205	220	74	220	74

① 兰州市民政局的统计数据显示,2004年该市的低保对象11.9万人,最低生活保障线172元/人月。

城市	创立时间	1999 年低保线	2004 年低保线	2005 年低保线	2005 年人均补差	2007 年低保线	2007 年人均补差
太原	1997.7	120	171	183	69	220	69
呼和浩特	1997.1	110	180	190	80	230	80
沈阳	1995.3	150	205	220	53	260	53
长春	1996.7	130	169	169	65	205	65
哈尔滨	1997.4	140	200	200	49	245	49
上海	1993.6	215	290	290	149	350	149
南京	1996.8	140	220	240	94	300	94
杭州	1997.1	165	270～300	280～320	143	300～340	143
合肥	1996.7	150	210	210	48	260	48
福州	1995.1	170	200～220	200～220	79	228～260	79
南昌	1997.1	100	165	190	65	210	65
济南	1996.7	140	208	230	66	280	66
郑州	1996.8	120	200	200	72	260	72
武汉	1996.3	150	220	220	64	248	64
长沙	1997.7	130	200	200	72	220	72
广州	1995.7	240	300	330	176	330	176
南宁	1995.9	150	190	210	62	220	62
海口	1995.1	170	221	221	57	260	57
成都	1997.7	120	178	210	55	245	55
重庆	1996.7	130	185	195	77	210	77
贵阳	1998.1	120	190	170	61	169～225	61
昆明	1996.7	140	156	210	83	175～215	83
拉萨	1997.1	130	180	200	106	230	106
西安	1998.1	105	180	200	63	200	63
兰州	1998.1	120	172	190	59	230	59
西宁	1997.8	120	155	165	66	178	66
银川	1998.1	100	170	180	66	200	66
乌鲁木齐	1998.1	120	159	161	87	156	87

资料来源：1999 年和 2004 年数据来源于民政部：《中国民政统计年鉴》，中国统计出版社 2004 年版；2005 年、2007 年数据来源于民政部网站。

表 6－12　2003 年我国各省市城市居民最低生活保障标准及人均补差

（单位:元/人月）

地区	平均标准	人均补差	地区	平均标准	人均补差
全国	160	58	河南	125	51
北京	290	192	湖北	137	54
天津	241	65	湖南	138	47
河北	157	47	广东	206	73
山西	124	56	广西	136	55
内蒙古	127	53	海南	145	60
辽宁	175	61	重庆	148	74
吉林	130	53	四川	135	50
黑龙江	150	48	贵州	109	52
上海	290	134	云南	152	62
江苏	188	76	西藏	170	82
浙江	213	111	陕西	135	50
安徽	155	51	甘肃	128	58
福建	172	54	青海	152	72
江西	112	55	宁夏	153	71
山东	162	49	新疆	130	69

资料来源:民政部:《中国民政统计年鉴》,中国统计出版社 2004 年版。

此外,由于缺乏有效的失业保险体系,加之大部分破产企业近年来没有参加失业保险,下岗且未再就业者享受不到失业保障待遇,在我们所调查的低收入家庭中,仅有 6.1% 的人员领取过失业救济金(包括下岗生活费)。医疗保险方面的情况也不容乐观,城市居民往往是自购医疗保险或自负医疗费,而高昂的医疗费用对于贫困家庭来说实在是一项很沉重的负担,使贫困家庭压力巨大,小病不去看,大病看不起的现象非常普遍。一旦家庭中有人得大病,高额的医疗费则可能使一般收入的家庭立即陷入贫困,而原本贫困的家庭更是雪上加霜。相应地,压低其他各方面消费来偿还债务的结果,则必然使这部分家庭处于长期的消费贫困状态。此外,政府对于那部分由于残疾或其他没有劳动能力的人员的社会救助也是非常有限的，从而使这部分人的生活长期处于困苦的境地，并进而影响到其家庭和后代的长期发展。在我们调查的100户低收入家庭中，有8户人家的户主或家人身体有残疾，但他们所得到的救助也是杯水车薪。

同时，社会保障体系的不完善也成为下岗失业职工实现就业和再就业的瓶颈制约。一方面，许多非公有制单位尤其是一些非正规部门，因为尚未实行必要的劳动保障措施，从而使劳动者存在后顾之忧，而且，即使是这些非正规的部门，往往流动人口与这部分群体之间的竞争非常激烈。另一方面，职工培训和职业介绍跟不上社会发展的需要，培训专业单一，缺乏适应社会需求的新岗位的劳动技能培训，而且走过场现象普遍，职业介绍成功率很低。而对流动人口贫困问题的研究和实际救助工作基本属于一片空白，诸如劳动执法监督力度不够、农民工的工资拖欠以及维权困难等情况司空见惯。

二、相关减贫对策和建议

（一）大力发展经济

无疑，转型背景下的结构调整是城市贫困问题产生和加剧的宏观原因，所以，大力发展经济是解决城市贫困问题的根本。兰州市国有经济一直所占比重过大，今后，应努力加大个体和私营经济发展，而且必须加大第三产业发展，以提供更多的就业岗位。政府及有关部门则应在完善社会保障体系的基础上进一步制定各种政策措施，鼓励下岗失业所致的贫困者到非公有制单位就业或者自谋职业，同时加强这部分人员的职业技能培训以及就业信息咨询等方面的工作。

（二）提高贫困人口就业率

另一方面，贫困人口或其家庭自身原因也是导致和加剧城市贫困的重要方面，如家庭主要劳动者的下岗、失业且难以再就业；主要就业者的在职低收入；子女高额的教育费用，以及家有残疾人或长期患病者的等等，主观态度则是次要原因。因此，提高贫困家庭中具有劳动能力的成员的就业率是帮助其走出贫困的关键措施。针对这些家庭成员较低的文化素质，可以考虑在接送儿童、兴办小饭桌、家政服务、修理等社区服务方面多做努力;针对贫困家庭的子女教育和就业,政府应该提供特别的救助政策,社会也应给予特别的关注和帮助;对于原先那些“三无”贫困人员,政府应根据其自身实际确定不同等级,并在财力许可范围内尽可能提高救济标准。

(三)完善社会保障制度

社会保障体系方面,应在社会主义市场经济体制的要求下逐步完善,构筑包括社会保险、社会救助、社会福利以及社会优抚在内的“社会安全网”。可通过加大转移支付力度等途径,尽可能减少保障线的资金缺口;进一步规范和完善最低生活保障的方式和手段,扩大救助的覆盖面;在非公有制单位中实行养老、医疗、失业等社会保障制度,以解除下岗职工到此工作的后顾之忧;针对家有残疾人或长期患病者的状况,政府应在医疗体制改革中对这部分贫困者的医疗保障问题做专门研究;等等。

除基本医疗之外,政府还应在教育、住房等方面专门针对包括贫困人口在内的弱势群体加以研究,并不定期听取其对各种扶助政策的反馈意见,以便及时进行调整,切实缓解城市贫困。比如,针对贫困人口的经济适用住房和廉租房建设方面,得到实惠的可能并不是最迫切需要救助的人群;比如,对于贫困家庭的贫困代际传递现象可能并未引起政府的足够重视,这些家庭往往把希望寄托在子女的长大成才、毕业就业上,所以,政府应有专门针对这类家庭子女的教育政策和措施;再如,对于城市庞大的流动人口中的那部分贫困群体,政府也应给予高度的重视,这也有助于改善城市的治安状况,增强市民的凝聚力和安全感。此外,政府在贫困群体参与政治方面、促进和维护贫困群体的各种权利和利益方面都应加强政策力度。

总之,城市贫困问题是一个需要多学科多角度共同研究、多部门多方面共同关注的现实难题,本章内容只是对兰州市城市贫困问题的粗略描述,反贫困的工作因为涉及贫困的识别和监测、资源筹集、政策设计和工作协调等一系列问题,所以需要加大研究和规划的力度,推进城市贫困研究及实践的专业化和规范化。同时,还应将城市贫困所引起的社会问题也纳入关注视野,注重培育社会层面的力量,多方协作,切实缓解贫困状况。

第七章　中国城市反贫困对策建议

现实的贫困问题以及所有贫困者的经历和境遇促使我们必须重新思考这样一些有关于发展的话题：什么才是具有实际意义的变革？怎样的变革才可以称之为“有益”？这些变革对哪些人是最重要的？怎样才能使此变革对最迫切需要的人发挥作用等等。答案无疑涉及物质财富、身体健康、社会、心理、精神等多个层面。进一步地，衡量发展的关键指标也应该是最底层的那些人生活的改善程度；也因此，必须更多地关注社会最底层的人们，把所有工作的优先侧重点、实践和思维都重新定位，让最贫困的人的福利状况成为政策和实践优劣的试金石。①

通过梳理贫困概念的演进脉络已知，贫困并非单纯的收入低下，贫困者在几乎所有的领域都处于不利境地并遭受多重剥夺，而这种不利和被剥夺又与其缺乏政治地位和安全保障紧密相关并相互强化：他们缺少食物、住房、衣着等基本的生活必需品，缺少可接受的健康和教育水平所必需的收入和资产；在国家和社会机构中没有地位、力量和发言权；比普通群体更为脆弱，容易受到不利因素的打击，无法摆脱恐惧感；等等。但就消除贫困而言，已有的一些措施却更多只是关注贫困者生活的物质方面，我国也是如此。而且，从我国目前的扶贫政策来看，与总体经济政策之间还存在很多不协调的方面，比如，我国的减贫战略仍然是一个相对独立的体系，没有成为国家总体经济政策的有机组成部分。② 近年来的城市减

① 〔美〕迪帕·纳拉扬等：《呼唤变革》，姚莉等译，中国人民大学出版社 2003 年版，第 345～346 页。

② 何晓琦、高云虹：《宏观经济政策与消除长期贫困》，《经济体制改革》2006 年第 6 期，第 5～9 页。

贫策略中,较为具体和系统的主要包括城市居民最低生活保障制度、廉租房制度和失业保险制度,医疗扶贫和教育扶贫等方面的政策相当零散。

其实早在1980年,世界发展报告就已揭示了除物质资本之外人力资本开发对于脱贫的关键作用;1990年的报告中进一步指出,人力资本开发所造就的穷人的能力,要与市场导向的劳动密集型发展模式为穷人提供谋生机会相结合,辅之以向没有能力抓住机会的人提供安全网;2000年的报告则更为大大拓展了反贫困的途径,不仅将"机会"定义为通过市场与非市场行动的结合刺激经济全面增长,使穷人积聚人力、物质和社会资本并提高资本回报率,而且增加了"促进赋权"和"加强保障"两个方面,亦即为了让穷人更多地获得机会,需要在政治上赋予其更多的决策参与权,使国家制度对穷人更多地负起责任;同时,需要提供各种社会保障和安全保障,以改善穷人们在遭受疾病、经济危机、政治动乱、自然灾害以及暴力冲击时的脆弱地位。正是因为贫困所包含的各因素之间存在着相互的影响和作用,所以,每一方面的改善都将有利于其他各个方面。而且,"扩大机会"、"促进赋权"和"加强保障"这三者相辅相成的反贫困战略,也体现着公平与效率的含义。2006年的世界发展报告中进一步指出,公平对于经济发展十分重要,并通过以下两个渠道影响发展①:一是发展中国家的信贷、保险、土地和人力资本市场普遍存在市场失灵,在市场尚不健全的条件下,有潜能、有进取心的中下层人群往往没有机会获得这些要素,权力和财富的不平等将会转化为机会的不平等,进而导致生产潜力的浪费和资源配置的无效率;二是经济、政治不平等的制度会产生"经济成本":控制权力的人采用对自己有利的方式来塑造制度,这就扭曲了社会激励机制,破坏了社会凝聚力,导致了社会冲突。当这种情况不断地自我复制、代际传承,社会就陷入"不平等陷阱",这样,创新和投资无从谈起,繁荣无法持续。

显然,这一系列报告中所体现的思想对于我国城市的反贫困斗争也

① 世界银行:《2006年世界发展报告:公平与发展》(摘要),http://www.worldbank.org.cn/Chinese/content/wdr06.pdf。

具有重要指导意义，可以作为我们减贫战略的纲领和行动指南，亦即通过扩大机会，增进贫困人口多种形式的资本并提高回报率；通过促进赋权，以政治民主及社会平等来增加贫困者的经济机会；通过加强保障，以使贫困者更好地利用经济机会，让经济机会更稳固。当然，此过程还需要国家政府、市民社会、私营部门以及贫困者自身的积极参与和一致努力，同时也需要国际社会主要是发达国家的相应行动。

第一节　提供更多经济机会

为贫困人群扩大机会有助于他们通过自由选择生产性的就业和工作而获得可靠和稳定的生计。① 虽然贫困并非单纯的收入低下，但毫无疑问，经济因素在贫困形成中仍然起着基础性的作用。一般而言，经济增长将有助于改善贫困者个人及其家庭的状况，而经济衰退则可能对其造成灾难性影响。所以，增长作为发展的主要内容，仍然是减少贫困的强大动力，推动经济增长的因素，亦将是缓解贫困的因素。而且收入的增长会导致贫困人群消费上升，进而使贫困人口减少。世界银行对 65 个发展中国家的调查显示，人均消费每增长 1%，国际贫困线以下的人口就减少 2%。同时，高质量的经济增长还有助于人们拥有良好的教育和健康。② 当然相应地，必须以规范的市场化改革促进有效的私人投资，并辅之以有利于贫困群体参与市场的微观改革，从而实现公平与效率的统一。

一、亲贫困人口的增长（Pro-poor Growth）

（一）有利于贫困者的发展模式

关于我国应该选择何种发展模式的讨论由来已久。我们认为，在我

---

① “可持续生计”（Sustainable Livelihoods）的概念最早出现于世界环境和发展委员会 1991 年的报告，“它从一开始就是要维系或提高资源的生产力，保证对财产、资源及收入活动的拥有和获得，而且要储备并消耗足够的食品和现金，以满足基本的需要”；“稳定的生计可使有关政策协调地发展、消除贫困和可持续地利用资源”。

② 调查显示，富裕国家和最贫穷国家的婴幼儿死亡率分别为 1% 和 20%；儿童营养不良率分别为 5% 和 50%（参见《2000/2001 年世界发展报告》）。

国目前社会主义市场经济的发展过程中,必须采取更有利于贫困群体的增长格局,为这部分最需要帮助的人群提供更多的增加收入的机会,增强其自我发展的能力。无疑,有利于贫困人口的增长模式应该是使劳动(而非资本)成为劳动者主要收入来源的模式,因为,劳动是绝大多数人所拥有的生产要素,资本只有少部分人才拥有。而且,由于低收入者具有更高的消费倾向,他们收入的增加还有利于整个消费增加,从而拉动市场需求,更进一步促进经济增长。此外,还由于一个社会的竞争力主要来自于其比较优势,我国现阶段的资源比较优势就在于劳动力,大力发展劳动密集型产业也有利于相关产品在国际市场的竞争力。

(二)亲贫困人口的增长

当有意义的贫困衡量指标下降时,增长就被认为是亲贫困人口的。据此,亲贫困人口的增长有三个潜在原因,即平均收入的快速增长、贫困对平均收入增长的高度敏感,以及相对收入增长中的减贫模式。[①] 虽然就中长期而言,推动广泛增长的政策和制度在亲贫困人口的增长中发挥着核心作用,有研究已经表明所有亲增长的政策都会在长期内降低贫困水平[②],但是,亲增长(Pro-Growth)的战略并不总是亲贫困人口的战略,某些亲增长的政策将会增加不平等,并会在某些似乎合理的收入分配假定下,在短期内提高贫困水平。所以,可考虑采取的对策是将一揽子的亲增长政策作为减贫战略的核心,同时辅之以能够消除短期贫困增长的补充性的亲贫困人口措施。

二、改善投资环境,大力发展非公经济

(一)鼓励非公有经济发展

投资和技术进步以及非公有经济的广泛发展,对于我国的城市吸收农业剩余劳动力以及重新安置失业职工具有重要意义,也有利于其充分

---

① Aart Kraay: *When is Growth Pro-poor? Cross-Country Evidence*, Woldbank Workingpaper, 3225, 2004. http://www.worldbank.org.cn/Chinese/content/181d62640440.shtml.

② Humberto Lopez: *Pro-Growth, Pro-poor: Is There a Tradeoff?*, Woldbank Workingpaper, 3378, 2004. http://www.worldbank.org.cn/Chinese/content/691i63011330.shtml.

发挥由于本地资源优势而产生的就业效应。国际经验表明,较高的增长率与民营投资在国内生产总值中的高比率具有一定的关联性,不同的国家,其民营公司创造的就业岗位数要比公共部门公司相应多 4 ~ 8 倍;在我国,民营部门的就业人数占社会总就业的比重每增加 1%,则人均的国内生产总值约增加 20 美元。当然,私人投资还必须得到公共投资的补充,包括软硬公共基础设施的建设等,以增强竞争力和创造新的市场机会;鼓励私人投资也需要稳定的财政和货币政策以及稳定的投资体制,良好的财政体系和透明的商业环境能够有效降低私人投资者的风险;健全的法治和消除腐败等方面对于促进成功的市场化改革进而保证健康的经济增长也至关重要。换言之,鼓励私人投资及增进投资的生产效率都需要良好的投资环境。

（二）改善投资环境

通过市场来经营的私人企业是经济持续增长的主要引擎,但是,要让这个引擎不断地转下去并确保它为减贫提供动力,则需要国家的力量在两个关键领域发挥积极作用。一是政府需确保投资气候有利于增长;二是政府需通过各种机制对其人民进行投资,并赋予其权利(该点将在促进赋权中论及)。[①] 如何通过市场来充分发挥私人部门的生产能量并创造更多的就业机会,这需要国家提供良好的环境来保护产权和契约关系、维护政治和宏观经济稳定、提供公共产品、实行有效的调控,以及用公共服务来填补市场空白,并处理外部偶然因素。如果没有这样一个环境,私人创业精神就会枯萎,或是转向寻租,或是转向其他不创造社会生产力的活动。其结果既极其不利于经济增长,也不利于减贫。

2005 年的世界发展报告以“改善投资环境,促使人人受益”为题,进一步深入阐述了改善投资环境对于促进经济增长和减少贫困的关键性作用。投资环境是一个地区所特有的决定企业进行生产性投资、创造就业

① 〔澳〕詹姆斯·沃尔芬森、〔法〕弗朗索瓦·布吉尼翁:《发展与减贫:回顾和展望》,2004 年,http://www.worldbank.org.cn/Chinese/content/lbla_cn.pdf。又注:这两点分别是 2005 年和 2004 年世界发展报告的主题,并被詹姆斯·沃尔芬森并称为世界银行总体开放战略中两个“双管齐下”的战略。

以及扩大规模的各种机会和激励因素的一系列因素，良好的投资环境不仅可以通过鼓励投资和提高劳动生产率来推动经济增长，而且，投资环境的改善对于战胜贫困也具有关键性贡献：一方面，从总量水平来看，经济增长与减少贫困密切相关；另一方面，良好的投资环境可以直接提高各类人群（包括低收入阶层）的生活水平。政府的政策和行为则通过对成本、风险和竞争壁垒的影响，决定企业所面临的机会和激励机制，这三方面对企业以及经济增长和减少贫困都具有关键性影响。

图7－1是一关于投资环境的略图，水平面表示企业的投资决定和活动；垂直面表示投资环境。一般而言，企业出于对利润的追求而进行各种投资决策，而其利润则受到与机会相关的成本、风险和竞争壁垒的影响，由此所导致的投资数量及其所形成的劳动生产率进而对经济增长和减少贫困产生影响。在垂直面所代表的投资环境中，地理和消费者偏好等方面是政府难以改变的，但政府对于产权的保障、合理的监管制度和税收政策设计、基础设施的提供、金融和劳动力市场的运作以及更宽泛的诸如腐败现象等政府管理特征，则能产生更为举足轻重的作用。良好的投资环境对于企业而言意味着较低的成本、较少的风险和利润的增加，对于整个社会来说则意味着结构的改善。而且，降低竞争壁垒可以扩大机会、促进创新，并确保劳动生产率提高所带来的效益由消费者和工人来分享。

然而，企业不仅是对正式的政策做出反应，它们还要判断这些政策如何在实践中加以执行，并且力图以有利于自身的方式加以影响，因此，政府的行为以及更广泛意义上的包括腐败和公信力等政府管理问题便显得极为重要。企业在进行投资决策时所评价的是，正式的政策和政府管理特点之间如何互相影响。投资环境某些方面的改善，比如加强宏观经济稳定和减少腐败等，能够使社会各阶层都受益；但另一些方面的改善可能仅对某个特定的地区或活动产生更集中的影响，从而使政府有机会左右利益的分配。因此，政府应设法使投资环境的改善更加有利于贫困群体。

同时，在总体环境健康的前提下给予新进入市场的小投资者以特殊政策对于减轻贫困非常重要。比如，通过促进金融深化及减少导致市场失灵的各种手段，保证贫困群体也能获得信贷、保险和进行储蓄；通过推

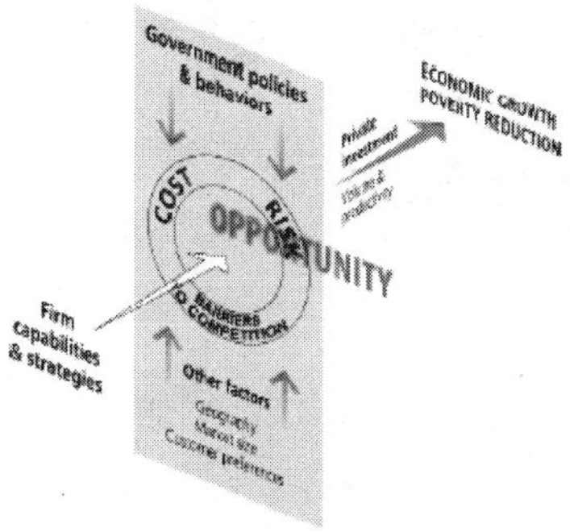

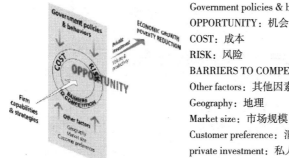

Government policies & behaviors：政府的政策和行为
OPPORTUNITY：机会
COST：成本
RISK：风险
BARRIERS TO COMPETITION：竞争壁垒
Other factors：其他因素
Geography：地理
Market size：市场规模
Customer preference：消费者偏好
private investment：私人投资
Volume and productivity：投资量和劳动生产率
ECONIMIC GROWTH：经济增长
POVERTY REDUCTION：减少贫困
Firm capabilities & strategies：企业的能力和战略

图 7－1　企业投资环境略图

资料来源：世界银行：《2005 年世界发展报告：改善投资环境促使人人受益（概要）》，http://www.worldbank.org.cn/Chinese/content/wdr05_overview.pdf。

广技术、组织出口商品展览、提供现代商务培训等各种途径，降低贫困群体进入国内外市场的制度和自然障碍；通过撤销管制、简化手续等方面降低贫困者就业和开业的门槛和成本，其中包括：减少对非正式部门注册和经营范围方面的限制、简化许可证制度、缩短开业审核程序、积极发展中小型银行为小型商业活动提供融资服务、以制度创新鼓励包括小企业在内的更多企业进入原本自然垄断的公共服务领域等等。

此外，安定和谐的社会环境永远是经济发展的最好环境，较少的社会冲突意味着较低的社会交易费用，其本身即可等同于经济效率。而且，安定和谐有助于形成一系列促进增长和效率的良性循环，包括吸引外资的进入、私人资本的积累以及企业家精神的发挥，从而促进经济增长。这一安定和谐的社会环境与较为完善、公平的收入分配机制等方面有关。换言之，经济增长对于减少贫困的作用不仅取决于增长的数量，更取决于增长的质量。当然就我国而言，解决收入分配的不公不仅仅是一个收入再分配政策的问题，还涉及一系列权利和利益的重新调整和安排。在我国的社会主义市场经济建设中，如何建立人人拥有的等同的政治、社会和经济权利,包括享有等同的社会保障、拥有等同的创业和就业机会、具有等同的职业选择和职业流动的权利和机会,是转轨时期必须面对的问题。

第二节　为发展和减贫而赋权

一、制定和深化防范贫困的政策

促进赋权的目的是为了通过政治民主和社会平等来增加贫困人口的经济机会及政治参与机会,进而有助于减轻贫困。作为发展中的困难一环,治理贫困不仅在于政府采取何种措施,而且还涉及相应的决策如何制定、如何发挥作用以及如何评价。而且,政府作为最重要和主要的扶贫机构,相关制度和政策决定着国家、公共部门、私人部门、NGO 以及贫困者自身或其组织的行为和行动,其结果对于贫困的影响前文也已述及,所有政策都是通过“怎样的政策”、“谁制定政策”,以及“如何实施政策”而影响到不同利益群体在社会体系中的状态,进而影响着已有的不平等和贫困状况。所以,为了成为更有效的扶贫机构,成为对贫困群体更为负责的政府,政府不仅需要提供更多的经济机会给贫困群体,而且需要进一步赋予这个群体以权利。

如果能够从贫困者的利益出发制定促进经济增长的政策,则无疑具有防范贫困的作用。当然,我们的目的不单纯是促进经济的增长,更重要的是与此同时保证贫困群体能够分享到增长的利益。就宏观层面而言,包括宏观经济政策、贸易政策以及管制政策等在内的各项政策改革,都须考虑到对不同群体尤其是对贫困群体所可能产生的影响。① 具体到贫困者层面,则需要提供更多的机会及保障给他们,并增加更多的资产以增强其面对冲击时的能力。关于扩大机会已在上节中论及,这涉及促进增长、鼓励投资、改善环境等多方面的经济政策。

---

① 在第一章的综述中已经提及,定量的可计算一般均衡模型(CGE)和综合经济模型(IMMPA)以及定性的参与式评估方法(PPA)等研究工具都可以用于分析不同环境下的各种政策改革和外部冲击对于分配、不平等以及贫困和社会的影响。

比如，在那些关于中小型企业（包括微型企业）发展的政策中也应该关注到贫困者及其家庭，因为城市居民和农民工及其家庭的生活和发展都依赖于其自我就业或创业，但是如何通过影响财产权、信贷获得、市场信息、或技术改进等方面将企业发展的政策环境和治理城市贫困联系起来，却很少给予考虑；而且，我国计划经济体制下长期的条块分割管理还有着残存的影响，政出多门在目前仍是经常存在的现象。各部门之间的政策制定尚且难以完全有效地协调，自然也就很难更多地考虑（或至少是兼顾）贫困者及其家庭或整个贫困群体的利益。此外，私有部门的发展政策应该通过对微型和小型企业的调查而制定，并充分考虑低收入群体的就业或创业机会，同时关于农民工的就业问题也应纳入到政策范围之内。

二、加强制度建设，改善政府治理

20 世纪 80 年代的发展观强调的是改进政策，尤其是宏观经济政策和贸易政策，并且通过消除政府对市场施加的限制来“理顺价格”，20 世纪 90 年代的发展观则开始认识到，制度和治理是可持续增长和减贫的最为关键的决定性因素。[①] 我国也应在城市反贫困过程中，将制度建设和改善政府治理作为重要一环。

（一）加强制度建设

不健全的制度不仅是加在人民头上的一种不公正负担，而且由于损害了私人部门的积极性从而制约经济增长，所以，加强制度建设不仅有助于促进经济增长而且有助于实现社会公平，必须加强制度建设和法制建设，通过法治来保护贫困者的权利，促进增长和减贫。一方面，完善的法治和制度建设有利于为经济主体的生产、贸易和投资创造一个确定的和谐环境，从而提高总体经济绩效并进一步有利于缓解贫困。另一方面，对于贫困群体而言，有效的制度能够减少他们感知外部世界和市场时的信息不对称情形，从而提高其利用各种经济机会的能力；有效的制度还可以

① 〔澳〕詹姆斯·沃尔芬森、〔法〕弗朗索瓦·布吉尼翁：《发展与减贫：回顾和展望》，2004 年，http://www.worldbank.org.cn/Chinese/content/lbla_cn.pdf。

规范人们之间的关系，把阻碍合作的因素降低到最低限度，使贫困者之间形成一种合力；有效的、能够给贫困者带来安全感和信任感的制度有助于鼓励和规范贫困者自身对于反贫困行动的积极参与。

经济不平等若是得到社会壁垒的加强，贫困者的摆脱贫困就会愈加困难，公平而有效的社会制度可以通过影响资产生产率、应对战略风险、追求新机会的能力来影响贫困人群的状况和前景。防范贫困的一般政策在于克服增长的客观不利因素，进而有利于贫困群体；特殊优惠的政策及其他一些肯定性行动则将更加有利于处于边缘地位的贫困群体。所以，政府需要通过政治、法律，以及配合直接的公共行动，保护贫困群体的权利或赋予他们被剥夺的部分。尽管，我们总是强调法律面前人人平等、政府必须服从于法律，但在某种程度上，作为不同社会群体力量角逐的产物，现有的法律法规以及其他制度并非必然地保护贫困群体的利益。比如前文已经述及，贫困群体尤其是城市农民工在其维权路上的重重困难。所以，我们一方面需要从贫困者的利益出发来完善和规范制度建设，另一方面也需要其他一些有关于赋权的积极措施，包括建立弱势集团联盟、改进法律服务组织、为弱势群体提供法律援助及有关法律程序的信息等等，更进一步地，应该通过相应的措施激励公民（尤其是处于社会最底层的那部分人）行使自己的权利，从而形成一种监督并促使对不公正的法律进行重塑的文化氛围。无疑，前者是更为重要和关键的。

（二）相关制度改革

首先，进一步深化户籍制度改革，这对于解决我国城市贫困尤其是农民工的贫困问题具有特殊和重要意义，也是促进对贫困农民工赋权的具体内容之一。前已述及，城市农民工的贫困以及其他一系列不公平境遇都源自于其农村户口。从前一段时间各地户籍制度改革实践来看，改革的重点即剥离附加在户口上的劳动就业、教育培训及生活福利各种功能，户籍管理将按照在居住地登记户口的原则，逐步打破城乡分割的二元户籍管理模式，建立城乡统一的户口登记管理制度。换言之，今后的户口管理是以条件准入取代进城人口的指标控制，逐步放宽户口迁移限制，以具有合法固定的住所、稳定的职业和收入来源作为基本的落户条件，最终实现户口的自由迁徙。当然,此项改革并非单纯地取消对人口流动的限制和户籍登记办法,而是以此为突破口来创建劳动力自由流动的制度环境,这无疑还需要相关领域的配套改革。

与户籍制度改革相联系,须尽快建立消除歧视、公平竞争、城乡统一的劳动就业政策体系,这对于给予农民工以机会均等、权利平等的国民待遇具有重要意义。比如,培育和发展全国性的、城乡统一的劳动力大市场,加快清理和消除对农民进城务工的各种歧视性就业政策,把农村劳动力的流动和配置纳入统一的劳动力市场;建立全国城乡联网的劳动力信息系统,充分发挥信息的导向作用,引导农村劳动力合理有序流动;加强对进城务工农民的职业技能、安全知识和法律法规知识的教育培训,提升其人力资本价值及自觉的维权意识,保证合法劳动权益;建立规范的用工制度,规范用人单位与农民工的劳动关系,劳动监察部门应加大对雇佣农民工时不依法签订劳动合同、逃避缴纳社会保险、缺乏劳动保护条件,特别是恶意拖欠农民工工资的违法用工行为的执法查处力度。

同时,就业政策方面的改革还必须注意,不仅要取消对于下岗失业职工尤其是农民工的各种歧视性政策,而且需要通过各种途径开辟边缘就业的新渠道。因为,贫困者因其自身的素质和特点而很难回到主导产业中去,甚至很难找到稳定的就业岗位。可考虑借鉴美国20世纪80年代以来的一些城市贫困治理措施,变“救济为就业”,并开辟各种边缘就业的新渠道。另外,在促进非公有制企业、中小企业、第三产业扩大就业的同时,针对非正规就业的贫困者加大对劳动力市场的投入力度及中介组织建设,并强化就业信息、就业指导等就业服务,有计划地组织劳动力的省内外及境外输出,促进劳动力的良性循环,从而强化就业支持。

在收入分配政策方面,该项政策是促进我国社会和谐的政策基础,在相关改革和制度建设中可考虑这样几点:第一,初次分配中对垄断企业实行国家调控制,堵塞公权私有化途径,出台遗产税、赠予税的征管办法;第二,在再分配中加大公共收入的转移力度,从政策上实现向贫困群体的倾斜;第三,逐渐建立向贫困群体倾斜的三次分配制度;第四,量化分配制度,建立以国民经济增长为基础,以工资平均增长幅度为参考系数的扶弱济贫资金正常增长机制。

(三)改善政府治理

政府治理包括多个方面的内容,比如,对各层面公共行业管理的支持、法律制度的发展、司法改革、对公众负责机制的改善等等。亚洲开发银行将提高透明度、增强可预见性、建立问责制度以及加强民众参与等全方位地改善政府治理作为其扶贫战略的三大支柱之一。① 对于我国的城市贫困治理而言,政府和公共机构的合理干预当然也有助于提高减贫效果,而法律和司法体系在此干预中发挥着非常重要的作用。换言之,政府治理对于减贫的关键性意义,在于通过法治来保护贫困群体的利益。当然,政府还必须是廉洁的政府。因为即使是轻微的腐败,都将迅速提高从事生产活动的成本,而腐败的负担对贫困者的影响更为严重。在我国的经济发展及城市减贫中,这点需时刻注意并尽量避免,以减少对贫困者造成的更为不公平的后果。

当然,任何扶贫战略都需要贫困者自身的参与,所以必须支持这一群体的代表参与社会,在社区和国家机构中确保他们的发言权并反映他们的利益;必须动员他们的能力,采取有效的措施使其成为发展及减贫中最重要的合作者。当然,这种参与可理解为政府与贫困群体之间的伙伴关系(而非政府居高临下给予这个群体的施舍),以促进他们与政府之间平等的、有效的沟通。要促进这种伙伴关系,在采取行动时有两点是必需的:(1)提高政策对穷人需求的把握能力和公共政策对贫困的影响力;(2)增加穷人组织起来、表达并捍卫自己利益的能力,增加政府的责任心。②

(四)让服务惠及贫困群体

免受疾病困扰和接受教育以获取知识通常被视为是贫困者摆脱贫困的两个重要渠道。前面也已提及,为了保证经济增长为减贫提供持续的

① 亚洲开发银行:《亚洲开发银行与中华人民共和国:在法律和政策改革方面的合作伙伴关系》,2002 年,http://www.adb.org/Documents/Translations/Chinese/default.asp?p=orgprcm。

② 〔美〕迪帕·纳拉扬等:《在广袤的土地上》,崔惠玲等译,中国人民大学出版社 2004 年版,第 523 页。

动力，政府除了需要改善投资环境之外，还需要通过教育、卫生、社会保障，以及鼓励发表见解和参与等一系列机制对其人民进行投资，并赋予其权利，对于那些可能被排除在外的穷人尤应如此。① 如果没有绝大多数人的广泛参与，没有更多的人力资本和社会资本，经济增长就不可能快速和可持续，因为，将那部分最需要分享增长利益的人排除在外，不仅浪费了潜在的劳动力资源，也可能酿成社会冲突。

2004 年的世界发展报告以"让服务惠及穷人"为题，从制度改革入手，始终强调了人力投资、制度改革和信息三个方面对于减贫的重要意义，即：对人进行投资并使他们有能力来利用各种机会；公共部门的制度改革，以保证穷人享有基本的服务；信息是公共行动的激励、变革催化剂，改革生效的投入物。② 这也有助于指导我国在城市贫困治理中进一步使医疗保健服务、教育服务，以及诸如供水、排污和能源等基础服务有利于贫困者。

政府有责任让服务惠及贫困群体。一方面，市场失灵使得教育和医疗等服务的产出和质量低于社会最佳水平，因此需要政府干预；另一方面，基础教育和疾病传播都具有很大的外部性；同时，为了保证社会公平，政府也有责任减少贫富两极在享受服务方面的差距，改善贫困群体的健康和教育状况。城市农民工在这方面的不公平待遇更应得到重视。其次，政府可采用经济增长、公共支出和技术调整三方面的途径来满足贫困者对于基本的教育和医疗以及其他基础服务的需求。经济增长对于贫困者的重要意义是不言而喻的，所以需要为他们提供更多的经济机会。但是，若仅以经济增长为中心却远远不够，因为收入的提高并不能直接带来服务的改善，相同的收入水平会可能有不同的福利结果，并非所有人都能

① 〔澳〕詹姆斯·沃尔芬森、〔法〕弗朗索瓦·布吉尼翁：《发展与减贫：回顾和展望》，2004 年，http://www.worldbank.org.cn/Chinese/content/lbla_cn.pdf。

② 该报告将"穷人"的服务界定为直接有助于改善卫生保健和教育状况的服务，包括医疗保健服务、教育服务，以及诸如供水、排污和能源等基础服务。五种服务失败包括不能获得服务、服务功能不完善、服务质量差、缺乏客户反映和生产率停滞（世界银行：《2004 年世界发展报告：让服务惠及穷人》，2004 年版）。

从经济增长中受益。因此,必须在促进经济增长的同时扩大公共支出,使广大民众都能得益于经济增长。同样的道理,公共支出是重要的,但若仅是增加公共支出也仍然不够,因为公共支出对于不同群体的影响也不尽相同,若是更多地偏向富裕阶层使用较多的服务增加支出,其结果必是无法使最需要的人受益。因此,必须在增加公共支出的同时进行必要的技术调整,将公共资源更多地向贫困者需要的服务方面倾斜。

我国的城市贫困人口也大多教育水平较低、专业技能不高,而且还有可能随着贫困的“代际传递”使其下一代也低文化、低技能,所以,投资于教育和技能将是一项重要而长期的减贫战略,比如可设立教育基金救助贫困家庭的子女入学。同时,贫困人口的身体健康状况也不容乐观,医疗方面的服务同样应该重视。

三、积极推进贫困者的资产建设

前已论及,贫困者不仅仅物质资本非常缺乏,而且还缺乏其他如人力、社会和环境等一系列有形的和无形的资源。其中,人力资本包括医疗、教育、培训和劳动力;社会资本则诸如亲属关系网、朋友和社团等社会关系。① 资产与收入互为因果,经济增长不会自动地有利于缺乏初始资产的贫困者。固然他们自身是增加其人力资本和物质资本的主体,但其家庭的资产积累受到多因素的严重制约。而且,我国近年来的城市低保制度对于缓解城市贫困问题发挥了一定的作用,但将2000多万或者更多的城市贫困人口置于城市低保制度庇护之下不是国家政策的终极目的,至少对其中50%具有劳动能力的人来说即是如此。所以,最主要和更为关键的是,应该通过后续的公共行动来帮助贫困者提高抓住经济机会、增加收入、摆脱贫困的能力。积极推进贫困者的资产建设应是可行选择,以改善其初始条件并提高资产收益率,跳出“资产—收入”的恶性循环。

美国华盛顿大学社会发展研究中心的迈克尔·谢若登教授在其著作

① 〔美〕迪帕·纳拉扬等:《谁倾听我们的声音》,付岩梅、崔惠玲等译,中国人民大学出版社2001年版,第57页。

《资产与穷人——一项新的美国福利政策》中，提出了“以资产为基础的福利政策”挑战西方传统的反贫困福利措施。他指出，如果社会打算增加对穷人的社会转支，应当通过刺激未来资产积累的福利形式，而非通过直接的现金支持来立即提高生活消费标准。这种刺激资产积累的福利措施，最终将成为比直接消费的福利转支更为有力的反贫困措施。① 贫困者若想摆脱困境——不仅从经济上，而且从社会上与心理上，则必须在体制中以某种形式积累并拥有资产，比如投资教育、住房和生意等等；在政策制定的层面上应当建立个人发展账户，鼓励有助于资产积累的福利转支，如对房贷利息的税收减免和对住房、教育的公共补贴贷款；等等。这种政策背后的理念在于，资产的功能不仅在于占有，还能激发一系列积极的行为结果，包括促使人们不断努力、勇于承担风险和创造未来，以及更积极的社区参与，甚至可以提升公民对国家的忠诚度和责任感。

我国在今后的城市反贫困工作中，也应以该理念来增加贫困者的资产，在建立完善个人社保账户后，可以借鉴英、美等国的做法，进一步考虑建立以社保账户为基础的个人综合账户。② 同时，政府还需做好以下几点：(1)瞄准贫困者进行资源的再分配，促进基本社会和经济公共服务事业的供给和需求；(2)以良好的政府管理和竞争激励提高公共服务事业的有效性；(3)通过相应的激励机制促进和推动贫困者家庭和社区参与到增加其资产积累的公共行动中来。

第三节 加强保障减轻风险

一、社会保障对于贫困群体的重要意义

贫困群体更易受到风险的影响，比如疾病伤残、老龄失养等健康风

① 〔美〕迈克尔·谢若登：《资产与穷人——一项新的美国福利政策》，高鉴国译，商务印书馆2005年版。这部问世于1991年且随后一版再版的著作，分为上篇“维持：福利作为收入”和下篇“发展：福利作为资产”两部分。

② 何晓琦、高云虹：《宏观经济政策与消除长期贫困》，《经济体制改革》2006年第6期，第5~9页。

险,犯罪、暴力等社会风险,失业下岗、消费品(尤其是食物)涨价等经济风险,影响后果也更严重;他们也没有能力依靠自身的力量进行风险管理,并常常以损害长远的利益来应付眼前的危机;很难从事高风险高收益的活动,对于改变现状总觉得力不从心。而且,在贫困家庭内部,应付风险的重负也往往不成比例地落在家庭最弱的成员身上,尤其是妇女和儿童,并可能使贫困和脆弱性代代相传。所以,全面的反贫困战略不仅需要提高收入、改善收入分配,而且需要为贫困者提供综合的保障措施来化解各类风险,克服其脆弱性。社会保障作为市场经济的减震器、安全网,对贫困群体有着更为特殊的意义。它不仅有助于改善贫困群体的生存状态,也有助于解决我国经济社会发展中的深层次问题,实现全面建设小康社会的目标。这是一个关系国际民生的社会问题、经济问题、政治问题,也是体现科学发展观,构筑社会主义和谐社会的要求。

为贫困者化解风险的途径包括:在风险发生之前加以防范以降低发生概率和危害程度,风险发生之后加以应对以缩小冲击影响并提高恢复能力;依靠家庭和社区的非正规化解机制(如建立社会网络、增加劳动供应、减少消费等等)以及依靠政府和市场的正规机制,但很显然,贫困者更需要正规的保障机制。政府和市场提供的正规保障机制应该防重于治,并有利于经济增长,既不能降低竞争力和工作激励,又能够切实让贫困者从中受益;保持信息充分,建立信誉使贫困群体有确定的预期;力争其他群体的政治支持,改变被歧视和排斥的格局;进行社区参与、联合保障等制度创新。粗略而言,以市场为基础的做法主要有:金融机构开展小额储蓄和贷款业务、推动商业保险等;与公共机构相关的措施主要有:实施稳健的宏观经济政策、环境政策、教育和培训政策、公共卫生政策和有活力的劳动力市场政策,以及兴建跨社区的基础设施等等。在经济实力不足以支撑全民医疗保障时,政府应向贫困者提供大病保险;扩大退休金制度的覆盖面以资助老年人使其避免陷入贫困;实施失业救济,改善非正规部门劳动者的工作环境,并辅之以培训、求职帮助和促进小企业发展等措施;向特困人群的社会救济。

从发达国家的经验来看,虽然政府救助贫困的途径和手段多种多样,但仍主要表现在两个方面。以美国为例，其贫困救助在20世纪60年代末达到高峰，主要有两种复杂的政策系统，亦即通过公共援助（public assistance）的方式和强调人力、促进就业（promotinig employment）的方式。[①] 在我国现阶段构建社会主义和谐社会的若干主要内容中，也将促进就业和完善社会保障事业作为实现社会和谐的两个重要支柱。一方面，通过创造有利于就业的经济政策环境及鼓励就业和创业的社会氛围，使每个有劳动能力和就业愿望的公民都能获得平等的就业机会，并获得与其劳动技能和工作努力相对应的劳动报酬；另一方面，形成一套有效的覆盖体系和瞄准机制，对于城乡居民在遭遇年老、生病、劳动力市场冲击时出现的生计困难予以基本保障，并根据社会财力的增长而不断提高保障水平。

但是，前文的分析已经表明，反贫困是一项系统工程，不能简单地"头痛医头"、"脚痛医脚"，而应将扶贫和减贫的战略措施纳入到国家总体经济政策框架之中，通过为贫困者提供更多机会、赋予更多权利，以及加强保障来解决这一难题。加强保障的目的，也并非仅仅出于生存考虑，而是为了让贫困者有能力更好地抓住经济机会并利用之，更需要靠制度规则和社会理念来完成。

二、完善城市居民最低生活保障制度

城镇反贫困是一个系统工程，减少乃至消除贫困，从根本上说要靠发展经济、调整经济结构、扩大就业、健全社会保障体系，实行有利于缩小贫富差距的税收、金融、财政、收入分配和社会福利政策，但最直接最有效的办法是尽快建立和完善社会救助制度。社会救助制度是社会保障体系中最基础的制度，是社会保障的最后一道防线，而城市居民最低生活保障制度则是社会救助体系的核心。目前，这项制度已在全国普遍建立和发展起来，今后的主要任务是进一步抓好各项方针政策的落实，加大最低生活

① Osmond, Marie Whiters and Charles M. Grigg: "Correlates of Poverty: The Interaction of Individual and Family Characteristic", *Social Force*, Vol. 56, No. 4, 1978, pp. 1099 – 1120.

保障资金的投入，逐步扩大最低生活保障覆盖范围，做好“三条保障线”的衔接，推进与此相关的制度化建设。

所谓最低生活保障制度(简称“低保”)(Minimum Living Standard Scheme)是指政府依据维持基本生活水平的消费需求，建立一个最低生活保障标准（简称“低保线”）。每一个公民，当其收入水平低于最低生活保障标准时，都有权利向政府提出申请，政府根据家计调查结果，按法定程序和标准对申请者提供现金和实物救助的一种新型社会救助制度。

(一)最低生活保障制度的起源与发展

自从1993年6月1日上海市政府首先宣布建立“最低生活保障制度”以来，在过去的13年中，这项制度大致经历了两大发展阶段，即1993～1999年的创建和推广阶段；1999年至今的提高与完善阶段。

1. 创建和推广阶段

自上海率先建立最低生活保障制度之后，大连、青岛、烟台、福州、厦门和广州等东部沿海城市根据自身的实际情况，先后构建了这项制度。1995年最低生活保障制度得到民政部的认可，并决心在全国组织推广。1997年，国务院发出《国务院关于在各地建立城市居民最低生活保障制度的通知》，要求在20世纪末，全国所有的城市和县治所在镇都要建立这项制度。到1999年建国50周年前夕，民政部宣布，全国668个城市和1638个县政府所在地的建制镇都已经建立了城市居民最低生活保障制度。同年又出台了《城市居民最低生活保障条例》，这标志着最低生活保障制度已经成为中华人民共和国的一项正式法律制度和长期基本国策。可见，在1993～1999年的七年间，最低生活保障制度经历了由点到面、由地方到全国、由临时到规范的发展历程。

2. 提高和完善阶段

进入21世纪，最低生活保障制度进入了提高和完善阶段，这主要表现在“低保”经费来源和救助方式改革两方面。一是“低保”经费来源。在最低生活保障制度初期，“低保”经费几乎完全由地方政府负担。这便构成了一个悖论，越是经济发展落后的地区，地方财政越困难，但面临的

“低保”对象却越多。因而，在这样的政策背景下，城市“低保”制度很难发挥其“保弱”功能。2000 年，国务院做出重要决策，从 2001～2003 年，中央财政负担的“低保”经费要连续翻番。从表 7－1 可见，中央财政在“低保”经费上的支出也由 1999 年的 4 亿元上升到 2004 年的 105 亿元，同期保障人数由 281 万人上升为 2201 万人。二是城市“低保”制度救助方式重点走向“配套措施”和“分类救助”。“配套措施”是指为解决低保对象在医疗、子女教育和住房等特殊问题时所采取的配套政策。“分类救助”是指对“低保”家庭中的特殊需要成员，如老人、未成年人、残疾人和重病人采取的特殊政策。民政部和其他相关政府部门，正在积极探索和建立以城市“低保”制度为主体，以优惠政策和临时救助制度为补充，以医疗、教育和住房救助相配套的综合性救助体系。

图 7－2 反映了我国城市低保制度实施前后的城市低保人数变化情况，表 7－1 进一步反映了我国 2000 年以来的城市低保对象和低保资金的增长情况。2005 年，我国的各级财政共支出低保资金 191.9 亿元；2005 年年底，城市居民最低生活保障平均标准达到 156 元，月人均保障水平 72.3 元，比上年提高 11.2%。同年，全国共有 994.7 万户、2234.2 万城市居民得到了最低生活保障，分别比上年同期增长 4.1% 和 1.3%。保障户型结构向小户型转变，城市居民中的孤寡老人、“三无”对象进一步得到了保障，城市低保对象连续 3 年稳定在 2200 多万人，城市最低生

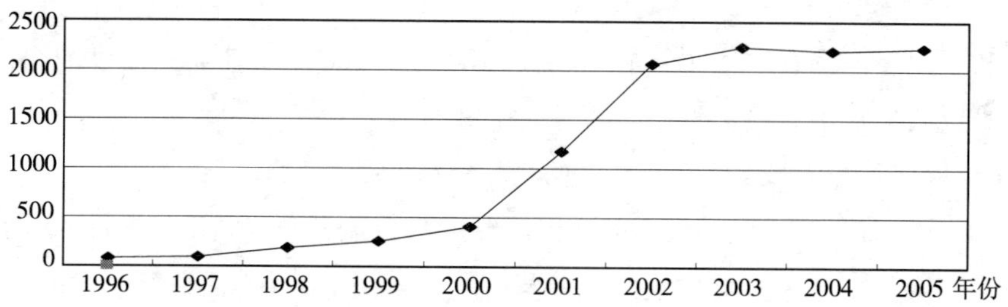

图 7－2　近年来我国城市低保对象增长情况

资料来源：根据《中国统计年鉴》相关年份数据整理。

活保障制度进入了平稳发展时期。①

表 7－1　近年来我国城市低保人数及低保资金增长情况

年份	保障人数（万人）	年增长率（%）	全部财政支出（亿元）	其中，中央财政支出（亿元）	其中，地方财政支出（亿元）
1996	85.0	—	3	—	3
1997	88.0	3.5	3	—	3
1998	184.0	109.1	12	—	12
1999	281.0	52.7	20	4	16
2000	402.6	51.4	27	8	19
2001	1170.7	190.8	42	23	19
2002	2064.7	76.4	109	46	63
2003	2246.8	8.8	151	92	59
2004	2205.0	－1.9	173	105	68
2005	2234.2	1.3	191	—	—

资料来源：根据《中国统计年鉴》和《中国民政统计年鉴》相关年份数据整理。

从表 7－1 中可以看出，我国城市低保资金自 2003 年起一直稳定在 150 亿元以上，而且中央财政的支出力度加大；低保对象的增速虽然放缓，但绝对规模仍稳定在 2200 万人左右。但从我国目前的反贫困政策实践来看，一些防范性的政策难以起到预防贫困发生的作用，比如最低工资制度难以落实，失业、医疗和养老保险都还很不完善。现行的救济性政策也难以有效满足贫困者的基本需要，如居民最低生活保障制度，其保障标准仍然偏低，统一按照人均收入进行差额补助的办法尚未考虑不同类型和不同规模家庭的特殊需求，特别是其消极的维持居民生存的制度取向，难以满足贫困居民十分迫切的医疗需求。

（二）最低生活保障制度的现状与特征

前已述及，我国的最低生活保障制度是由地方向全国逐步推进的，同时，各地的经济、社会发展水平差异巨大。因此，最低生活保障制度的地

① 民政部发布 2005 年民政事业发展统计报告，http://www.mca.gov.cn/news/content/recent/200666110225.html。

方差异也相应很大,这主要体现在救助标准("低保线")和补差标准上。表6-11反映了各省会城市和直辖市"低保"制度创建时间、保障标准和补差标准。事实上,"低保"对象真正从政府那里得到的救助金,并不是以"低保线"表现出来的现金金额,而是用"低保线"减去家庭人均收入后得到的差额,这就是补差标准。

此外,我国的最低生活保障制度具有以下特征:第一,作为一种社会救助制度,救助资格的确定以家计调查为基础。由于家计调查需要大量的人力和物力,增加了最低生活保障制度的执行成本。即便这样,还是难以解决"虚报收入"和"隐形就业"问题。为此,有些地方政府采取"视同收入"的办法来计算家庭收入。所谓视同收入,指年龄在18~59岁的下岗、失业人员无论是否获得下岗生活费或失业救济金,都被视为已经获得相当于当地最低工资水平的收入。但是这种处理办法显然容易将有劳动能力,但没有工作机会的困难人群排除在最低生活保障制度之外。第二,对"低保"对象的救助主要是以现金和实物为支付形式,重点是防止城市人口的经济贫困。第三,最低生活保障制度面向贫困个人或家庭。对一般家庭,政府依据当地的"低保线",补足家庭人均收入低于"低保线"的部分,即贫困家庭实际得到的是补差部分。这种制度设计有助于发挥国家、家庭和个人各自的责任。对于残疾或其他特殊个人,则直接按"低保"标准救助。第四,"低保"经费来源以国家财政拨款为主。从2003年起,中央财政的拨款比例已超过60%。第五,保障对象由传统的"三无"人员,到保障所有的低收入家庭或个人。第六,各大、中、小城市依据自身的情况确定"低保线",实践中主要由地方的生活水平和财政能力确定。因而,全国31个省会城市和直辖市的"低保线"差异悬殊。如2007年,最高的上海市为350元/人月,而最低的乌鲁木齐市仅156元/人月,两者相差一倍多。各地区在确定"低保线"时没有一个统一的标准。第七,"低保线"的调整以各地的消费价格指数为依据。

(三)进一步完善最低生活保障制度

1. 建立稳定可靠的低保资金筹措机制

通过逐步增加各级财政对城市居民最低生活保障的投入,建立稳定可靠的最低生活保障资金筹措机制。国务院《关于完善城镇社会保障体系的试点方案》明确规定:“城市居民最低生活保障所需资金,由地方各级人民政府列入财政预算,专户管理,专款专用。中央和省级财政对财政困难地区和老工业基地给予补助。”这为解决最低生活保障资金不足问题提供了强有力的政策保证。地方各级人民政府也应调整财政支出结构,不断加大最低生活保障资金投入,把所需资金足额列入预算。省级财政要建立省级最低生活保障调剂资金,用于对财政困难地区和老工业基地的补助。中央财政也要尽快落实和兑现已出台的各项政策,进一步加大对中西部的支持力度,形成可靠的最低生活保障资金筹措机制。

2. 将符合条件的城市贫困人口纳入保障范围

各级人民政府应采取切实有效的措施,逐步将符合条件的城市贫困人口纳入保障范围。当前首先是按照党中央、国务院的要求,把企业改组改制和产业结构调整过程中出现的特殊困难人群,特别是中央、省属企业和城镇集体企业在职职工、下岗职工、退休人员,以及下岗职工基本生活保障向失业保险并轨过程中的下岗、失业人员,按规定纳入保障范围;然后逐步使其他符合条件的困难居民也都得到保障,真正实现全覆盖、发挥好最后一道保障线的“兜底”作用。

3. 制定科学合理的保障标准

建立城市贫困指标监测管理体系,制定科学合理的既保证城市贫困居民的基本生存条件,又有利于鼓励就业的保障标准。同时,严格进行家庭收入调查,准确核实保障对象家庭经济状况和实际生活水平,规范申请、评审和资金发放程序,做到公开、公平、公正。

三、其他社会救助制度和社会保障体系

建立一个社会安全网对于贫困群体而言是十分重要的,其作用在于防护贫困者远离经济改革和调整强加给他们的震荡,减轻各种冲击的影响,降低可能的风险,提高恢复能力,并确保贫困家庭在危机时期维持最低的消费水平并得到基本的社会服务。社会安全网主要包括:公共工作计划、有限的食物补贴、收入损失的补偿、社会基金、费用减免,以及像教

育等基础部门设置的奖学金等等。我国的城市居民最低生活保障制度是社会保障制度中的最后一道安全网，是近几年城市反贫困政策中关注较多的一个方面，也的确为城市的贫困治理起到了积极作用，但需要注意的是，由于缺乏合理的统筹规划，实际工作中的资源约束与资源浪费同时并存，特别是当相关的各个部门和各类主体在对中央的有限资源进行不适当竞争的过程中，更是导致了资源分散和浪费，不能使有限的资源发挥反贫困的最佳效益。减贫的资源如何分配？如何有效避免完全瞄准所带来的过高信息成本和不瞄准时所产生的减贫资源的巨大漏出都是亟须解决的问题。

不过，最低生活保障制度只是其中一方面，由于我国的城市贫困现象也显现出复杂化、多样性和长期性的特点，所以，决定了我们既要完善最低保障制度以形成城市社会救助体系的基础，更需要全面创新社会救助体系以实行对各类对象的救助，从而使社会救助制度向规范化、系统化和制度化的方向发展。现阶段的工作，一方面是针对低保户，构筑以医疗、教育、廉租房为核心的城市社会救助体系；另一方面，针对特殊困难人员，建立专项救助制度，完善专项救助体系。亦即形成以低保制度为主体，以优惠政策和临时救助政策为补充，并结合医疗救助、教育救助、住房救助等各方面相互配套的综合性社会救助体系，从而切实解决贫困个人及其家庭在医疗、子女教育、住房等各方面所面临的实际困难；对贫困家庭中有特殊需要的家庭成员（如老人、未成年人、残疾人、重病人等）采取特殊政策。

（一）医疗救助制度

医疗救助是社会救助制度的重要组成部分，通过医疗救助给城市低收入困难职工、因病致贫人群、贫困农民工提供必要的帮助，对于改善贫困家庭的生活有着十分重要的意义。2003 年，民政部出台了《关于建立城市医疗救助制度有关事项的通知》，可以此为依托，建立和完善有利于城市城困人口的医疗救助制度。比如，把握政府资助和社会筹集相结合的原则，地方各级财政拨出相应资金，各单位也从工资总额中提取一定比例，设立医疗救助专项基金，负责对贫困居民和农民工的医疗救助工作。

同时,在建立医疗保险制度的过程中,对弱势群体实行倾斜政策。一是对个人负担的医疗费用给予适当照顾,如特困职工享受基本医疗待遇时,统筹基金支付的起付标准可予以适当降低;二是医疗卫生机构对特困职工普通住院费、基本手术费和大型设备检查费实行优惠;三是使社区卫生服务中心成为价廉、方便且能提供较好服务的基层卫生组织,并体现对城市贫困群体的优惠;四是积极探索为特困职工建立廉价医院、廉价门诊。此外,还可充分发挥社会福利团体和慈善机构的作用,以拓宽医疗救助的范围,让城市贫困居民和其他弱势群体切实受益。

(二)住房救助制度

城市贫困居民住房救助制度的建立应与我国住房制度的改革相配套进行。在我国建立社会主义市场经济的过程中,住房分配也实施了货币化政策,城镇居民的住房问题主要通过市场来解决。但是,国家对解决中低收入家庭住房应采取扶持政策,将解决贫困家庭住房问题纳入住房保障体系。同时,可借鉴国外的成功经验尽量避免和缓解由于贫困人群及其他弱势群体同质聚居而引发的严重社会问题。2004 年,民政部和建设部等相关部门联合颁布了《城镇最低收入家庭廉租住房管理办法》,这也标志着国家开始关注城市贫困居民的住房问题。

今后,应进一步建立和完善经济适用住房和廉租住房的住房保障体系,解决城镇最低收入居民的基本居住困难。第一,调整住房投资结构,重点发展经济适用住房,加快解决城镇住房困难居民的住房问题。新建的经济适用住房出售价格实行政府指导价,按保本微利原则确定。经济适用住房的成本包括征地和拆迁补偿费、勘察设计和前期工程费、建安工程费、住宅小区基础设施建设费(含小区非营业性配套公建费)、企业管理费、贷款利息和税金等 7 项因素。计入房价的企业管理原则上控制在 2% 以下,并以征地和拆迁补偿费、勘察设计和前期工程费、建安工程费、住宅小区基础设施建设费(含小区非营业性配套公建费)等 4 项成本因素为基础计算,经济适用住房开发利润控制在 3% 以下,使经济适用住房价格与中低收入家庭的承受能力相适应。第二,对不同收入家庭实行不同的住房供应政策。新建的经济适用住房出售价格实行政府指导价,按保本微利原则确定,其开发利润控制在3%以下,使经济适用住房价格与中低收入家庭的承受能力相适应。最低收入家庭租赁由政府或单位提供的廉租住房。廉租住房可以从腾退的旧公有住房中调剂解决,也可以由政府或单位出资兴建。最低收入家庭住房保障原则上以发放租赁补贴为主,实物配租和租金核减为辅。城镇最低收入家庭人均廉租住房保障面积标准原则上不超过当地人均住房面积的60%。廉租住房的租金实行政府定价,廉租住房租金标准由维修费、管理费两项因素构成。中低收入家庭购买经济适用住房等普通商品住房。经济适用住房是指政府提供政策优惠,限定建设标准、供应对象和销售价格,具有保障性质的政策性商品住。对高收入家庭购买、租赁的商品住房,实行市场调节价。经济适用住房是具有保障性质的政策性商品住房。对经济适用住房,要严格控制在中小套型,严格审定销售价格,依法实行建设项目招投标。第三,发放住房补贴。停止住房实物分配后,职工购房资金来源主要有:职工工资,住房公积金,个人住房贷款,以及有的地方由财政、单位原有住房建设资金转化的住房补贴等。房价收入比(即本地区一套建筑面积为60平方米的经济适用性住房的平均价格与双职工家庭年平均工资之比)在4倍以上,且财政、单位原有住房建设资金可转化为住房补贴的地区,可以对无房和住房面积未达到规定标准的职工实行住房补贴。第四,实行房租减免政策。对民政部门确定的社会救济对象及其他低收入家庭和领取提租补贴后仍有困难的离退休职工家庭,要适当减收或免收新增租金;有条件的地区,可以采取由所在单位给予适当补助的办法,提高优抚对象和低收入职工对租金改革的承受能力。第五,考虑到东西部地区经济发展的差异及其城市贫困的不同特点,应大力支持中西部地区建立廉租住房制度。

此外,也可在政府的强力介入下发展城市地产业,避免住房的极端商品化,如在中低收入人群支付不起的社区建设适量的经济房屋,打破地产商的逐利性;另外,通过有效的规划手段实现混合用地,提升居住群体的异质性以及基础设施的公平调配,避免弱势群体被过度排斥。同时,不可忽视进城农民工的住房困难以及可能引发的社会问题,尽量保证为农民工提供基本的住房条件。前已述及,进城农民工的居住形式多种多样,有住单位集体宿舍的、租民房的、住工棚的、住工作间的,或者住在老板(雇主)家里的,还有自己搭建简易住房的,而且在农民工集中居住的城乡结合部,已经具有了一定的边缘化和贫民区倾向。为了防止这种情况的进一步恶化,及可能引发的一系列问题和避免长期贫困和贫困文化的产生,必须考虑并解决农民工的基本住房问题,并改善其居住环境和卫生状况。在城市居民住房已由福利分配转为货币分配的条件下,解决农民工的住房问题也应使用政府调控下的市场之手,亦即政府可采取降息、减税、降租,以及土地置换等手段让房屋投资开发商修建民工住宅,再以廉租形式出租给农民工居住,或可考虑给其以适当的住房津贴救济。

(三)教育救助制度

教育救助制度对于保障城市贫困家庭成员的受教育权和发展权,特别是对贫困家庭的脱贫有着相当重要的作用,这也是避免贫困代际传递、改善贫困家庭因学致贫的重要举措。一般而言,教育救助主要针对义务教育阶段,同时兼顾高中和大中专教育阶段的贫困家庭成员。2004 年,民政部和教育部联合发出《关于进一步做好城乡特殊困难未成年人教育救助工作的通知》、民政部发出《关于做好普通高等学校困难毕业生救助工作的通知》。

义务教育阶段的救助可通过对义务教育阶段家庭经济困难学生的补助,采取减免杂费、书本费或通过设立助学金、建立助学基金等形式对困难学生给予资助。此外,有必要强调农民工子女的义务教育救助制度的建立,原则上可考虑:(1)将 16 周岁以下的流动儿童纳入暂住人口登记体系,以社区为中心进行登记,用实际儿童数代替户籍儿童数为准建立流动儿童的卫生保健和教育信息网络。(2)凡是进行暂住登记、有合法职业和住所的进城农民工,流入地的政府应为其子女提供享受义务教育的机会,经费可考虑由中央政府和流入地政府两级财政担负。有条件的城市和发达地区可加大对贫困流动儿童的资助力度或免费义务教育。(3)采用公办、民办多种形式解决农民工子女的义务教育问题,公办学校应尽快取消对进城民工子女入学的不合理收费,同时把民办学校纳入城镇教育的规划、管理、督导和服务之中，允许其存在和发展。④对于大量的流动贫困儿童的辍学问题，先恢复其平等享有义务教育的权利，然后解决教学质量提高问题。对于一些年龄偏大的孩子可考虑纳入继续教育和职业教育的范围，提供灵活的经济支付方式并相应调整教学内容。

高中教育阶段的救助可通过从学校集中收取的学费中按一定比例提取资金，设立助学金、奖学金；对经济困难的学生，按家庭贫困程度不同，分别以“缓、减、免”交学费的办法，或者地方政府从财政资金中划出一定数额的专款，设立助学金，资助经济困难学生，以满足人民群众不断增长的教育需求。高等教育阶段的救助则可通过继续在高等学校中实行以奖学金、学生贷款、勤工助学基金、特殊困难补助和学费减免为主体的多元化资助体系，确保每一个考入大学的学生不因经济困难而无法入学或辍学。

（四）农民工社会保障

对于我国非常重要的城市农民工贫困问题，原有社会保障制度基本未予涉及。当前，理论界对于建立城市农民工社会保障体系大致有三种看法：一是把农民工纳入到城镇社会保障体系；二是建立新的农民工社会保障体系；三是把农民工纳入农村社会保障体系。当然，城市农民工社会保障体系的建立并非一朝一夕之事，目前的当务之急是解决城市农民工的切身利益不受侵害，有步骤、分阶段地解决当前能够解决的问题，循序渐进完成这一关系到亿万农民工切身利益的制度建立工作。

首先，建立城市农民工的工资保障制度。农民工进城的首要目的是增加收入，但现实中仍然存在很多恶意拖欠农民工工资的现象。所以，必须坚决贯彻、严格执行《劳动法》，对相关涉事单位和个人下大力气整治。其次，尽快建立城市农民工的社会保险制度。前文提到，目前农民工最需要的社会保险是工伤保险、妇女的生育保险和大病医疗统筹，失业和养老保险可能居于次要位置。所以，一方面，应该尽快着手解决与生产密切相关，且对农民工身心健康至关重要的工伤保险，建立针对农民工的以普遍性为原则的工伤保险制度。作为全国性的政策法规，在今后修改出台的《工伤保险条例》中，不仅应包括农民工在内而且应将其问题加以强调，保险关系应等同于城镇企业的合同制正式职工，采取强制性办法促使企业为农民工缴纳工伤保险费。另一方面，尽快建立农民工的基本医疗保险尤其是大病医疗统筹，以解决农民工的迫切需要。初始阶段可根据农民工的不同情况区别对待，对与企业签订了劳动合同、工作服务时间较长的（如三年以上）可给予较高的医疗保险待遇。此外，从保障进城女工的健康和维持其基本生活水平出发，要对在企业工作并与其签订劳动合同的女性农民工建立生育保险，企业要为其缴纳生育保险费并使其同本地女职工一样享受生育医疗费报销和产假休息及其产假期间的生育津贴。

第四节　本章小结

考察国内已有文献对于我国城市反贫困政策的研究，其中大多数侧重于社会保障制度的改革和完善，实际的减贫工作也是如此。但必须认清，我国目前的城市反贫困工作实际上是由各部门在原有工作的基础上发展起来的，而不是先有统一的反贫困纲领和政策设计，再进行合理的分工并开展工作，反贫困工作中各部门各自为政、难以协调的情况普遍存在，影响了实际的减贫效果。所以，本章基于体现在世界发展报告中的反贫困思想来构筑我国城市的反贫困战略框架，并强调，反贫困是一项系统工程，需要经济、社会、政治、文化等各方面的协调和配合，我国的扶贫政策及相关制度建设，也应纳入国家总体的经济政策体系。

概括地讲，本章主要强调了以下几点：

首先，必须为贫困者提供更多的经济机会。虽然贫困有着非常丰富的内涵，但经济仍然是基础，贫困首先实实在在表现在物质的匮乏方面。所以应该通过高质量的经济增长来改善贫困者个人及其家庭的状况。一方面，选择有利于贫困者的发展模式；另一方面，大力改善投资环境，并以规范的市场化改革促进有效的私人投资。不过也应该清醒地认识到，经济增长与消除贫困之间存在着一定的内在关联性，但经济快速增长并不是消除贫困现象的唯一充分条件。换言之，经济增长并不能自动地实现减贫，还需要其他的配套措施。

其次，促进赋权，以政治民主和社会平等来增加贫困者的机会，助其脱贫。第一，制定和深化具有防范贫困这一功能的各类政策，比如，促进经济增长的政策、改善投资环境的政策、鼓励中小企业发展的政策等等，当然，制定或深化这些政策的出发点即为有利于贫困群体。第二，加强制度建设并以法治保护贫困者权利，改善政府治理，提供惠及贫困者的教育、医疗服务以及其他基础服务，积极推进贫困者的资产建设。

最后，提供综合的保障以减轻风险。因为贫困者的脆弱性，所以他们更容易受到健康、经济、社会等各方面风险的影响，为了使这种影响降到最低，所以必须加强保障措施化解各类风险。无疑，来自于政府和市场的正规保障机制对于贫困群体有更为重要的作用和意义，这也是我国建设社会主义和谐社会的要求。由于我国转型时期城市贫困所表现出来的特点，可考虑在现阶段以城市居民最低生活保障制度为基础，形成以此为主体，以优惠政策和临时救助政策为补充，并结合医疗救助、教育救助、住房救助等各方面相互配套的综合性社会救助体系，同时，必须重视农民工的贫困问题，将他们的社会保障也纳入整个社会救助体系的建设之中。

当然，还因为反贫困工作在实际的操作中涉及贫困的识别和监测、资源筹集、政策设计、工作协调、项目执行、日常管理等等一系列复杂问题，所以，需要进一步加强对于城市贫困和反贫困的研究和规划；加强实际工作人员的专业培训；充分发挥专家、学者的作用；以及加强 NGO 在城市贫困治理中的积极参与。

参考文献

[1]〔印〕阿马蒂亚·森:《伦理学与经济学》,王宇等译,商务印书馆2001年版。

[2]〔印〕阿马蒂亚·森:《论社会排斥》,王燕燕译,《经济社会体制比较》2005年第3期。

[3]〔印〕阿马蒂亚·森:《贫困与饥荒》,王宇等译,商务印书馆2001年版。

[4]〔印〕阿马蒂亚·森:《评估不平等和贫困的概念性挑战》,《经济学》(季刊)2003年第2期。

[5]〔印〕阿马蒂亚·森:《以自由看待发展》,任赜等译,商务印书馆2002年版。

[6]〔挪〕艾尔泽·厄延:《减少贫困的政治》,张大川译,《国际社会科学杂志》中文版2000年第4期。

[7]蔡昉、万广华主编:《中国转轨时期收入差距与贫困》,社会科学文献出版社2006年版。

[8]蔡昉:《中国人口与劳动问题报告No.4:转轨中的城市贫困问题》,社会科学文献出版社2003年版。

[9]曹洪民:《反贫困的战略选择——以甘肃贫困地区为例》,《经济研究参考》1997年第1期。

[10]陈立中、张建华:《解释贫困的多样化视角》,《改革与战略》2006年第7期。

[11]陈立中、张建华:《中国城镇主观贫困线测度》,《财经科学》2006年第9期。

［12］陈立中、张建华:《中国转型时期城镇贫困变动趋势及其影响因素分析》,《南方经济》2006 年第 8 期。

［13］陈宗胜:《公有经济中减低贫困的理论与实践》,《南开经济研究》1993 年第 6 期。

［14］陈宗胜:《收入差别、贫困及失业》,南开大学出版社 2000 年版。

［15］〔美〕戴维·波普诺著:《社会学》,李强译,中国人民大学出版社 1999 年版。

［16］〔美〕迪帕·纳拉扬等:《呼唤变革》,姚莉等译,中国人民大学出版社 2003 年版。

［17］〔美〕迪帕·纳拉扬等:《谁倾听我们的声音》,付岩梅、崔惠玲等译,中国人民大学出版社 2001 年版。

［18］〔美〕迪帕·纳拉扬:《在广袤的土地上》,崔惠玲等译,中国人民大学出版社 2004 年版。

［19］〔美〕劳埃德·雷诺兹(Lloyd G. Reynolds):《微观经济学分析和政策》,马宾译,商务印书馆 1982 年版。

［20］都阳、Albert Park:《中国的城市贫困:社会救助及其效应》,《经济研究》2007 年第 12 期。

［21］冯星光、张晓静:《经济增长、收入分配与贫困规模变动相关性研究——来自北京市城市居民的经验数据》,《财经研究》2006 年第 4 期。

［22］高云虹、张建华:《贫困概念的演进》,《改革》2006 年第 6 期。

［23］高云虹、张建华:《中国产业结构变动对城市贫困的影响分析》,《华中科技大学学报》(社会科学版)2006 年第 5 期。

［24］高云虹:《西部地区大中城市贫困问题研究——以兰州市为例》,《财经科学》2007 年第 3 期。

［25］葛延风:《城镇贫困所反映的体制性问题》,《经济研究参考》1997 年第 64 期。

［26］顾朝林、C. 克斯特洛德:《北京社会极化与空间分异研究》,《地理学报》1997 年第 5 期。

［27］关信平:《现阶段中国城市的贫困问题及反贫困政策》,《江苏社

会科学》2003 年第 2 期。

[28]国家统计局:《中国统计年鉴》各年份,中国统计出版社出版。

[29]国家统计局:《中国统计摘要 2002》,中国统计出版社 2002 年版。

[30]何晓琦、高云虹:《宏观经济政策与消除长期贫困》,《经济体制改革》2006 年第 6 期。

[31]何晓琦:《贫困传导与长期贫困的形成》,《改革》2006 年第 2 期。

[32]洪朝辉:《论中国城市社会权利的贫困》,《江苏社会科学》2003 年第 2 期。

[33]洪兴建、李金昌:《城镇贫困的因素分析及反贫困政策建议》,《中国人口科学》2005 年第 6 期。

[34]江亮演:《社会救助的理论与实践》,桂冠图书有限公司 1990 年版。

[35]康晓光:《中国贫困与反贫困理论》,广西人民出版社 1995 年版。

[36]〔英〕克莱尔·肖特:《消除贫困与社会整合:英国的立场》,陈思译,《国际社会科学杂志》中文版 2000 年第 4 期。

[37]李实、John Knight:《中国城市中的三种贫困类型》,《经济研究》2002 年第 10 期。

[38]李实、佐藤宏:《经济转型的代价——中国城市失业、贫困、收入差距的经验分析》,中国财政经济出版社 2004 年版。

[39]李实、古斯塔夫森:《八十年代末中国贫困规模和程度的估计》,《中国社会科学》1996 年第 6 期。

[40]李志刚:《当代我国大都市的社会空间分异——对上海三个社区的实证研究》,《城市规划》2004 年第 6 期。

[41]刘建平:《贫困线测定方法研究》,《山西财经大学学报》2003 年第 4 期。

[42]刘玉亭:《国外城市贫困问题研究》,《现代城市研究》2003 年第

1 期。

[43]刘玉亭:《转型期中国城市贫困的社会空间》,科学出版社 2005 年版。

[44]马春辉:《中国城镇居民贫困化问题研究》,《经济学家》2005 年第 3 期。

[45]〔德〕马克思:《马克思恩格斯选集》(第 1 卷),人民出版社 1972 年版。

[46]〔美〕迈克尔·谢若登著:《资产与穷人——一项新的美国福利政策》,高鉴国译,商务印书馆 2005 年版。

[47]梅建明、秦颖:《中国城市贫困与反贫困问题研究综述》,《中国人口科学》2005 年第 1 期。

[48]莫泰基:《香港贫困与社会保障》,中华书局 1993 年版。

[49]钱志鸿、黄大志:《城市贫困、社会排斥和社会极化——当代西方城市贫困研究综述》,《国外社会科学》2004 年第 1 期。

[50]屈锡华、左齐:《贫困与反贫困——定义、度量与目标》,《社会学研究》1997 年第 3 期。

[51]汝信主编:《2005 年:中国社会形势分析与预测》,社会科学文献出版社 2004 年版。

[52]世界银行:《1990 年世界发展报告》,中国财政经济出版社 1990 年版。

[53]世界银行:《2000/2001 年世界发展报告:与贫困作斗争》,中国财政经济出版社 2001 年版。

[54]世界银行:《2004 年世界发展报告:让服务惠及穷人》,中国财政经济出版社 2004 年版。

[55]世界银行:《2005 年世界发展报告:改善投资环境促使人人受益》,中国财政经济出版社 2005 年版。

[56]世界银行:《2006 年世界发展报告:公平与效率》,中国财政经济出版社 2006 年版。

[57]世界银行:《全球化、增长与贫困:建设一个包容性的世界经

济》,中国财政经济出版社2003年版。

[58]苏勤、林炳耀:《我国新城市贫困问题研究进展》,《中国软科学》2003年第7期。

[59]唐钧:《当前中国城市贫困的形成和现状》,《中国党政干部论坛》2002年第3期。

[60]唐钧:《中国城市居民贫困线研究》,上海社会科学院出版社1998年版。

[61]童星、林闵钢:《我国农村贫困标准线研究》,《社会科学》1993年第3期。

[62]王奋宇、李路路:《中国城市劳动力流动:从业模式·职业生涯·新移民》,北京出版社2001年版。

[63]王美艳:《城市劳动力市场上的就业机会与工资差异——外来劳动力就业与报酬研究》,《中国社会科学》2005年第5期。

[64]王有捐:《对城市居民最低生活保障政策执行情况的评价》,《统计研究》2006年第10期。

[65]王有捐:《对目前我国城市贫困状况的判断分析》,《市场与人口分析》2001年第6期。

[66]魏众、B.古斯塔夫森:《中国转型时期的贫困变动分析》,《经济研究》1998年第11期。

[67]〔美〕西奥多·W.舒尔茨:《经济增长与农业》,郭熙保、周开年译,北京经济学院出版社1991年版。

[68]〔美〕西奥多·W.舒尔茨:《论人力资本投资》,吴珠华等译,北京经济学院出版社1990年版。

[69]肖文涛:《我国社会转型期的城市贫困问题研究》,《社会学研究》1997年第5期。

[70]徐宽、Lars Osberg:《关于森的贫困度量方法及该领域最近的研究进展》,《经济学季刊》2001年第1期。

[71]许学强主编:《城市地理学》,高等教育出版社1997年版。

[72]〔英〕亚当·斯密:《国民财富的性质和原因的研究》(上卷),郭

大力、王亚南译,商务印书馆 1972 年版。

[73]杨钢、王丽娟:《新的世纪与新的贫困——中国城市贫困问题研究》,《经济体制改革》2001 年第 1 期。

[74]尹海洁、关士续:《经济转型与城市贫困人口生活状况的变化》,《中国人口科学》2004 年第 2 期。

[75]尹志刚:《北京城市贫困人口致贫原因分析》,《市场与人口分析》2002 年第 4 期。

[76]张建华、陈立中:《总量贫困测度研究述评》,《经济学》(季刊)2006 年第 3 期。

[77]张建华:《中国经济转型发展中的城镇贫困问题》,《云南大学学报》(社会科学版)2007 年第 1 期。

[78]张问敏、李实:《中国城镇贫困问题的经验研究》,《经济研究》1992 年第 10 期。

[79]赵冬缓、兰徐民:《我国测贫指标体系及其量化研究》,《中国农村经济》1994 年第 3 期。

[80]赵人伟、李实、卡尔·李思勤:《中国居民收入分配再研究》,中国财政经济出版社 1999 年版。

[81]中国农民工问题研究总报告起草组:《中国农民工问题研究总报告》,《改革》2006 年第 5 期。

[82]周沛:《一个不容忽视的事实——城市绝对贫困现象研究》,《南京大学学报》(哲学·人文科学·社会科学)2000 年第 6 期。

[83]周学军:《北京市参与式城市贫困分析报告——城市贫民的声音》,《亚洲开发银行研究报告》2001 年版。

[84]周怡:《贫困研究:结构解释与文化解释的对垒》,《社会学研究》2002 年第 3 期。

[85]朱玲:《转型国家贫困问题的政治经济学讨论》,《管理世界》1998 年第 6 期。

[86]朱巍巍:《构筑中国特色的城市反贫困体系——首届中国城市反贫困论坛观点综述》,《中国民政》2003 年第 1 期。

[87] Erik Thorbecke:《贫困分析中的概念问题和测量问题》,《世界经济文汇》2005 年第 3 期。

[88] Ravi Kanbur and Lyn Squire:《关于贫困的思想演变:对于相互作用的探讨》,参见杰拉尔德·迈耶、约瑟夫·斯蒂格利茨主编:《发展经济学前沿》,中国财政经济出版社 2003 年版。

[89] Aart Kraay: *When is Growth Pro-poor? Cross-Country Evidence*, Woldbank Workingpaper, 3225, 2004.

[90] Alcock, p.: *Understanding Poverty*, London: The Macmillan Press, LTD, 1993.

[91] Amartya Sen: "A sociological Approach to the Measurement of Poverty: A Reply to Professor Peter Townsend", *Oxford Economic Papers*, December 1985.

[92] Amartya Sen: "Poverty: An Ordinal Approach to Measurement", *Econometrica*, Vol. 44, 1976.

[93] Asian Development Bank: *Poverty Profile of the People's Republic of China*, Workingpaper, May 2004.

[94] Badcock, B.: "Restructuring and Spatial Polarization in Cities", *Progress in Human Geography*, Vol. 21, No. 2, 1997.

[95] Bilton, Tony, et al: *Introductory Sociology* (2nd *ed*), London: Macmillan, 1987.

[96] Chambers, Robert: "Poverty and Livelihoods: Whose Reality Counts?", *Environment and Urbanization*, April 1995.

[97] Deutsch, J. and Silber, J.: "The Measuring Multidimensional Poverty: An Empirical Comparison of Various Approaches", *Review of Income and Wealth*, Vol. 1, 2005.

[98] Esping-Andersen G.: *The Three Worlds of Welfare Capitalism*, Cambridge: Polity Press, 1990.

[99] Foster, J., Greer, J. and Thorbecke, E.: "A Class of Decomposable Poverty Measures", *Econometrica*, Vol. 52, 1984.

[100] Foster, J. and Shorrocks, A.: "Poverty Ordings", *Econometrica,* Vol. 56, 1988.

[101] Gans, H. J.: "From 'Underclass' to 'Undercaste': Some Observations about the Future of the Postindustrial Economy and Its Major Victims", *International Journal of Urban and Regional Research,* Vol. 17, No. 3, 1993.

[102] Gaurav Datt and Martin Ravallion: "Growth and Redistribution Components of Changes in Poverty Measures", *Journal of Development Economics,* Vol. 38, 1992.

[103] Hagenaars, A.: "A Class of Poverty Indices", *International Economic Review,* Vol. 28, 1987.

[104] Harrington, M.: *The Other America: Poverty in The United States,* New York: The Macmillan Company, 1962.

[105] Humberto Lopez: *Pro-Growth, Pro-poor: Is There a Tradeoff ?,* Woldbank Workingpaper, 3378, 2004.

[106] Hussain Arthar: *Urban Poverty in China: Measurement, Patterns and Policies,* International Labour Office, Geneva, 2003.

[107] Jalan, J. and Ravallion, M.: *Determinants of Transient and Chronic Poverty: Evidence from Rural China,* Policy Research Working Paper 1936. World Bank: Washington D. C., 1998.

[108] Kakwani, N.: "On A Class of Poverty Measures", *Econometrica,* Vol. 48, 1980.

[109] Kanbur, R. and Mukherjee, D.: *Premature Mortality and Poverty Measurement,* Cornell University, New York, 2003. http://people.cornell.edu/pages/sk145/papers.htm.

[110] Kazepov, Y. & Zajczyk, F.: *Urban Poverty and Social Exclusion: Concepts and Debates,* quoted in F. Moulaert & A. J. Scott edited, *Cities, Enterprises and Society on the Eve of the 21st Century,* London: Pinter Press, 1997.

[111] Kempen E T.: "The Dual City and the Poor: Social Polarisation, Social Segregation and Life Chances", *Urban Studies*, Vol. 31, No. 7, 1994.

[112] Lenski, G. E.: *Power and Privilege: A Theory of Social Stratification*, New York: Mc Graw Hill, 1966.

[113] Lewis, Oscar.: "The Culture of Poverty", *Scientific American*, Vol. 215, No. 4, 1966.

[114] Lloyd Warner W.: *Social Class in America*, New York: Harper & Row, 1949.

[115] M. Weber: "Some Principles of Stratification", *American Sociological Review*, Vol. 10, No. 2, 1946.

[116] Martin Ravallion.: "On the Coverage of Public Employment Schemes for Poverty Alleviation", *Journal of Development Economics*, Vol. 34, 1991.

[117] Martin Ravallion: *Bounds for a Poverty Line*, Mimeo, Policy Research Department, World Bank, Washington, D. C., 1995.

[118] Martin Ravallion: *Poverty Comparisons*, Harwood, Chur, 1994.

[119] Martin Ravallion: *Poverty Lines in Theory and Practice*, World Bank, Living Standards Measurement Study Working Paper No. 133, 1998.

[120] McCulloch, N. and Callandrino, M.: "Vulnerability and Chronic Poverty in Rural Sichuan", *World Development*, Vol. 31, No. 3, 2003.

[121] Meng, Xin: "Economic Restructuring and Income Inequality in Urban China", *Review of Income and Wealth*, Vol. 50, No. 3, 2004.

[122] Mingione, E.: "New Urban Poverty and the Crisis in the Citizenship/Welfare System: the Italian Experience", *Antipode*, Vol. 25, 1993.

[123] Mingione, E.: "New Urban Poverty and the Crisis in the Citizenship/Welfare System: the Italian Experience", *Antipode*, Vol. 25, 1993.

[124] Neef N.: "The New Poverty and Local Government Social Policies: A West German Perspective", 1990.

[125] Oppenheim, C.: *Poverty: the facts*, London: Child Poverty Action

Group, 1993.

[126]Osberg, L. and Xu, K.: "Poverty Intensity——How Well Do Canadian Provinces Compare?", *Canadian Public Policy,* Vol. 25, No. 2, 1999.

[127]Osmond, Marie Whiters and Charles M. Grigg: "Correlates of Poverty: The Interaction of Individual and Family Characteristic", *Social Force,* Vol. 56, No. 4, 1978.

[128] Pierre-Richard Agénor, Derek H. C. Chen and Michael Grimm: *Linking Representative Household Models with Household Surveys for Poverty Analysis: A Comparison of Alternative Methodologies*, Worldbank Workingpaper 3343, 2004.

[129]Rowntree, M.: *Poverty: a Study of Town Life*, London: Macmillan, 1901.

[130]Salmen, Lawrence F.: *Participatory Poverty Assessment: Incorporating Poor People's Perspective into Poverty Assessment Work*, Environment Department Paper 24, Social Assessment Series. World Bank, Washington, D. C., 1995.

[131] Silver, H.: "National Conceptions of the New Urban Poverty: Social Structural Change in Britain, France and the United States", *International Journal of Urban and Regional Research,* Vol. 17, No. 3, 1993.

[132]Takahashi, L M.: "A Decade of Understanding Homeless in the USA: From Characterization to Representation", *Progress in Human Geography,* Vol. 20, No. 3, 1996.

[133]Takayama, N.: "Poverty, Income Inequality and Their Measures: Professor Sen's Axiomatic Approach Reconsidered", *Econometrica,* Vol. 47, 1979.

[134] The Committee of European Community.: *Interim Report on a Specific Community Action Program to Combat Poverty,* Quoted in Atkinson, A. B.: *The Institution of an Official Poverty Line and Economic Policy,* Welfare State Program Paper Series 98, 1993.

[135] Thomas Corbett: "Child Poverty and Welfare Reform: Progress or Paralyses?"*Focus*, Vol. 15, No. 1, spring 1993.

[136] Thon, D.: "On Measuring Poverty", *Review of Income and Wealth*, Vol. 25, 1979.

[137] Townsend, P.: *Poverty and Social Security: Concepts and Principles*, London: Routledge, 1993.

[138] Townsend, P.: *Poverty in the Kingdom: a Survey of the Household Resources and Living Standard*, London: Allen Lane and Penguin Books, 1979.

[139] Woodward, R.: "Approaches towards the Study of Social Polarization in the UK". *Human Geography*, Vol. 19, No. 1, 1995.

[140] World Bank: *Introduction to Poverty Analysis*, World Bank, New York, 2005. http://siteresources. wordbank. org/PGLP/resources/poverty-Manual. pdf.

[141] Xinping Guan: *Poverty and Antipoverty Policies in Urban China*, quoted in Tang, K. and Wong, C. edited, *Poverty Monitoring and Alleviation in East Asia*, Nova Science Publishers, Inc, 2003.

[142] Zajcayk, F.: *The Social Morphology of the New Urban Poor in the Wealth Italian City: the Case of Milan*, quoted inMingione, E. ed., *Urban Poverty and the Underclass: A Reader*, London: Blackwell Publisher, 1996.

[143] Zheng, B.: "An Axiomatic Characterization of the Watts Poverty Index", *Economic Letters*, Vol. 42, 1993.

[144] Zheng, B.: "Aggregate Poverty Measures", *Journal of Economic Surveys*, Vol. 11, 1997.

后　记

谨以此书献给所有关心、爱护和帮助过我的人！

本书是在我博士论文基础之上修改而成的。光阴似箭，转眼之间自己博士毕业已近两年，曾经在喻园的学习和生活却仿佛只是昨天。再回首时，依然是太多太多无法说尽的感谢、感动和感激：

首先要提到的是华中科技大学的张培刚教授和武汉大学的谭崇台教授。尽管，我找不到更恰当的语言来表达自己对二老的景仰和敬爱！回想自己与发展经济学的最初结缘，是因于二老的作品；每当别人提起发展经济学，我也总要情不自禁首先想到武汉这块阵地，想到两位至今勤思不辍的前辈。回首三年研读期间，尤感庆幸和荣幸的是，我不仅可以在学院的一些重大场合，时不时那么近距离地品读年事虽高的张老今亦犹然的睿智和幽默；而且能够成为谭老的"编外弟子"，和先生谈学问、论人生、拉家常，并实实在在感受先生和师母对后学的关心、鼓励和帮助……

其次，衷心感谢我的导师张建华教授！毫不夸张地说，三年的博士学习是我学术生涯乃至整个人生的一个重要转折。此刻，再一次回顾论文从构思到完成、再到成书这几年里所发生的琐琐碎碎，除了体会到科研工作的艰辛之外，感受最深的仍然是经济现实与理论研究之间相互衔接的困难。毋庸置疑，现实的经济生活纷繁复杂、灵活多变，而理论的研究则讲求推理严谨、层次分明，如何运用规范的经济学分析方法将理论与实践紧密结合，如何在合理、充分解释现实的同时不断充实和完善相关理论，这不仅需要扎实的基础功底，更需要发现问题和解决问题的灵性与悟性。而这点恰又是自己的欠缺之处，也是我整个论文写作过程中时常困惑的原因之所在。所以，衷心感谢导师张建华教授！是导师的两个课题（国家自然科学基金项目"中国转型时期城镇贫困的测度与反贫困政策评估"和国家社会科学基金项目"中国城镇贫困的现状、问题与对策")引领我步入并沉迷于城市贫困这一研究领域;同时,导师深厚的知识底蕴、敏锐的洞察能力、严谨的治学态度以及勤勉的敬业精神都将是我一生学习的榜样!学愈博则思愈远,思之困则学必勤。本书只是我近几年关注中国城市贫困问题的一个总结,更远的路才刚刚开始……

无疑,学术研究离不开前人的工作以及相关的学术网络。所以,我在此不仅要向文中所有参考文献的作者表示谢意,还要感谢众多前辈和同仁的帮助与关心!特别要感谢的是:国家统计局城市社会经济调查司城市资料处王有捐处长在数据方面的帮助;北京师范大学经济与工商管理学院李实教授在我们设计调查问卷时的帮助;以及兰州市城调队的段小兵同志在我制定兰州市具体调查方案中的帮助!

还要特别感谢我的硕士导师——华中师范大学城环学院的曾菊新教授!曾先生是我的良师益友。从1994年结识先生至今,他那种孜孜不倦的治学精神、一丝不苟的敬业态度、开朗幽默的处事风格,时时刻刻给予我极大的鞭策和鼓舞。衷心感谢先生在我多年之后再一次的武汉学习和生活中所给予的无私的关心和帮助!

同时,衷心感谢兰州商学院我的领导和同事们!感谢学校给在外求学的教职员工提供宽松的学习环境,使我能够在三年研读期间专心专意于学习而不用兼顾繁重的教学任务!感谢学校提供相关科研经费资助本书出版!感谢朱廷珺教授帮忙联系我心仪已久的人民出版社!感谢所有帮助过我的同事们!虽然,在这里我未能一一列出你们的名字!

本书得以出版,除了学校相关科研经费的支持之外,还受到"陇原青年创新人才扶持计划"的大力资助!在此一并表示感谢!

此外,还要衷心感谢我亲爱的同学们!感谢他们跟我的交流和讨论,所给的建议与帮助!他们是:陈艳林、王晓华、袁冬梅、吕惠娟、符宁、陈立中、杨红炳、张全红、韦革、黄冠钥、黄蔚、李秉强、贺尊、涂涛涛、牛君、周林、郭青、何晓琦,等等。

还要感谢人民出版社经济编辑室的副主任郑海燕女士!感谢她为本

书的顺利出版所给予的支持、帮助和大量辛苦的工作！

就将最后的笔墨留给支持我的亲人们吧！那种不讲条件、不求回报的关爱与付出不是一句“感谢”就能说尽的。我唯一想做的，只是深深珍惜并用一生回报……

高云虹

2009 年 5 月 1 日于兰州

策划编辑:郑海燕
封扉设计:回归线

图书在版编目(CIP)数据

中国转型时期城市贫困问题研究/高云虹著. -北京:人民出版社,2009.9
ISBN 978-7-01-008177-9

Ⅰ. 中… Ⅱ. 高… Ⅲ. 城市-贫困-问题-研究-中国 Ⅳ. F126

中国版本图书馆 CIP 数据核字(2009)第155090号

中国转型时期城市贫困问题研究
ZHONGGUO ZHUANXING SHIQI CHENGSHI PINKUN WENTI YANJIU

高云虹 著

人民出版社 出版发行
(100706 北京朝阳门内大街166号)

北京瑞古冠中印刷厂印刷 新华书店经销

2009年9月第1版 2009年9月北京第1次印刷
开本:710毫米×1000毫米 1/16 印张:13.5
字数:189千字 印数:0,001-3,000册

ISBN 978-7-01-008177-9 定价:28.00元

邮购地址 100706 北京朝阳门内大街166号
人民东方图书销售中心 电话 (010)65250042 65289539